KB069611

한국교육을 논하다

A Critique of Korean Education: Issues and Solutions

한국
교육을
논하다

김신호 지음

학지사

한국교육을
논하다

수년 전 아프카
니스탄 내전이
한창일 때, KBS 취재진이 전쟁으로 폐허가 된 동
네에 들렀다. 지붕이 날아간 어느 집에 네 자매가
옹기종기 모여 있었다. 취재진이 밥은 먹었냐고
물었다. 아이들은 아침도 점심도 쫄쫄 굶고 있다
고 했다. 아빠 엄마는 어디 계시고 너희만 있냐고
물었다. 아빠는 전쟁터로 나갔고 엄마는 시장바
닥에서 밀가루 빵을 굽고 있다고 했다. 취재진은
아이들이 가르쳐준 곳으로 찾아가 길거리에서 빵
을 굽고 있는 아이들의 엄마를 만났다. 엄마의 말
에 의하면 자신은 교사였고 아이들 아빠는 의사였
다고 했다. 취재진이 엄마에게 '아이들이 집에서
쫄쫄 굶고 있는 것을 아느냐'고 물었다. 엄마는 한

숨 쉬며 답하기를 '아이들이 굶는 것은 참을 수 있다. 그러나 전쟁 때문에 교육이 없는 것은 참을 수 없다. 교육이 없다는 것은 이 나라의 미래가 없다는 것 아니냐'고 한탄했다. 어머니의 가슴 아픈 절규다. 교육은 그렇게 소중한 것이다.

오늘날 국제사회는 질주하는 대한민국의 위상에 대해 부러움과 함께 극찬을 마다하지 않는다. 1960년대 후반까지만 해도 우리는 일인당 국민소득이 70달러에 불과한 세계 최빈국으로서 분단된 작은 영토와 세계 최고의 인구밀도 그리고 천연자원이 전무한 석유 한 방울 나지 않는 자원빈국이었다. 정말 희망이 없던 나라 대한민국은 반세기 만에 모든 영역과 분야에서 세계 10대 강국에 오르고 민주화와 산업화를 동시에 일구어낸 기적을 창조했다. 그래서 세계인들은 우리 한국을 일컬어 '역사학자들이 설명할 수 없는 나라, 대한민국'이라며 경탄하고 있다.

오늘날 대한민국의 기적 같은 성공은 도대체 어디서 온 것일까. 그 정답은 두말할 것 없이 교육의 힘이다. 교육은 그렇게 중요한 것이다. 모든 자원이 열악한 우리에게 교육은 생명이자 전부다. 그래도 다행스러운 것은 21세기 제4차 산업혁명시대는 그 어떤 천연자원이나 물적 자원보다도 고급의 인적 자원이 더 중요한 시대이므로 우리에게 희망이 있다는 것이다. 고품질의 창의·융합교육을 통해 높은 글로벌 경쟁력을 갖춘 고급 인재들을 길러내야 한다.

세계인들은 아직도 한국교육을 부러워하고 있다. 버락 오바마 전 미국 대통령은 기회 있을 때마다 한국교육에 대해 침이 마르도록 칭찬한다. 학력 수준, 교사의 질, 교육환경, 교사의 헌신성, 수업기술, 학부모의 교육열은 명실공히 세계 제일이다. PISA(학업성취도국제비교연구)와 TIMSS(수학·과학성취도비교연구)가 매년 발표하는 보고서에는 한국 학생들이 줄곧 OECD 최고의 학력을 보이고 있다.

반면, 한국교육은 그 우수성과 획기적 성과에도 불구하고 오늘날 많은 비판에 직면해 있다. 우리 학생들은 행복하지 않고 학교생활이 즐겁지 않다는 것이다. 또 한국교육이 과연 제4차 산업혁명시대가 요구하는 창의적이고 문제해결능력을 지닌 미래지향적 글로벌 인재를 길러내고 있는지 자성해 볼 일이다. 학교현장은 지금 학생 개개인의 수준, 적성과는 상관없이 관심이나 흥미도 고려하지 않고 많은 양의 어려운 학습과제를 일방적으로 가르치고 있다. 아직도 명문대학을 목표로 한 입시위주의 문제풀이식 교육에 매몰돼 있다. 학교는 모름지기 학생들에게 꿈과 희망을 심어주고, 호기심과 동기를 부여하며, 소질과 적성과 잠재력을 키워주는 즐겁고 행복한 배움터이어야 하지 않겠나. 또 학생 개개인의 수준과 적성, 관심에 따라 개별화·맞춤식(individualized and customized) 교육을 전개하여 모두가 성공하는 교육 패러다임으로 변화해야 하지 않겠나.

교육의 질은 교사의 질을 능가할 수 없고(Adm Brooks), 그 나라 국가경쟁력은 그 나라의 교육 수준을 능가할 수 없다(Peter Drucker). 그 나라의 과거를 보려면 박물관에 가보고, 그 나라의 현재를 보려면 시장에 가보고, 그 나라의 미래를 보려면 교육현장에 가보라 했다. 교육은 우리나라와 국민들의 미래 그 자체라는 의미다.

정부(아니 정권이라고 해야 맞겠다)는 앞으로 교육정책 입안과 추진에 있어 최소한 이것만은 꼭 지켜주었으면 좋겠다. 첫째, 교육은 본질적으로 이념이나 사상, 종교와 정치로부터 자유로워야 한다. 교육을 교육 외적 세력이 비교육적으로 악용하게 되면 불행한 결과를 초래한다는 것이 역사의 가르침이다. 교육을 정치적 포퓰리즘(political populism)에 이용해서도 안 된다. 순수했던 교육현장이 많이 어지러워졌다.

둘째, 정권이 바뀔 때마다(5년마다) 교육정책을 180도 뒤엎어 학생과 학부모 그리고 선생님들을 골탕 먹이고 대한민국 교육제도와 정책을 누더기로 만들고 있다. 대통령의 임기 5년 동안(현실적으로는 3년 남짓) 찬란한 업적을 남기려는 욕심을 버려야 한다. 계획대로 되지도 않으며 예산과 행정력만 낭비할 뿐 심각한 부작용만 남기기 십상이다. 국민의 숙원 몇 가지만 해결해도 국민의 뇌리에 오래도록 남는다.

셋째, 이 시대에 현존하는 어떤 교육 제도나 정책도 학문적으로나 경험적으로 다 검증돼 있다. 교육정책 설계에 시행착오 할 이유가 전혀 없다는 뜻이다. 새로운 교육 제도나 정책을 설계할 때 제대로 공부하지 않은 폴리페서(Polifessor: 현실 정치에 적극 참여하는 교수를 일컫는 말) 또는 교육의 본질조차 모르는 비전문가가 관여하고, 연구결과를 토대로 설계하지 않기 때문에 실패하는 것이다. 학자와 관료는 교육현장을 잘 몰라서 초래할 수 있는 시행착오를 조심해야 한다. 교육을 혁신한답시고 이론적·경험적으로 검증되지도 않은 정책을 입안하여 시행착오를 남발하면 교육을 후퇴시키고 교단을 멍들게 한다.

넷째, 교권이 실종되고 사부 간 신뢰가 무너진 것은 우리 교육과 국가의 장래를 위해 결코 바람직한 현상이 아니다. 교사가 존경의 대상으로 추앙받지는 못할지언정 시비와 질타의 대상으로 몰려서는 안 된다. 무질서해지는 교육현장을 복원하기 위해서라도 교권회복을 위한 사회적 공감대가 절실하다. 정부는 교사들이 소신 있게 교육에 임할 수 있도록 교권회복과 사기진작을 위한 특단의 입법조치와 사회풍토 조성에 심혈을 기울여야 한다.

나는 오랜 공직생활을 마치고 모처럼 나의 시간을 갖게 되었다. 정말 바쁘고 치열한 삶을 살아왔다. 되돌아보면 나는 평생 교육을 떠나 살아본 적이 없는 것 같다. 배우거나 가르치거나 교육을 연구하는 삶으로 점철되었다. 나는 교육대학을 나와 초등교사 생활을 했고 사범대학을 나와 중등교사 생활도 했다. 미국 유학을 하여서는 교육학 석사와 교육심리학 박사를 취득한 뒤 교원양성대학의 교수도 역임했다. 대학교수로 있으면서 대전광역시 교육위원으로 의정생활도 했다. 그 후 대전광역시 교육감 3선을 하면서 오랫동안 지방교육행정의 수장으로 봉직했고, 퇴임 직후 박근혜 정부 교육부 차관을 하면서 중앙정부 교육행정을 관장했다. 평생을 교육 분야의 학문에 정진하고 각급 학교교육에 몸담았을 뿐 아니라 지방교육행정과 중앙교육행정을 실질적으로 관장했기 때문에 교육의 이론과 실제 그리고 교육현장과 교육행정에 대한 이해가 남달리 깊다고 해도 지나치지 않다. 그래서 나는 이 책『한국교육을 논하다』를 쓴다. 이 책은 현재 한국교육의 제도, 정책, 내용, 방법, 행정 등 전반에 걸쳐 가장 중요하고 시급한 주제들을 다루었다. 다루어진 주제의 심부를 파헤쳐 문제를 파악하고 원인을 규명하며 개선과 치유 대책을 밝히려고 노력했다. 부디 이 책이 선생님, 학부모, 교육행정가, 교육학자 등 교육을 걱정하시는 분들과 이 땅의 지도자들에게 작으나마 도움이 됐으면 한다.

이 책이 출간되기까지 각고의 노력과 정성을 아끼지 않으신 학지사의 김진환 사장님과 직원 여러분께 심심한 감사의 말씀을 올린다. 부족한 저를 잘 가르쳐 주신 은사님들, 공직에 몸담고 있는 동

안 아껴주신 선후배 동지 그리고 많은 신뢰와 사랑을 주신 교육가
족들에게 이 책을 바친다.

2018년 무술년 이월에
글쓴이 김 신 호 올림

차례

Part 1

한국교육의 진단과 혁신방향

Part 1

한국교육의
진단과
혁신방향

제4차 산업혁명은 인공지능, 로봇공학, 사물인터넷, 빅데이터, 지능형 CPS(사이버 세계와 물리적 세계를 네트워크로 연결하는 하나의 통합 시스템) 기술의 발전과 그 상호작용으로 촉발되는 '수확 가속화'를 이루는 만물 초지능 통신혁명이며 인류 역사 최대의 산업혁명을 일컫는다.

2020년대 이후 제4차 산업혁명시대에는 인공지능(artificial intelligence), 빅데이터(big data), 로봇공학(robot engineering), 사물인터넷(internet of things), 나노기술(nano technology), 가상현실(virtual reality)과 증강현실(augmented reality), 클라우딩(clouding), 3D 바이오 프린팅(3D bio-printing), 퀀텀 컴퓨팅(quantum computing), 유전공학(genetic engineering), 항공우주공학(aerospace engineering) 등 첨단 과학기술 분야의 획기적 발

전과 과학기술의 융합을 통해 사회 각 분야에 다가올 상상을 초월
하는 대변혁을 예견하고 있으며, 인류 문명사에 획을 긋는 획기적
변화·발전을 기대하고 있다.

인공지능과
첨단 과학기술의 융합이　　　　KT경제경영연구소는 인공지능
가져올 대변혁　　　　　　　　관련 국내시장 규모가 2014년
　　　　　　　　　　　　　　　　4조 1천억 원에서 2020년 11조
1천억 원까지 커질 것이라고 예상한다. 시장 조사기관 트랙티카는
2025년 세계 인공지능 산업 연 매출이 368억 달러(약 43조 원)에 이
를 것으로 전망한다(한겨레, 2017. 1. 2.). 올해부터 산업계와 시장은
인공지능이 서서히 접수하기 시작했다.

　소프트뱅크 손정의 회장은 "PC·모바일의 시대는 이미 지나갔다.
앞으로 인공지능·사물인터넷이 지금까지 존재했던 모든 산업의 틀
을 재편해 버릴 것이다"라고 예견한다. 손 회장은 "인공지능을 탑재
한 기계가 인류의 지능을 따라잡는 '싱귤래리티(singularity: 질적 도
약이 생기는 특정지점)'가 곧 나타날 것"이라며, "이미 음성인식과 사
진인식에서는 인공지능이 인류를 앞섰다"고 말한다. 조만간 모든
영역에서 인류와 맞설 '스마트 로봇'이 등장한다고도 했다. 그는 "인
공지능과 사물인터넷을 통한 패러다임 변화는 인류에게 기회를 줄
수도 있지만 위협이 될 수도 있다"며 이 기회를 잘 활용하면 인류의
수명을 100세 이상 늘리고 일의 생산성도 비약적으로 향상시킬 수
있다고 말한다.

　로봇 업계에는 이미 '팍스 로보티카(로봇 중심의 질서)'라는 말이

떠돈다. '팍스 아메리카나(미국 중심의 세계 질서)'라는 말에서 따온 것으로 산업계 전체가 로봇을 중심으로 새롭게 재편된다는 의미다. 최근 제조업과 의료 그리고 우주탐사까지 거의 모든 분야에서 로봇이 핵심적 역할을 맡고 있다. 로봇 기술 전쟁이 현실화되고 있는 것이다.

조만간 뛰어난 기억력, 학습능력, 소통능력을 갖춘 세계 최초의 가정용 인공지능 로봇 JIBO가 출시된다. MIT 미디어랩의 신시아 브리질 부교수가 설립한 스타트업 JIBO가 개발하고 있는 이 탁상용 로봇은 인공지능과 음성인식 기능을 갖춰 다양한 역할을 수행한다. 고해상도 카메라가 장착된 머리 부분은 부드럽게 360도 회전하며 집 안 곳곳을 샅샅이 살펴보고, 습득한 정보를 즉시 인터넷으로 전달하는 등 스마트 홈의 허브기능도 한다. 가족의 외모, 목소리, 행동의 특징을 기억하고 그때그때 기분과 상황에 걸맞게 대화를 이끌어 간다. 생일이나 결혼기념일 아침이면 축하인사를 건네고 기념 촬영도 해준다.

"주인의 기분을 알아보는 똑똑한 AI도 나온다." 신현순 한국전자통신연구원(ETRI) 감성인식IoT연구실장의 말이다. AI와 사물인터넷(IoT)을 활용한 감성ICT는 목소리나 얼굴 표정, 맥박과 혈압 같은 생체 신호로 사람의 심리상태를 파악해 맞춤형 서비스를 제공한다. 화가 나 집에 들어가면 잔잔한 음악을 틀어주고, 추위를 느끼면 집 안 온도를 자동으로 올려준다. 독거노인의 심리상태를 보호자에게 알려주는 서비스나 운전자의 피로도를 파악해 안전운행 보조장치를 개발할 수도 있다. 감성ICT의 활용도는 무궁무진하다.

2030년대가 되면 첨단 인공지능과 레이저 무기를 장착학고 유인기와 무인기로 구성된 제6세대 전투기가 출현한다. 1대의 유인기는 최대 20대의 무인기와 함께 작전을 펼친다. 위험한 임무는 무인기가 단독으로 수행한다. 무인기에게 공격할 표적과 방법만 알려주면 상황을 스스로 판단해 공격임무를 수행하고 귀환한다. 사실 드론과 로봇 기술도 전쟁을 통해 발전해 왔다. 이라크와 아프카니스탄에서 미군은 무인기로 적을 폭격했고, 병사 대신 폭탄 로봇을 보내 적군을 살상한 바 있다.

제4차 산업혁명시대와 일자리 대란

AI 로봇이 일반화될 미래의 직업 사회는 어떤 모습으로 달라질까. 영국 옥스퍼드대 연구진의 2013년 조사에 의하면, 한국 노동시장은 2020년에 전체 업무의 20%, 2025년에는 45%를 자동화된 로봇으로 대체하게 된다. 근로자의 임금은 계속 오르지만 로봇 가격은 연평균 10%씩 지속적으로 하락하게 되므로 로봇 근로자 선택이 증가할 것으로 전망한다. 근로자들은 일자리를 잃겠지만 기업은 이윤을 극대화할 수 있을 것이다. 로봇의 출현으로 실업자가 양산될 것이 뻔하므로 인간의 일자리를 빼앗는 로봇에 세금을 매겨 사회적 약자들에게 재분배하자는 주장도 나온다. 자동차세처럼 개인이나 기업이 소유하고 있는 로봇 수에 비례해 세금을 부과할 수 있다는 얘기다. 앞으로는 AI 로봇이 그림을 그리거나 작곡을 할 경우 그 지식재산까지 인정할 것으로 보인다. AI로봇이 생산 활동을 하고 세금을 내는 존재가 된다면 권리 역시 인정해 줘야 하기 때문이다.

세계경제포럼(WEF: 다보스포럼)은 제4차 산업혁명으로 촉발될 일자리 대란에 대해 경고하고 있다. 인공지능이 대체할 수 있는 직업들이 사라지는 만큼 새 일자리가 창출되지 않는다는 것이다. 그러나 인류역사를 돌아볼 때 기술혁신이 일자리 총량을 줄였다는 증거는 없다. 이민화 KAIST 교수는 "제1·2·3차 산업혁명의 교훈은 기술혁신이 산업형태를 바꿀 수는 있지만 전체 일자리를 줄이지는 않았다는 것이다. 기계와 정보기술로 생산성이 증가해 기존 일자리들이 줄어도 시장에서 새 수요가 등장한 때문이다"라고 주장한다.

학계에서는 인공지능의 발달로 인류가 일자리 감소라는 어려움에 처할 것이라는 관측에 대해 지나친 비관론이라고 말한다. 다만 '미래 직업의 70%는 우리가 모르는 분야일 것'이라는 전망과 현재 일자리의 45% 정도는 자동화로 대체가능하고 AI가 이를 심화시킬 것이라고 예상한다.

글로벌 경영 컨설팅 기업 '맥킨지앤컴퍼니'의 도미니크 바튼 회장은 제4차 산업혁명의 '성공요건 4가지'로 (1) 규제완화: 유연한 규제로 정보의 효율적인 공유를 유도, (2) 보안 강화: 완전 자동화가 가져올 안전성 문제 극복, (3) 공감대 형성: 공공부문과 민간 사이 파트너십 확대, (4) 기술훈련: 인공지능과 공존을 위한 환경 적응을 꼽고 있다.

인공지능 로봇의 효율적 통제와 법·제도의 정비

로봇의 사회적 역할이 커지면서 법과 제도를 정비해야 한다는 지적이 나온다. 어떻게 로봇을 효율적으로 통제할 것인지 고민하자는 것이다. 공상과학(SF) 소설가인 아이작 아시모프가 1942년 단편소설 'run around'에서 처음 소개한 '로봇 3원칙'이 있다. 로봇의 지능을 설계할 때 3가지 원칙을 반드시 지킨다면 언제든지 인간이 로봇을 통제할 수 있다는 생각이다. '제 1원칙은 로봇은 인간을 위험에 처하게 하면 안 되고, 제2원칙은 1원칙에 어긋나지 않는 한 로봇은 인간의 명령을 들어야 하며, 제 3원칙은 1, 2원칙에 어긋나지 않는 한 로봇은 자신을 지켜야 한다' 이다. 이 원칙들은 현재 우리 한국에서 산업표준으로 쓰고 있다. 2006년 산업자원부(현 산업통상자원부)는 '로봇 안전행동 3대 원칙' 이란 이름으로 '서비스 로봇이 갖춰야 할 안전지침'을 만들어 KS규 격으로 제정했다. 인간보호와 명령복종 그리고 자기보호라는 로봇 3대 원칙에서 핵심 내용을 그대로 가져왔다.

최근에는 로봇이 인간보다 더 고도의 지능을 가질 상황에 대비 해 새로운 '2대 프로토콜(규약)'이 만들어졌다. 첫 번째 프로토콜은 '로봇이 생명체를 해치거나 죽도록 방치하지 않는다'는 것이고, 두 번째 프로토콜은 '로봇이 자신이나 다른 로봇을 고치거나 개조할 수 없다'라고 규정한다. 로봇의 자체 개조와 수리를 막는 이유는 인 간의 불안감 때문이다. 인간이 정한 기준보다 로봇의 기능이 우수 할 경우 통제가 안 되기 때문이다. 고장 난 로봇을 인간만 수리할 수 있다면 로봇이 반란을 일으킬 여지도 사라진다. 구약성경 이사 야 54장 16-17절에 보면, "숯불을 불어서 자기가 쓸 연장을 제조하 는 장인도 내가 창조하였고, 파괴하며 진멸하는 자도 내가 창조하 였은즉 너를 치려고 제조된 모든 연장이 쓸모가 없을 것이라"라고 쓰셨다. '아무리 피조물이 뛰어나다 할지라도 창조자를 뛰어넘을 수 없다'는 말씀이다.

최근 유럽 국가들 사이에서도 AI 기술이 급속도로 발전하면서

AI가 아직은 인간을 위협할 정도는 아니지만 미래를 대비해 AI와 관련한 법과 제도의 정비가 필요하다는 목소리가 높아지고 있다. EU 의회는 2017년 1월 12일 AI 로봇의 법적 지위를 '전자인간(electronic personhood)'으로 지정하는 결의안을 통과시켰다. 국가 차원에서 AI의 법적 지위와 개발조건 그리고 활용방안 등에 대한 기술적·윤리적 가이드라인을 제시한 것이다. EU 의회는 AI가 인간에 저항하는 것을 막는 방법도 고려했다. 로봇이 인간에 반항하는 것을 포함한 비상상황을 대비해 언제든 로봇의 작동을 멈출 수 있는 '킬 스위치'를 마련하고, 킬 스위치가 없는 로봇은 EU가 수입을 하지 않는다는 내용도 담았다. EU 결의안은 AI 로봇을 전자인간으로 규정하고 로봇은 인간에게 도움을 주는 존재여야 한다는 것을 법적으로 명확히 적시하여, AI 로봇이 안전하고 쓰기 편하며 고장 나지 않는 도구로 존재하기를 바랐다.

인공지능이 인간의 능력을 초월할 수 있을까

인공지능은 인류를 위협할까. 세계적인 이론물리학자 스티븐 호킹 박사는 "100년 안에 인공지능이 인간보다 우수해진다. 컴퓨터가 사람을 지배하는 세상이 올 수도 있다"라고 예언한다.

인간을 닮은 로봇이 처음 등장한 SF영화는 1921년 이탈리아 영화 'Mechanical Man'이다. 그 후 1977년 '스타워즈', 1984년 '터미네이터', 1987년 '로보캅', 1999년 '바이센테니얼 맨', 2001년 'A. I', 2004년 '아이, 로봇', 2008년 '아이언맨', 2011년 '리얼 스틸' 등이 있었으며 점점 진화된 인간로봇이 출현했다. 최근에는 감성을 갖춘 로봇이 인간과 갈등을 겪는다는 설정도 자주 등장한다. 로봇이 지능에 더해 감성까지 얻는다면 어떻게 될 수 있는지 영화 속에서 시연해보는 것이다. 2014년 리메이크된 '로보캅'은 27년 전에 입었던 금속 갑옷을 벗고 그래핀 소재의 최첨단 방탄복을 착용했다. 마치 인간 특수요원처럼 자연스러운 행동을 보이며 주인공과 함께 로봇이 겪는 정체성의 혼란을 다루었다. 정재승 KAIST 교수는 빅데이터의 발달로 지능에 감성까지 가진 로봇의 등장을 예고했다.

『Humans are underrated』의 저자 제프 콜빈은 "인공지능이 지배하는 세상은 과도한 상상일 뿐이다. AI는 애초부터 인간을 이길 수 없다. '공감능력'이 없어 눈을 보며 소통할 수도 감정을 읽어낼 수도 없다. 인간들의 다양한 '상호작용'이야말로 인류가 현재의 문명을 일궈낸 비밀스러운 능력이다"라고 일갈한다.

제프 콜빈은 "인간 창의력의 비밀이 상호행위를 공감하는 능력에 숨어 있다고 본다. 이는 인공지능이나 로봇이 결코 인간을 따라올 수 없는 능력이다. 로봇과 AI가 불러올 이른바 '제4차 산업혁명'으로 수많은 직업이 사라질 것이라는 위기감이 팽배하지만 지레 겁먹을 필요 없다"고 말한다. 역사 속에서 위대한 예술작품이나 시대를 바꾼 발명품들은 교감(交感) 속에서 만들어졌다. 창조는 고독한 천재들이 하는 것이 아니라 창조자들이야말로 교감의 천재였다. 인간의 공감능력과 스마트 로봇의 차가운 두뇌의 경쟁에서는 결국 인간이 이긴다고 보는 것이다.

정재승 KAIST 교수는 머지않아 인간 두뇌의 신경회로를 닮은 컴퓨터 시대가 열린다고 예고한다. 아직 인간의 두뇌는 컴퓨터에 비해 정보처리가 훨씬 효율적이다. 인간 두뇌는 겨우 20와트의 에너지를 사용하여 1,000억 개가 넘는 신경세포들이 서로 정보를 주고받으며 슈퍼컴퓨터 이상의 성능을 발휘한다. 하지만 컴퓨터가 그 정도 정보처리를 감당하려면 1억 배가 넘는 부피를 차지하고 10억 배가 넘는 에너지를 쓰고도 능력이 턱없이 부족하다. 컴퓨터는 정보를 중앙정보처리프로세서(CPU)에서 처리하고, 저장은 흔히 하드디스크라고 표현하는 중앙메모리시스템에서 이루어진다. 그 사이에서 버스(BUS)가 데이터의 이동경로를 통제하고 데이터가 저장된 위치정보를 전달하는 일을 한다. 그러나 인간의 뇌에서는 정보를 처리한 신경세포가 정보를 저장하기도 한다. 다시 말해, 정보처리 프로세서와 하드가 분리돼 있지 않고 같이 처리하다 보니, 두뇌는 데이터 이동이 훨씬 효율적이어서 속도가 빠르다.

두뇌는 중앙 관제탑에서 정보이동을 모두 통제하지 않고 각각의 신경회로가 정보를 동시에 병렬로 처리하고 저장한다. 신경세포들이 여섯 단계만 건너면 서로 다 연결돼 있는 'Small World Network' 구조를 이루고 있다 보니, 수많은 신경세포들이 서로 언제나 효율적으로 소통할 수 있다. 인간의 두뇌가 슈퍼컴퓨터보다 더 뛰어난 까닭은 신경세포들끼리 바로 연결·소통되는 단순한 구조 덕분이다. 이 때문에 아주 적은 에너지로, 1000억 개가 넘는 뉴런(신경세포)을 가동할 수 있다. 반면 컴퓨터는 중앙정보처리프로세서(CPU)와 메모리시스템(하드웨어)의 데이터 이동을 버스(BUS)가 일일이 통제하는 방식이다.

퀄컴(Qualcomm)사는 2013년 인간의 뇌에서 영감을 얻어 만든 '뉴로모픽 칩(차세대 프로세서)' '제로스(Zeroth)'를 세계 최초로 개발해냈다. 뉴로모픽 칩은 CPU와 하드웨어를 인간 두뇌의 신경세포 연결 구조처럼 병렬적인 네트워크 방식으로 연결한다. 퀄컴의 제로

스는 신경세포처럼 스파이크 형태의 신호를 주고받고 시냅스 연결
강도를 조절해 정보를 처리하는 프로세서다. 제로스는 회로구조뿐
만 아니라 기능까지도 인간 두뇌의 자기학습 기제를 모방하고
있다.

인간두뇌가
인공지능보다
우월한 이유

우리를 에워싸고 있는 테크놀
로지들과 우리가 무엇이 다른지
이해하는 것이 미래를 준비하는
첫걸음이다. 컴퓨터 이전 시대에는 세상에 등장했던 모든 기계장치
들이 저마다 만들어진 목적 또는 특정한 수행기능을 가지고 있었
다. 무엇에 쓰는 물건인가가 분명했다. 그러나 컴퓨터는 특별한 하
나의 목적과 기능을 위해 만들어진 장치가 아니라 범용을 위해 만
들어진 장치다. 숫자와 언어로 이루어진 상징체계를 사용해 컴퓨터
가 이해할 수 있도록 논리적 완결성을 가진 업무방식을 명령하면
그 작업을 수행한다. 그것이 무엇이든 완결성만 가지면 그 작업을
수행하는 장치다. 상징기호들로 표현된 업무 지시서를 '프로그램'이
라고 한다면 컴퓨터는 '프로그램으로 표현 가능한 모든 일을 수행
하는 장치'라고 정의할 수 있다. 그리고 논리적 완결성을 가진 프로
그램 속 논리체계를 '알고리즘'이라고 한다.

컴퓨터는 수학적으로 매우 매력적인 장치지만 논리적이고 수학
적으로 표현 가능한 업무만 수행 가능하도록 디자인된 것은 컴퓨터
의 강점이자 한계이기도 하다. 반면, 인간의 두뇌에서 일어나는 과
정은 전적으로 생물학적이다. 신경세포가 시냅스를 만들어가면서

거대한 네트워크 안에서 신호를 주고받으며 사고를 만들어 가는데, 이 과정을 통해 우리는 세상을 인지하고 감정과 욕구를 느끼며 상황을 판단하고 의사결정을 한다. 이렇게 하고 있는 내 자신을 스스로 의식하는 능력 또한 이 과정 속에서 생긴다.

생물학적으로 더없이 매력적인 장치인 두뇌가 사고하는 이런 일련의 과정이 과연 컴퓨터의 알고리즘으로 표현 가능한가? 다시 말해, 두뇌의 생물적인 인식과정이 과연 숫자와 언어의 상징체계로 표현될 수 있는가? 그 과정은 수학적으로 완결성을 갖는가? 이 질문에 대해 아직 아무도 답하지 못하고 있다. 컴퓨터는 숫자와 언어라는 기호로 표현 가능한 문제와 논리적으로 완결성을 갖는 문제만 풀 수 있다. 즉, 컴퓨터는 우리보다 미적분 문제를 더 잘 풀고, 특정 단어가 들어간 문서를 더 쉽게 찾으며, 유사한 이미지를 더 빠르게 찾는 데 능할 뿐이다. 단어와 문장을 이해하거나 문맥을 파악하거나 문장을 읽으면서 문득 창의적 아이디어를 떠올리는 일은 컴퓨터에게 어렵다. 두뇌의 생물학적 정보처리과정이 컴퓨터의 수학적인 정보처리과정과 다르기 때문에, 인간과 컴퓨터는 원천적으로 능력과 성과를 내는 분야가 다르다.

개와 고양이 또는 남자와 여자를 구별하는 과제가 인간에게는 쉽지만, 인공지능에게는 쉽지 않은 문제다. 개와 고양이 또는 남자와 여자를 구별하는 만능의 규칙이 없기 때문에 알고리즘적으로 답을 찾기 어렵다. 몇 년 전만 해도 이런 패턴인식 문제는 인공지능에게 정확도를 높이기 어려운 난제였다. 인공지능의 이런 난제를 빅데이터가 극복해 줬다. 규칙을 가르치는 대신 엄청난 양의 데이터를 입력해 주고 개와 고양이 또는 남자와 여자의 차이를 패턴에서 찾으라고 가르치는 것이다. 충분히 많은 데이터를 넣어주기만 하면 인간처럼 높은 성과를 올릴 수 있다는 것을 인공지능 연구자들은 알게 됐다. 21세기 들어 인공지능이 이렇게 갑자기 뛰어난 성과를 세상에 내놓을 수 있었던 것이 빅데이터의 출현 덕분이라는 사실은, 역설적으로 인공지능이 인간의 지성을 따라오려면 아직 멀었다는 것을 보여 주는 간접적인 증거다.

1956년 존 매카시가 '인공지능'이라는 개념을 세상에 내놓은 이래, 인공지능은 데이터를 기반으로 사고를 확장해 왔다. 모차르트의 교향곡을 인공지능 작곡 프로그램에 입력한 뒤, 모차르트스러운 교향곡을 새로이 작곡하라고 하면, 더없이 모차르트스럽고 아름다운 작품을 만들어낸다. 인공지능이 예술의 창의성 영역까지 확대 적용 가능하다는 것을 보여 주는 사례다. 그러나 바흐에서 모차르트를 거쳐 지금까지의 모든 교향곡을 인공지능 작곡 프로그램에 입력한 뒤, 입력된 교향곡과는 다른 아름다운 교향곡을 작곡해내라고 하면 그것은 잘 못한다. 입력해 준 데이터에 반하는 사고는 인공지능에게 아직은 무리다.

2016년 3월 9일~15일 열린 Google Deepmind Challenge Match에서 천재 바둑기사 이세돌과 구글의 AlphaGo(구글 딥 마인드)라는 영국회사가 개발한 최고의 바둑 인공지능 프로그램의 5회에 걸친 바둑대결이 있었다. 결과는 알파고가 4승 1패로 이세돌에게 압승했다. 그러나 2017년 2월 21일 국제통역번역협회(IITA)와 세종대가 공동주최한 인간 번역사와 인공지능 번역기와의 영문 번역 대결에서는 인간 번역사의 싱거운 승리로 끝났다. 정확성 면에서 AI 번역기가 인간 번역사를 따라오지 못했다. AI의 문학 번역은 정확성이 크게 떨어져 전체의 90% 정도는 문장조차 제대로 구성하지 못했다. 특히 AI가 비유적 표현에서 약점이 두드러졌다는 것은 언어유희나

뉘앙스까지는 이해하지 못한다는 얘기다. 예를 들면, 토마스 프리드먼의 수필 'Thank you for being late'에 나오는 'App industry exploded'(애플리케이션 산업이 폭발적으로 성장했다)라는 문장을 AI 번역기는 '앱 산업은 폭발했습니다'라고 직역했다. 대회를 주최한 IITA 측은 "실수를 하더라도 다시 검토하면서 고칠 수 있는 것도 아직은 인간만이 가진 능력"이라고 말했다. 다만 속도 면에서는 AI가 압도적으로 빨랐다. 인간 번역사들이 50분 걸린 글을 AI는 단 1분 만에 처리해냈다. 방대한 양의 자료를 빠른 시간 내에 처리할 수 있는 AI 번역기의 속도와 인간 번역사들의 높은 정확도는 상호보완적 관계로 효과적 협업이 가능하게 되었다.

하지만 이러한 전복적 사고(당연한 것으로 받아들이는 것을 뒤집어 생각하는 것)는 세상의 모든 예술가와 과학자들에게는 머릿속에서 일상적으로 일어나는 창작의 과정일 뿐이다. 기존의 작품이나 연구 논문들을 비판적으로 섭렵하고, 기존의 상식이나 스타일을 뛰어넘는 창의적인 작품이나 연구 논문에 끊임없이 도전한다. 인공지능의 핵심이 데이터를 통해 스스로 인식을 확장하는 능력이라면, 인간지성의 본질은 데이터를 비판적으로 받아들이면서 가치전복적 아이디어를 스스로 만들어내는 능력이다. 자신만의 관점에서 세상을 새롭게 구성하고 이해하는 일, 개인적 경험 안에 인식의 틀을 가두지 않고 데이터에만 매달리지 않는 비판적 사고가 인간지성의 중요한 토대다. 지적 다양성이 인간지성의 핵심이며 획일화되지 않는 다양성의 존중이 행복한 인류를 지향하는 지혜임을 먼저 깨달아야 한다.

진화하는
인공지능

인공지능이 본격적으로 논의되기 시작한 때는 1950년대다. 현대적 컴퓨터를 고안한 영국 수학자 앨런 튜링은 1950년 '컴퓨팅 기계와 지능'이란 제목의 논문에서 "Can machines think?"라는 질문을 던진다. 그 후 존 매카시 미국 다트머스대 교수는 1956년 '인공지능'이란 용어를 세계 최초로 언급했다.

초기의 인공지능은 인간이 주입한 정해진 규칙을 뛰어넘는 수준에 한계가 있었다. 규칙 하나하나를 컴퓨터에 주입하는 지도학습법(supervised learning)을 사용했기 때문이다. 지도학습법에 한계성을 느낀 과학자들은 컴퓨터 스스로 원리와 개념을 학습할 수 있는 비지도학습법(unsupervised learning)을 개발해냈다. 이것이 80년대 들어 본격적인 연구가 진행된 머신러닝(machine learning)이다. 머신러닝은 인공지능 연구의 한 분야로서 인간의 학습능력을 컴퓨터에서 실현하고자 하는 기술이나 방법을 말한다. 빅데이터 등 컴퓨터가 스스로 학습할 수 있는 조건이 마련되면서 인공지능 분야가 빠르게 발전하고 있다.

머신러닝을 구현하는 대표기술에는 연관규칙학습(association rule learning), 의사결정트리학습(decision tree learning), 인공신경망(artificial neural networks), 서포트벡터머신(support vector machines), 베이지안네트워크(bayesian networks) 등이 있다. 알파고는 바둑기보 16만개를 학습하면서 상대방에게 승리할 수 있는 독자적인 기보를 만들었다. 이 과정에서 핵심적인 역할을 했던 것은 바둑기사들이 착점을 순서대로 기록한 빅데이터였다. 80년대 등장한 머신러닝이 근래 각광을 받는 것은 정보기술(IT)의 발전으로 다양한 빅데이터가 충분히 축적됐기 때문이다. 기보 빅데이터가 없었다면 알파고도 없었을 것이다.

　인공지능의 '딥 러닝(deep learning)'은 기계시대의 새로운 창세기를 열고 있다. 딥 러닝은 머신러닝의 한 종류로 인간의 뇌신경세포를 모방한 학습법이며, 인공신경망(artificial neural network)을 이용한 신경세포 간의 소통이라 할 수 있다. 인간의 뇌신경세포는 학습을 거듭할수록 시냅스를 통해 연결강도가 강해지는 특징이 있다. 딥 러닝은 이런 뇌신경세포의 작업을 컴퓨터 프로그램으로 시뮬레이션 한 것이다. 딥 러닝을 통해 형성된 인공지능은 학습할 수 있는 빅데이터가 많아질수록 더욱 정교해진다. 이는 알파고가 분석한 빅데이터가 많아질수록 알파고를 상대로 인간이 승리할 확률이 낮아진다는 의미다. 딥 러닝은 얼굴 등 영상인식 인공지능에도 활용된다. 딥 러닝을 적용한 구글의 페이스넷(Face Net)의 얼굴 인식률은 99.6%에 달한다. 머신러닝과 딥 러닝은 새로운 질병 치료법에도 활용된다. 투약 종류, 투약 횟수, 투약 시기 등을 기록한 빅데이터를 인공지능이 분석하여 새로운 치료법을 개발할 것으로 기대한다. 인공지능은 인간의 두뇌 능력을 향해 끊임없이 진화하고 있다.

ENDNOTE

1 > 1세대 전투기(1930~1950년대) 복엽기 · 저속 제트엔진, 2세대 전투기 (1950~1960년대) 아음속 제트엔진, 3세대 전투기(1960~1970년대) 레이 더 장착 · 유도미사일, 4세대 전투기(1980~2000년대) 컴퓨터 기능 · 첨 단공학, 5세대 전투기(2000년대 말) 스텔스 성능, 6세대 전투기(2030년 이후) 레이저무기 · 인공지능 · 무인.

2 > Artificial Intelligence(AI): 인공지능: 인간의 학습능력, 추론능력, 지각능력, 자연언어의 이해능력 등을 컴퓨터 프로그램으로 실현한 기술이며, 컴 퓨터가 인간의 지능적 행동을 모방하여 실현할 수 있도록 하는 컴퓨 터 공학.

3 > Big Data(빅데이터): 디지털 환경에서 생성되는 방대하고 복잡한 데이 터와 이를 분석하는 기술. IT(정보기술) 업계뿐만 아니라 유통, 금융, 자 동차 등 다양한 산업과 정부나 공공기관 등에서 정책을 수립하거나 경영 또는 마케팅에 활용하는 사례가 늘어나고 있다.

4 > Internet of Things(IoT): 사물(가전장치)에 센서를 부착해 실시간으로 정 보를 모은 후 인터넷을 통해 개별 사물들끼리 정보를 주고받는 기술 이며, 사람의 도움 없이도 서로 알아서 정보를 주고받고 스스로 일을 처리할 수 있는 기술.

제4차 산업혁명에 따른
교육환경의
급격한 변화

버락 오바마 대
통령의 싱크탱
크 '알렉 로스'는
그의 저서 『The Industries of The Future』에서 제
4차 산업혁명의 시작과 함께 앞으로 10년 내에 몰
고 올 미래사회에 던져질 충격파에 대해 실감 나
게 설명하면서 이에 따른 교육환경의 급격한 변화
를 예고하고 있다. 제4차 산업혁명은 피할 수 없
는 변화이고, 우리에게 무궁무진한 기회를 가져다
줄 것이며, 어떤 직업을 갖든 융합적이고 포괄적
인 이해능력이 필요하다고 말한다. 또 제4차 산업
혁명이라는 Big Bang에서 살아남을 방법은 교육
밖에 없다고 단언하면서, 모든 것이 창의성에서
시작하고 융합으로 완성되므로 창의·융합교육을

활성화하고 창의성을 발휘하고 융합을 추구할 수 있는 사회 환경을
마련해주는 것이 가장 중요하다고 강조한다.

한국교육 현실에 대한 진단

우리 한국교육은 그 우수성과 획기적 성과에도 불구하고 오늘날 대내외적으로 많은 비판에 직면해 있다. 첫째, 우리나라 청소년들은 행복하지 않다는 것이다. 몇 년 전 어느 초등학교 5학년생이 "나도 헤엄치는 물고기처럼 자유로워지고 싶다"고 절규하며 비련의 짧은 생을 마감한 적이 있다. 그의 일기장에는 "내가 왜 학교와 학원을 오가며 어른들보다 더 많은 공부를 해야 하는지 이해할 수 없다"고 적혀 있었다. 최근 PISA(학업성취도국제비교연구)의 조사에 의하면 한국학생들의 학력은 OECD 나라 중 최고지만 행복지수는 꼴찌라고 보고하고 있다(PISA, 2015). 화려한 성적의 이면에 공부에 대한 자신감, 흥미도, 학교생활 만족도는 밑바닥 수준이다. 왜 그럴까? 첫째, 우리나라 청소년들은 공부를 너무 많이 하며, 재미없는 공부를 억지로 하기 때문이다. 한국학생들은 학교와 학원을 오가며 주당 50시간을 공부하여 OECD 주요 국가들 중 가장 많은 시간을 학업에 투자하며(PISA, 2015) 지긋지긋한 하루일과를 보내고 있다. 또 개인의 수준과 적성에 상관없이 관심과 흥미도 고려하지 않고 이해하기 어려운 내용을 전체학생을 대상으로 일방적인 주입식 수업을 하기 때문이다.

둘째, 오늘날 우리 교육은 명문대학을 목표로 한 입시위주의 주입식, 암기식, 문제풀이식 교육에 매몰되어 있다. 학생들에게 꿈과

희망을 심어주고 호기심과 동기를 부여하며 소질과 적성과 잠재력을 계발하지 못하여 21세기 현대사회가 요구하는 창의적 사고력, 자기주도적 학습능력, 문제해결능력을 지닌 미래지향적 인재를 육성하지 못한다는 것이다. 그것은 분명 교육내용과 교육방법에 심각한 문제점이 있기 때문이다.

셋째, 사교육비 부담이 지나치게 크다는 것이다. 대규모 교육투자에 비해 교육성과는 기대에 못 미치고, 가계부채를 키우며, 빈부 계층 간 학력격차를 더욱 심화시키고 있다. 2016년 공교육 예산만 53조 1,613억 원에 사교육비 18조 1,000억 원(실제 규모는 30조 원 추정)으로 총 71조 2,613억 원의 교육비를 쏟아 부었다. 모든 것이 대학입시에 초점이 맞춰진 교육풍토 때문이다.

넷째, 우리나라 교육 시스템은 학생들의 빈부와 성장환경에 따라 학력과 직업과 빈부의 대물림에 영향을 미치고 있다. 한 번 낙오하면 패자 부활의 기회가 없다. 평등한 교육기회 제공으로 '공정한 룰' 속에서 같이 경쟁할 수 있도록 하여 국가의 중요한 인적자원으로 길러져 언제든 신분상승의 기회와 계층 간 이동과 순환이 가능하게 해야 할 텐데 우리는 그렇지 못하다. 독일의 미래학자 마티아스 호르크스(Matthis Horx)는 "최고가 아니면 기회를 놓치고 그래서 낙오하는 교육시스템은 지속가능하지 않다"고 경고한다.

다섯째, 교육시스템의 다양성과 유연성 부족으로 수준, 적성과 관심에 따른 학업과 직업의 진로 선택과 전환의 폭이 너무 좁다. 우리나라는 대학 못 가면 큰일 나는 나라이고 그래서 고등학교 졸업생의 80% 이상이 대학에 진학한다. 또 소질, 적성과 관심에 따라 대학의 전공과 직업이 결정되는 것이 아니라 시험성적에 따라 결정되므로 성공적 학업 수행과 직업 전문성 신장에 지장을 초래하고 학업생활과 직업생활도 행복하지 않다. 이것은 국가와 사회와 기업이 요구하는 인재상과 괴리가 생길 수 있다는 차원에서 정부의 인재양성정책에 문제가 있으며 결국 국가경쟁력 강화에 큰 손실로 작용할 수 있다.

여섯째, 우리나라 교육발전에 가장 큰 걸림돌 중의 하나가 바로 교육 관료주의라는 목소리가 높다. 학교현장의 자율성을 허락하지 않는 교육 관료주의가 아직도 잔존하고 있다는 말이다. 정부가 교육청과 대학에 그리고 교육청이 일선 학교에 시시콜콜 작은 사안까지도 간섭과 규제로 통제하기 때문에 창의적 경영과 학교혁신을 과감히 시도하지 못한다는 것이다. '공무원 사회 중에서도 가장 변화를 두려워하며 규제를 많이 하는 조직이 교육부'라며 '학교를 통제하려고만 했지 학교혁신을 도와주려는 마인드는 전혀 없다'고 비판하고 있다.

결국, 한국교육의 이 모든 문제들은 학벌중심사회, 대학입시제도, 대학교육제도, 경직된 인재양성정책, 지나친 교육 관료주의 등에서 기인한다고 분석할 수 있다.

제4차 산업혁명시대를 대비한 한국교육의 혁신방향

우리 한국은 그동안 학생들의 학업성취도, 교사의 질, 교육환경과 시설 설비, 수업기술, 교사의 헌신성, 학부모 교육열에 관한 한 명실공히 세계 제일이었다. 그러나 교육내용과 방법, 교육체제, 제도, 정책 면에서는 아직도 문제점을 많이 안고 있다. 다가오는 제4차 산업혁명시대를 대비하기 위하여 한국교육 전반에 걸쳐 대변혁을 가져와야 하는데 그 시발점은 일선 학교의 교실이 돼야 할 것이다. 모든 교육은 결국 일선학교의 교실에서부터 시작되기 때문에 무엇보다도 교실변화를 추구해야 하고 그 핵심은 교육내용과 교육방법의 변화라고 볼 수 있다. 이를 뒷받침하기 위하여 행정당국의 탄력적이고 유연한 지원행정과 교육체제, 교육제도, 교육정책의 획기적 변화가 절실하다.

교육내용 면에서 첫째, 사회가 요구하는 인재상과 직업의 다양화에 따라 교육의 분야(교과목), 영역, 내용이 획기적으로 변화해야 할 것이며, 변화의 주기도 탄력적으로 적용돼야 할 것이다. 둘째, 갖가지 사회변화에 부응하기 위해서 교과서 의존도도 상당 부분 낮춰야 할 것이며, 디지털 교과서의 활용은 물론 여러 가지 형태의 교과서 대용 또는 보조 자료를 활용해야 하고, 인터넷·사진·영상 자료, 체험, 견학, 실습 등 비교과서적 학습자료의 활용도 확대돼야 할 것이다. 셋째, 앞으로 인공지능, 빅데이터, 사물인터넷, 로봇공학, 재료공학, 신경과학, 가상현실과 증강현실, 나노기술, 클라우딩, 3D 바이오 프린팅, 퀀텀 컴퓨팅, 유전공학, 항공우주, 정보통신, 환경공학, 문화·예술·체육 등의 학문분야가 21세기를 지배할 것에 대비해 학교 교육과정 구성과 교과서 제작에 임해야 할 것이다.

교육방법 면에서, 제4차 산업혁명시대의 최대 화두가 '다양한 첨단 과학기술의 획기적 발전과 그 기술의 융합이 초래할 미래사회의 혁명적 변화'라면 교육혁신의 핵심은 교수·학습방법과 평가방법의 혁신이 될 것이며, 이는 학생들의 사고와 학습태도를 결정하는 요인이 교수·학습방법과 평가방법에 있기 때문이다.

첫째, 인공지능이 지배하는 제4차 산업혁명시대에는 정보습득과 계산문제는 컴퓨터가 대신해 줄 것이므로 학생들에게 필요한 능력은 기초학력과 고등사고능력이다. 앞으로 교실은 학생들이 스스로 필요한 지식과 정보를 찾아내고, 정보를 서로 조합하며, 새로운 지식을 창조하고, 창조된 지식을 가지고 고부가가치를 창출해낼 수 있도록 자기주도적 학습능력을 길러주고, 창의·융합적 사고, 비판적 사고, 분석적 사고, 반성적 사고 등 고등 사고력 신장과 문제해결능력 등을 길러줄 수 있도록 교수·학습방법의 혁신이 필요하다. 둘째, 그러기 위해서 교사는 지식주입과 암기위주의 수업 방법을 배제하고 토론, 탐구, 비교, 대조·분석, 프로젝트, 실험, 실습, 견학, 노작 학습방법으로 전환해야 한다. 발문방법도 단답형이나 유도질문을 지양하고, 확산적 발문(vs 수렴적), 열린 발문(open-ended question)을 사용해야 한다. 셋째, 평가방법은 선택형이나 단답형을 지양하고 서술형, 실험보고, 프로젝트, 조사보고, 수행평가, 작품제작 등 고등사고 능력을 신장시키고 직접 체험에 의한 학습결과를 확인할 수 있는 평가방법으로 바꿔야 한다.

교육정책 면에서 첫째, 개개 학생이 타고난 소질과 적성을 계발하여 능력을 최대한 발현하고 자아실현 할 수 있도록 All Win 교육 또는 Only one교육을 지향(Number One 교육은 지양)해야 한다. 둘째, 국가경쟁력 제고를 위해 기초학력보장의 책임을 강조하게 할 것이며(국, 영, 수, 소프트웨어 프로그래밍), 교육의 수월성 추구 차원에서 수준별 교육(속진과 유급), 개별화 맞춤식 교육, 진로교육, 영재교육, 과학교육을 강화해야 할 것이다. 셋째, 교육기회 불균등 해소와 사회적 비용 절감을 위하여 보상교육 차원에서 특수학생, 저소득층 학생, 다문화학생, 탈북학생, 학습부진학생 등에 대한 교육적 배려 정책을 확대해야 할 것이다. 넷째, Massive Open Online Course(Mooc: 온라인 공개수업), 인터넷활용교육(internet based education), 홈스쿨링(home schooling) 등과 같이 지식습득의 채널도 지금보다 훨씬 다양화될 것이기 때문에, 학교를 포함한 교육기관들의 역할과 기능이 많이 변화할 것이며, 이에 따라 교수·학습방법과 교육지원행정이 더욱 유연하고 탄력적으로 변화해야 할 것이다. 다섯째, 유비쿼터스 사회(ubiquitous society)를 선도해나가기 위해 학교가 '스마트교육화'해야 하며, 교수·학습에 전자책(electronic book), 전자칠판(electronic blackboard), 스마트폰(smart phone), 아이패드(I-Pad) 등의 활용이 활성화돼야 한다. 여섯째, 또 제4차 산업혁명시대를 대비하여 외국어 교육, 소프트웨어 프로그래밍 교육, 수학교육을 강화해야 할 것이다.

교육제도 면에서, 법이 허용하는 범위에서 교육의 분권화와 자율화를 확실히 보장하고, 책임을 짓도록 하여, 창의적 교육경영을 유도해야 한다. 또 교원의 교직전문성을 강화를 위하여 교원의 직전교육, 현직교육, 대학원 교육을 활성화하고, 모든 교육영역을 평생교육체제로 전환해야 할 것이다. 나아가 교육제도도 사회변화에 대한 대응력을 높이기 위해 유연하고 탄력적으로 혁신해야 한다.

ENDNOTE

1 > 산업혁명의 역사.
* 제1차 산업혁명: 18세기 증기기관의 발명으로 영국의 섬유공업이 발전하고, 석탄을 에너지로 하는 철도 인프라가 세계적으로 확산된 변화.
* 제2차 산업혁명: 19세기 후반부터 20세기 초반에 걸쳐 전기에너지의 활용으로 대량생산 산업 생태계가 세계적으로 전개된 변화.
* 제3차 산업혁명: 20세기 후반 컴퓨터와 인터넷으로 촉발된 지식정보혁명.
* 제4차 산업혁명: 21세기 초 첨단 과학기술의 획기적 발전과 그 상호작용으로 촉발되는 '수확 가속화'를 이루는 만물 초지능 통신혁명.

2 > 21세기에 떠오를(약속된) 분야(Promising field in the 21st century)

* Artificial Intelligence(AI): 인공지능: 인간의 학습능력, 추론능력, 지각능력, 자연언어의 이해능력 등을 컴퓨터 프로그램으로 실현한 기술이며, 컴퓨터가 인간의 지능적 행동을 모방하여 실현할 수 있도록 하는 컴퓨터 공학.

* Big Data: 디지털 경제의 확산으로 우리 주변에는 규모를 가늠할 수 없을 정도로 많은 정보와 데이터가 생산되는 Big Data 환경이 도래했다. 빅데이터란 과거 아날로그 환경에서 생성되던 데이터에 비하면 그 규모가 방대하고, 생성 주기도 짧고, 형태도 수치 데이터뿐만 아니라 문자와 영상 데이터를 포함하는 대규모 데이터를 말한다. 컴퓨터 및 처리기술이 발달함에 따라 디지털 환경에서 생성되는 빅데이터와 이 데이터를 기반으로 분석할 경우, 질병이나 사회현상의 변화에 관한 새로운 시각이나 법칙을 발견할 가능성이 커졌다. 일부 학자들은 빅데이터를 통해 인류가 유사 이래 처음으로 인간행동을 미리 예측할 수 있는 세상이 열릴 것이라고 말하며, 이를 주장하는 대표적인 학자가 토마스 멀론(Thomas Malone) 미국 매사추세츠공과대학 집합지능연구소장이다.

* Internet of Things(IoT): 사물(가전장치)에 센서를 부착해 실시간으로 정보를 모은 후 인터넷을 통해 개별 사물들끼리 정보를 주고받는 기술이며, 사람의 도움 없이도 서로 알아서 정보를 주고받고 스스로 일을 처리할 수 있는 기술.

* Nano Technology: 나노(nano)란 10억분의 1을 나타내는 단위로, 1나노미터(nm)라고 하면 10억분의 1m의 길이, 즉 머리카락의 1만분의 10이 되는 초미세의 세계. 나노기술이란 나노미터 정도로 아주 작은 크기의 소자를 만들고 제어하는 기술로, 분자와 원자를 다루는 초미세 기술이기 때문에 고전역학이 아닌 양자역학 이론이 적용된다. 앞으로 나노기술은 전자와 정보통신은 물론 기계, 화학, 의료, 바이오, 에너지 등 모든 산업에 응용될 수 있어 인류문명을 혁명적으로 바꿀 수 있는 기술로 떠올랐다.

* Virtual Reality(VR): 가상현실: 사이버 상에서 3차원의 공간 경험을 할 수 있는 기술.

* Augmented Reality(AR): 증강현실: 실세계에 3차원의 가상물체를 겹쳐서 보여 주는 기술을 활용해 현실과 가상환경을 융합하는 복합형 가상현실.

* AI Robot: AI + Big Data + Robot Engineering + Material Engineering의 융합.

* Clouding(클라우딩): 소프트웨어와 데이터를 인터넷과 연결된 중앙 컴퓨터에 저장하여 인터넷에 접속하기만 하면 언제 어디서든 데이터를 활용할 수 있도록 해놓은 서비스 기반.

* Quantum Computing: 방대한 용량과 초병렬 계산이 동시에 가능한 컴퓨터로 초고속, 초소형, 초 신뢰성을 얻고자 하는 기술(양자역학 기반 컴퓨터).

* Genetic Engineering(유전공학): 생물의 유전자를 조작하거나 가동하여 실생활에 적용하고자 하는 학문. 주요기술: 재조합 DNA 기술(recomb inant DNA technology), 세포융합기술, 핵치환기술, 유전자 지도의 활용 등. 적용 사례: 의학분야에서 치료, 멸종위기의 동물 복제, 암 제압, 노화방지, 농업분야에서 토감(토마토 + 감자).

* Biotechnology(생명공학): 생명공학은 생명(bio)과 기술(technology)의 합성어로서, 사람이나 동식물이 가지고 있는 고유한 유전기능을 산업에 이용하고자 하는 기술. 연구영역은 크게 미생물, 식물, 동물, 인체 등. 미생물 연구 영역: 미생물 유전체 해석 및 기능 연구, 미생물 대사물질 이용기술, 미생물을 농업과 환경문제 해결에 적용하는 기술, 발효와 같이 식품에 활용하는 기술 등. 식물연구 영역: 식물 유전체 해석 및 기능 연구, 식물조직 배양기술, 식물 이차대사산물 생산기술, 유전자 재조합 식품(GMO) 등. 동물연구 영역: 동물복제기술, 바이오신역개발과 실험동물 생산을 위한 동물형질 전환기술, 곤충자원 이용기술 등. 인체연구 영역: 인간유전체사업, 암 등 난치병 예방과 치료 기술, 의료기기 및 의료용 생체재료 기술, 의약품 안전성 평가기술 등.

* 줄기세포 연구: 배아줄기세포: 미분화 세포로서 여러 신체조직으로 분화할 수 있는 능력을 가진 세포. 성체줄기세포: 모든 조직으로 분화할 수는 없으나 정해진 장기나 조직으로는 분화 가능한 세포. 배아줄기세포연구는 윤리적인 문제 때문에 연구에 제한이 있으나, 성체줄기세포연구는 연구자 자신에게서도 얻을 수 있어 연구에 제한이 적다.

* Aerospace Engineering(항공우주공학): 항공우주 공간에서 비행하거나 유영할 수 있는 물체에 대해 설계, 제작, 발사, 유도, 통제 등과 관련한 기술을 다루는 학문. Drone 산업 포함.

한국교육 어디로 가나

온 국민이 지켜본 교육부총리 청문회의 참담한 모습은 오늘날 한국교육을 주도하는 교육 브레인 그룹의 부끄러운 자화상을 적나라하게 보여 주었다. 한국교육이 흔들리고 있는 전조 현상이다. 지금까지 교육부가 추진한 대학 구조 조정, 대입 간소화, 영어 사교육 대책, 선행학습금지법, 자유학기제 등은 어설프기 짝이 없고 오히려 부작용만 낳고 있다. 일선학교는 말할 것도 없고 교육청과 대학들이 불만으로 가득하다. 현재 교육부는 대통령과 국민들의 기대치를 안심할 정도로 담아내지 못하고 있다. 오죽 답답하면 대통령까지 나서 선행학습 문제, 안현수 신드롬, 교복 값, 대학 신입생 환영회, 수학여행 등 세세한 문제까지 만기친람(萬機親覽) 하겠는가. 모든 것이 불안하다는 의미다.

교육부는 지난 정부에서 실패한 정책들의 적폐를 설거지하기도 바쁘다. 그러면서 한편으로는 또 다른 실수를 범하고 있다. 해야 할 일과 하지 말아야 할 일을 구분하지 못하고 문제되는 사안만 임시 처방할 때도 많다. 목전에 당면한 수많은 과제들, 역사 교과서 문제, 대학입시제도 간소화, 대학구조조정, 영어 사교육 대책, 반값 등록금, 무상보육, 초등 돌봄교실, 시간선택제 교사, 자유학기제 운영, 선행학습금지법, 고교 문·이과 구분 교육, 사교육 경감, 교과서 가격 문제, 학생 안전교육 등 어느 것 하나 깔끔하게 정리된 사안이 없다.

시·도교육감들과의 예견된 마찰도 걱정스럽다. 정부의 교육사업 예산 떠넘기기와 무상교육 과잉으로 인한 시·도교육청의 예산 고갈 문제도 심각하다. 진보 성향 교육감들과는 혁신학교, 고교 평준화 확대, 자율형 사립고 폐지, 대입 평준화, 무상교육 및 교육복지 강화, 친일 독재 교과서 반대, 전교조의 법외 노조 문제 등으로 대립하고 있다. 교육계가 똘똘 뭉쳐 협력해도 부족할 판인데 안타까운 일이다.

교육부는 우선 초정권적으로 일관되게 추진할 교육정책의 장기적 청사진과 로드맵을 마련하고 시행착오를 최소화하여 역사를 후퇴시키고 학생과 학부모와 교사에게 고통을 주는 일만은 없도록 해야 한다. 또 국가수준의 정책기획과 집행, 행·재정적 지원, 세계 교육의 정보 제공, 경영평가, 감사만 하고, 시·도교육감들에게 자율권과 재량권을 대폭 허용하되 책임을 지도록 하여 창의적 경영을 유도해야 한다. 교육감들을 국가교육경영의 주요 파트너로 인정하고 그들에게 부여된 법적 권한을 존중함은 물론 적극적으로 소통하여 교육발전이라는 국가 공동목표를 위해 서로 협력해야 한다. 이제

시간이 별로 없다. 지난 정부의 실패한 정책들을 과감히 청산하고 박근혜 정부의 3대 교육브랜드인 창의·융합교육, 인성교육, 행복교육의 실현에 에너지를 집중해야 한다.

교육감들은 먼저 준법을 가르치는 교육지도자로서 법치행정에 솔선해야 한다. 인사권, 행정권, 재정권을 독점하는 막강한 권한을 가진 지방교육의 수장이라 할지라도 중앙정부가 정한 교육정책 범위 안에서 법령이 허용하는 집행권만 행사해야 함을 유념해야 한다. 국가와 민족의 장래를 담보할 교육에 어설픈 실험이나 시행착오는 용납될 수 없다. 이 시대에 현존하는 어떤 교육 제도나 정책도 대부분 검증되어 있다. 시행착오 할 이유가 전혀 없다는 말이다. 교육이 우리에게 경외로운 천년지대계라 할진대 누구도 함부로 경솔히 다루어선 안 된다. 또 자신이 누구를 위해 존재하는지 그 이유와 가치에 충실하고 시대적 소명을 성실히 감당해야 한다. 교육감은 4년 기간제 계약직과 다름없다. 국가와 국민이 부여한 교육권을 경도된 시각으로 남용하거나 개인의 정치적 목적으로 이용하는 것은 금물이며 이는 헌법정신에 반하는 일이다. 개인이 특정 이념이나 가치를 선호할 수 있으나 교육의 공공성이라는 가치의 인식에는 차이가 있을 수 없다. 검증되지 않은 편향적 교육으로 올바른 교육을 받을 학생의 권리를 침해하거나 순수한 영혼을 오염시키는 우를 범해서도 안 된다.

아직도 세계인들은 한국교육을 부러워하고 있다. 학력 수준, 교사의 질, 교육환경, 교사의 헌신성, 수업기술, 학부모의 교육열은 명실공히 세계 제일이다. PISA(학업성취도국제비교연구)와 TIMSS(수학·과학성취도비교연구)가 매년 발표하는 보고서는 우리 한국학생들이 줄곧 OECD 최고의 학력을 보인다고 분석한다. 문제는 우리

학생들이 행복하지 않고 학교생활이 즐겁지 않다는 것이다. 학교는 모름지기 학생들에게 꿈과 희망을 심어주고, 호기심과 동기를 부여하며, 소질과 적성과 잠재력을 키워주는 가고 싶고 머무르고 싶은 행복한 배움터이어야 하지 않겠나? 에듀토피아(edutopia)는 그리 멀리 있지 않다. 교육지도자들은 이 점을 명심하고 제발 실수나 하지 말기 바란다.

ENDNOTE

1 > 이 글은 2014년 7월 31일자 중앙일보 A29면 '시론'에 실린 칼럼이다.

선부른 교육공약 우려한다

요즈음 대권주자들이 교육부를 폐지하고 국가교육위원회를 설치한다느니 학제를 개편한다느니 서울대를 폐지한다느니 아주 어설프고 위험천만한 교육공약들을 쏟아내고 있다.

안철수 전 국민의당 대표는 현행 초·중·고 6-3-3 학제를 유·초·중등·진로탐색학교/직업학교로 이어지는 2-5-5-2학제로 바꾸자는 학제개편안을 제안했다. 또 초등학교 입학 연령을 5세로 낮추고, 3세부터 2년간의 유치원 과정을 공교육화하자고 했다. 현재 우리 교육이 입시위주 교육에 매몰되어 창의교육도 인성교육도 적성교육도 안된다면서 학제개편으로 이를 해소할 수 있다고 주장했다.

그러나 안철수 전 대표의 주장처럼 학제개편이 입시교육 해방, 창의성 교육, 사교육비 경감, 교육

기회 균등 제공 등을 해결해 줄 수 있는 만병통치약이 아니다. 또 제4차 산업혁명시대의 최대 화두가 '다양한 첨단 과학기술의 획기적 발전과 그 기술의 융합이 초래할 미래사회의 혁명적 변화'라면 교육혁신의 핵심도 학제개편이 아니라 교수·학습방법과 평가방법의 혁신이며, 진로탐색이나 직업준비교육도 학제개편과는 아무 상관이 없다. 학생들의 사고와 학습태도를 결정하는 요인은 교수·학습방법과 평가방법에 있기 때문이다.

학제개편이 초래할 막대한 예산 소요(KEDI 추산 약 14조 8,000억), 교원수급·양성 문제, 교육시설 증설·재배치, 교육현장의 혼란 등 교육전반에 미치는 영향도 너무 커 현실성이 없다. 과거 노무현 정부는 초등 1년 단축, 이명박 정부는 초등 입학연령 1년 하향 조정, 박근혜 정부는 초·중학교 과정을 1년씩 단축하는 방안을 검토했지만 모두 실행하지 못했다. 그러나 초등학교 입학 연령을 5세로 낮추고, 3세부터 2년간의 유치원 과정을 공교육화하자는 제안은 시간을 두고 검토해 볼 필요가 있다.

교육부를 폐지하고 '국가교육위원회'와 '교육지원처'로 개편하자는 제안도 나왔다. 정권이 바뀔 때마다 교육정책이 바뀌고 학교의 자율성을 보장하지 않기 때문이라 했다. 국가교육위원회에는 교사, 학부모, 정치권 등 이해관계자들이 참여해 10년 계획을 합의하고, 여기서 결정된 정책을 교육지원처가 충실하게 이행하도록 하자는 것이다. 그럴 듯한 주장 같지만 진단과 처방 모두 잘못되었다. 교육정책의 조변석개(朝變夕改)도 학교와 교육기관의 자율성 침해도 교육부의 잘못이 아니라 정권의 잘못이다. 최고의 교육전문가로 이루어진 방대한 조직을 가진 교육부에 자율·재량권을 부여하지 않고, 정권의 컨트롤 타워인 청와대(BH: blue house)가 교육정책 전반을 일방적으로 지시·간섭하기 때문에 생기는 일이다. 교육부를 폐지할 생각 말고 제발 그들에게 창의적 행정을 할 수 있도록 재량권을 부여하고 책임지도록 하라. 그것이 교육부를 혁신하는 지름길이다.

'국가교육위원회'를 설립하자는 제안에는 공감한다. 그러나 '국가교육위원회'에서 국가교육정책을 입안한다는 것은 정권이 개입하면 내내 마찬가지고 구성원들의 교육 전문성도 담보할 수 없기 때문에 실효성이 없다. 교육부를 존속시키고 '국가교육위원회'를 설립하되 그 성격과 기능을 달리 부여하는 것이 바람직하다. 정부가 국가의 교육체제, 교육제도, 교육정책을 교육의 본질, 인간 발달의 특성, 미래사회가 요구하는 인재상, 선행 연구결과를 토대로 설계·입안하도록 하고, '국가교육위원회'는 정부가 입안한 교육정책을 초정권적으로 일관성 있게 추진할 수 있도록 심의하고, 개선을 권고하며, 교육정책 연구도 수행·제안할 수 있는 독립적 국가기구로 설립하는 것이 설득력 있다.

우리 한국교육은 그동안 일궈낸 우수성과 획기적 성과에도 불구하고 오늘날 많은 문제점과 비판에 직면해 있다. 역대 정권이 추진한 교육정책의 누적된 실패와 섣부른 과욕 때문이다. 어떤 교육 제도나 정책도 역사를 통해 이미 다 검증되었다. 시행착오 할 이유가 전혀 없다는 뜻이다. 새로운 제도나 정책을 입안 또는 도입할 때 비전문가가 주도하고 연구결과를 토대로 설계하지 않기 때문에 실패하는 것이다. 혁신은커녕 시행착오로 교육에 해독만 끼칠 뿐이다. 대권후보들은 섣부른 교육공약을 조심해야 할 것이다.

ENDNOTE

1 > 이 글은 2017년 3월 3일자 문화일보 37면 '기고'에 실린 필자의 칼럼 원문이다.

차기 정권

교육정책을 위한 충고

우리 한국교육은 그동안 일궈낸 우수성과 획기적 성과에도 불구하고 오늘날 많은 문제점과 비판에 직면하고 있다. 역대 정부가 추진한 교육정책의 누적된 실패와 한국교육 컨트롤 타워의 무능과 섣부른 과욕 때문이다. 이명박 정부의 대표적 실패작이 2009 교육과정, A·B형 수준별 수능시험, 집중이수제, 교장공모제, 자율형 공·사립고, 입학사정관제, 교원평가제 등이라면, 박근혜 정부의 대입제도개선안, 대학구조개혁, 2015 문·이과 통합교육과정, 유보통합과 누리과정, 선행학습금지법, 자유학기제, 시간선택제 등도 많은 시행착오를 낳고 있다.

한국교육이 앞으로 정책적 시행착오를 줄이고 세계교육을 이끄는 교육선진국으로 거듭나려면 몇 가지 창조적 혁신이 필요하다. 첫째, 대통령의 임기 5년 동안(현실적으로는 3년 남짓) 찬란한 업적을 남기려는 욕심을 버려야 한다. 계획대로 되지도 않으며 예산과 행정력만 낭비할 뿐 심각한 부작용만 남기기 십상이다. 국민의 숙원 몇 가지만 해결해도 국민의 뇌리에 오래도록 기억된다.

둘째, 청와대는 교육정책 전반을 일방적으로 지시·간섭만 해서는 안된다. 대통령은 교육정책 입안·추진을 비서실과 논의할 것이 아니라 주무부처인 교육부와 논의하고 지시해야 한다. 교육부는 최고의 교육전문가로 이루어진 방대한 조직을 보유하고 있는 부처인 반면, 청와대 비서실은 대통령을 보좌하고 조언하는 극소수의 인력 조직이기 때문이다.

셋째, 국정 전반의 컨트롤 타워인 청와대는 정부 각 부처가 추진하는 정책 협조를 위해 학교교육을 비교육적 방향으로 왜곡되는 것을 차단해야 하며, 국회도 교육 본질에서 어긋나는 입법으로 학교교육의 발목을 잡아서는 안 된다. 그 대표적 예가 고용노동부가 추진하는 '일자리 창출' 협력과 국회 발의의 '인성교육진흥법' 제정이다.

넷째, 이 시대에 현존하는 어떤 교육 제도와 정책도 학문적으로나 경험적으로 다 검증돼 있다. 교육정책 설계에 시행착오 할 이유가 전혀 없다는 뜻이다. 새로운 제도나 정책을 입안 또는 도입할 때 비전문가가 주도하고 연구결과를 토대로 설계하지 않기 때문에 실패하는 것이다. 학자와 관료는 교육현장을 잘 몰라서 시행착오가 많다. 교육은 이상을 추구하지만 현실을 무시할 수 없다. 잘못되면 혁신은커녕 시행착오로 인해 교육에 해독만 끼칠 뿐이다.

다섯째, 교육부는 국가수준의 정책기획과 집행, 행·재정적 지원, 세계 교육의 정보 제공, 경영평가, 감사만 하고, 대학총장과 시·도

교육감에게 자율권과 재량권을 대폭 허용하되 책임을 지도록 하여 창의적 경영을 유도해야 한다. 교육감들을 국가교육경영의 주요 파트너로 인정하고 그들에게 부여된 법적 권한을 존중함은 물론 적극적으로 소통하여 교육발전이라는 국가 공동목표를 위해 서로 협력해야 한다. 또 대학의 구조개혁과 체질개선을 위하여 정부가 직접 개입하기보다는 대학의 자율적인 특성화와 창의적 경영전략으로 글로벌 경쟁력을 강화하고, 상아탑으로서의 공익적 책무를 보장하며, 지속가능하고 상생·공존하는 건강한 고등교육 생태계를 조성할 수 있도록 안내하고, 자문하고, 지원하는 정책을 펴야 한다. 이는 헌법 31조 4항에 '교육의 자주성, 전문성, 정치적 중립성 및 대학의 자율성은 법률이 정하는 바에 의하여 보장된다'고 규정하고 있는 헌법정신이다.

여섯째, 영유아 보육부터 유·초·중·고의 보통교육과 대학교육 기간까지 평등한 교육기회와 복지 제공을 위해 생애주기별 교육제도, 교육정책, 교육과정, 교육복지의 청사진과 로드맵을 수립·추진하여 계층 간 학력, 직업, 빈부의 불공정한 격차를 막아야 한다.

일곱째, 교육과정 개정은 최소한 5~10년 주기로 이루어져야 기초연구, 여론수렴, 교육여건 조성, 예고기간 등을 소화할 수 있고, 졸속 추진으로 인한 시행착오를 최소화할 수 있다. 대규모 교육과정 개정 작업을 1년 반 만에 해낸다는 것은 지나친 졸속이다.

여덟째, 과거 정부의 실패한 교육정책들을 과감히 청산하고 한국 미래교육의 3대 New Brand인 창의·융합교육, 진로·인성교육, 건강·행복교육의 실현에 에너지를 집중해야 한다. 불필요한 교육규제를 혁파하고, 즐겁고 행복한 학교를 실현하며, 효과적 교육과 효율적 교육행정을 추구해야 한다.

아홉째, 가소성과 변화 가능성이 무한한 발달과정에 있는 청소년을 일찍부터 문·이과로 양분하여 달리 교육한다는 것도 발달심리학 차원에서 볼 때 애초부터 잘못된 교육 정책이고, 설령 문·이과로 구분하여 교육받았다 할지라도 대학 진학 시 진로 선택에 장애나 불이익이 있다면 그것 또한 잘못된 일이다. 나아가 융합과 통섭적 학문 연구와 직업 전문성을 강조하는 제4차 산업혁명시대에도 걸맞지 않은 제도다.

열째, 대학입시제도와 대학교육제도의 패러다임을 전향적으로 바꿔야 한다. 대입전형 내용은 학생부전형, 수능시험, 면접으로 단순화하고 전형방법은 대학 자율에 맡겨야 한다. 대학 입학 후에도 학생들에게 전과, 전·편입학, 복수전공, 대학 간 수강·학점교류, 대학 간 공동학위 수여 등 진로 선택과 변경의 기회를 원활하게 열어줘야 한다. 그래야 유·초·중·고 공교육이 정상화되고, 사교육 팽창을 억제할 수 있으며, 소질이나 적성과 상관없이 대입 성적에 따라 대학전공이 결정되는 왜곡된 인재양성 풍토가 개선될 수 있다.

열한째, 교육의 본질과 가치는 아이들의 꿈을 키워주고, 타고난 소질과 적성과 능력을 계발시켜 자아를 실현하도록 하며, 사회와 국가와 인류에 기여하는 민주시민으로서 행복한 삶을 영위할 수 있도록 안내하고 돕는 것이다. 교육은 개인이 타고난 잠재력과 환경의 긍정적 영향을 효과적이고 효율적으로 극대화시키기 위해 존재한다. 그리고 수월성 교육은 학생의 소질, 적성, 능력에 맞는 교육을 하자는 것이고, 평등교육은 교육기회 불균등을 해소하자는 것이므로 서로 상호보완적 관계에 있음을 기억해야 한다.

열두째, 제4차 산업혁명시대를 이끌어갈 창의·융합형 인재를 키워내기 위해 Science, Technology, Engineering, Art, Mathematics

등 학습영역들이 융합된 탐구와 토론 그리고 소통과 협력 학습을 지향하는 교육 패러다임으로 전환해야 한다. 특히 컴퓨터 프로그래밍과 수학교육을 강화하여 학생들의 기획력, 탐구력, 창의적 사고력, 비판적 사고력, 논리적 사고력, 분석적 사고력, 토론능력, 협업능력, 문제해결능력, 업무관리능력, 시장조사능력 등 다양한 고등정신능력을 종합적으로 계발해야 한다.

열셋째, 학교는 모름지기 즐겁고 행복한 교육의 장으로서 아이들이 가고 싶은 곳, 머물고 싶은 곳이어야 한다. 학생의 적성과 흥미와 능력도 고려하지 않고 과도한 양의 어려운 학습내용을 일방적으로 주입하는 교육방법은 버려야 한다. 학생들에게 꿈과 희망을 심어주고, 호기심과 동기를 불어 넣어주며, 소질과 적성을 계발하여 자아를 실현하는 즐겁고 행복한 배움의 장으로 탈바꿈돼야 한다.

열넷째, 교권이 실종되고 사부 간 신뢰가 무너진 것은 우리 교육과 국가의 장래를 위해 결코 바람직한 현상이 아니다. 교사가 존경의 대상으로 추앙받지는 못할지언정 시비와 질타의 대상으로 몰아서는 안 된다. 무질서해지는 교육현장을 복원하기 위해서라도 교권회복을 위한 사회적 공감대가 절실하다. 정부는 교사들이 소신 있게 교육에 임할 수 있도록 교권회복과 사기진작을 위한 특단의 입법조치와 사회풍토 조성에 심혈을 기울여야 한다.

열다섯째, 통일한국의 성장과 통합의 원동력은 잘 준비된 교육정책에서 비롯된다. 통일 후 남북한 아이들을 어떤 학교제도 하에서 가르칠 것인지, 교사는 어떻게 양성할 것인지, 교육과정과 교과서는 어떤 내용이어야 할지 등 통일을 대비한 교육정책을 수립해야 한다.

열여섯째, 정부가 국가의 교육체제, 교육제도, 교육정책은 교육의 본질, 인간 발달의 특성, 미래사회가 요구하는 인재상, 선행 연구 결과를 토대로 설계·입안하여 초정권적으로 안정적이고 일관성 있게 추진할 수 있도록, 국가교육정책을 심의하고, 개선을 권고하며, 교육정책연구를 수행·제안할 수 있는 '국가미래교육위원회'를 '국가인권위원회'처럼 독립적 국가기구 성격으로 조속히 설립해야 한다.

열일곱째, 대한민국 교육은 고급의 인적 자원을 길러 무에서 유를 창조한 세계 최고의 교육이다. 더 이상 선진국 타령하며 열등의식 갖지 마라. 교육에 관한 한 우리가 가장 선진국이다. 세계 모든 나라가 우리 교육을 부러워하며 배우고자 한다. 타 선진국 벤치마킹하려 하지 마라. 벤치마킹이란 결국 죽는 길이다. 세계 교육의 선두주자로서 자부심을 가지고 세계 교육의 트렌드를 창조하고 주도해야 한다. 우리에게는 세계 교육을 앞서 끌고 가야 할 역사적 책임이 있다.

ENDNOTE

1 > 이 글은 월간 '교육과 사색' 2017년 1월호 20쪽에 실린 필자의 칼럼을 바탕으로 썼다.

2 > 창의·융합교육: 미국의 STEAM 교육: 최근 미국에서 시작한 초·중등 교육에서 Science, Technology, Engineering, Art, Mathematics이 융합된 흥미로운 탐구와 토론, 소통과 협력 학습을 지향하여 창의적 사고력과 문제해결능력을 신장시키고자 하는 새로운 수업모델.

3 > 코딩(Coding: 컴퓨터 프로그래밍)교육을 통해 컴퓨터 프로그래밍 능력뿐 아니라 기획력, 탐구력, 창의적 사고력, 논리적 사고력, 분석적 사고력, 토론능력, 협업능력, 문제해결능력, 업무관리능력, 시장조사능력 등 다양한 고등정신능력을 종합적으로 계발할 수 있다. 소프트웨어 조기교육이 시급하다.

4 > 우리나라는 연방제 국가가 아닌 단일국가이고 단일국가의 정부는 하나뿐이다. 그러므로 교육정책을 포함한 정책결정권은 중앙정부가 독점한다. 지방자치단체의 장인 교육감은 중앙정부가 정한 교육정책 범위 내에서 법령이 허용한 집행권만 갖는다.

5 > 대입제도를 포함한 모든 교육 정책과 제도의 입안과 개선은 교육의 본질, 인간 발달의 특성, 미래사회가 요구하는 인재상, 교육 연구 결과 등을 토대로 교육학자들과 교육현장의 경력 교원들에 의해 추진되고 교육 수요자들에 의해 검증되는 시스템이 정립되어야 하며, 이러한 시스템이 초정권적으로 안정적이고 일관되게 운용되어 대입제도가 조변석개(朝變夕改)되지 않도록 해야 한다.

6 > 헌법 31조 4항은 '교육의 자주성, 전문성, 정치적 중립성 및 대학의 자율성은 법률이 정하는 바에 의하여 보장된다'고 규정하고 있어 교육 자치제도의 보장을 의미하고 있다. 또 판례 헌재결 1992.10.1. 92헌마 등 병합은 헌법 31조 4항이 규정하고 있는 교육의 자주성과 대학의 자율성 보장은 대학에 대한 공권력 등 외부세력의 간섭을 배제하고, 대학인 자신이 대학을 자주적으로 운영할 수 있도록 하여 대학의 기능을 충실히 발휘할 수 있도록 하기 위한 것으로서, 이는 학문의 자유에 대한 확실한 보장 수단이자 대학에 부여한 헌법상의 기본권이다.

7 > 교육부의 규정에 따르면, 교사들은 학생들의 수업 등을 고려해 '특별한 사유'가 없는 한 방학 중에 연가를 쓰는 것이 원칙이다. 집회 참가는 '특별한 사유'에 해당하지 않는다는 것이 교육부의 설명이다. 시국선언이든 연가투쟁이든 교사들의 공무 외 집단행동 자체가 국가공무원법 위반에 해당한다.

8 > 교과목을 전담하지 않는 정규 교원: 영양교사, 사서교사, 상담교사, 보건교사, 수석교사.

9 > 정부의 일자리 창출 정책에 의해 생긴 계약직 교원: 원어민 교사, 전문상담사, 예술강사, 체육강사, 영어회화강사, 방과후학교 강사, 돌봄교실 강사, 특수교육보조원.

문재인 정부의 주요 교육정책 공약은 자사고와 특
목고(외고, 국제고) 폐지, 내신 및 수능 절대평가
전환, 대입제도 단순화, 중·고교 국가수준학업성
취도 폐지, 고교 의무교육화, 대학서열화 해소 등
으로 하나같이 파격적이다. 그동안 역대 정권들
이 검증되지 않은 교육공약을 무리하게 추진하여
혁신은커녕 시행착오로 교육에 해독만 끼친 사례
가 적지 않아 노파심을 갖게 한다.

 우선 자사고와 특목고(외고, 국제고) 폐지에 대
해서는 교육계 저변의 공감도가 높다. 학교 선택
권 확대와 수월성 교육 강화라는 미명 하에 추진
된 이명박 정부의 '고교 다양화 정책'은 고등학교
의 인위적 서열화를 조장하고 일반고를 몰락시킨
실패한 정책이란 것이 중론이다. 자사고와 특목
고에 우수한 학생과 교사를 빼앗기고 탄력적 교육

과정 운영 특혜까지 준 탓이다. 그러나 특목고와 자사고 폐지의 수순을 밟는다 할지라도 법과 기준에 충실한지, 예상되는 교육적 피해는 없는지, 일반고 전환으로 발생할 예산 소요는 없는지 꼼꼼히 따져봐야 한다. 또한 일선학교와 학부모에 미칠 충격과 갈등을 최소화하고 공감을 전제로 연착륙을 꾀해야 한다.

내신과 수능 절대평가 전환에 대해서는 엇갈린 반응이다. 그러나 초·중·고의 학업성취도평가는 학생의 학습목표 도달수준 확인을 목적으로 하므로 성취평가제(절대평가제) 채택이 타당하며, 대입전형을 위한 고교 내신도 절대기준에 따라 A~E로 나눠 기록하는 것이 바람직하다. 이렇게 되면 상대적 내신 석차로 인한 학생들의 과도한 스트레스와 지나친 경쟁도 완화할 수 있다. 수능 절대평가 전환에 대해서는 우려의 시각이 일부 존재한다. 수능시험은 본시 '대학수학준비도를 평가하는 적성시험'으로서 대학수학을 위한 최소 능력(minimum competency)을 확인하는 기능이 우선하지만, 대입 선발을 위한 평가로서 변별적 기능도 무시할 수 없기 때문이다.

대입제도를 학생부 전형(교과전형과 종합전형)과 수능시험으로 단순화하고 논술 전형과 특기자 전형을 폐지하는 것은 환영할 일이다. 대입준비를 위한 지나친 학업부담과 사교육비 경감에도 크게 기여할 것이다. 그러나 수시와 정시에 무엇을 전형하고 학생부 내용의 무엇을 평가할 것인가는 대학 자율에 맡기는 것이 옳다.

초등학교에 이어 중·고교 국가수준학업성취도평가를 폐지한다는 것은 매우 걱정되는 실험이다. 국가수준에서의 타당도와 신뢰도가 검증되고 표준화된 평가 없이 어떻게 학생 개개인의 학업성취도를 정확하게 확인하고 피드백하며 학업의 진보·발전을 모니터링할 수 있나. 평가는 학습과정의 일부이기 때문에 평가 없이 학습 진보와 기초학력 보장을 기대할 수 없다는 것이 학계의 정설이다.

국가수준학업성취도평가를 표집평가로 대신하자는 주장도 온당치 않다. 평가는 '어떤 상태나 수행결과에 대한 가치판단이나 의사결정을 위한 정보수집의 과정'이기 때문에, 표집평가보다는 전집평가가 학생 개개인뿐만 아니라 집단에 대해 더 정확하고 세세한 정보를 더 많이 제공해 주기 때문이다. 표집평가는 한정된 정보만 제공하기 때문에 전체적 경향을 파악하는 경우에만 활용된다. 미국, 영국, 일본 등 대부분의 선진국들이 전집으로 평가한다는 사실을 유념해야 한다.

고등학교 의무교육화는 언젠가는 실현돼야 할 과제로 반가운 일이다. 유·초·중·고 보통교육은 국민생활에 필요한 기본교육이며 상위학습을 위한 기초교육이므로 국민에게 의무로 부과하되 국가가 책임지는 것이 마땅하다. 앞으로 고교 무상교육의 법적 근거를 마련하고 입학금, 수업료, 교과서 등의 무상화를 실현해야 할 텐데, 한해 약 2조, 4,000억 원으로 추산되는 소요예산 재원대책이 선결돼야 할 것이다.

정부가 대학 서열화 해소를 인위적으로 추진하는 것은 바람직하지 않다. 헌법 31조 4항이 규정하고 있는 교육의 자주성과 대학의 자율성 보장은 대학에 대한 공권력 등 외부세력의 간섭을 배제하고, 대학을 자주적으로 운영하도록 하여 대학이 갖는 기능을 충실히 발휘할 수 있도록 한 것이다. 이는 학문의 자유에 대한 확실한 보장이자 대학에 부여한 헌법상의 기본권이다. 정부는 국가수준의 정책기획과 집행, 행·재정적 지원, 경영평가, 감사만 하고 대학총장에게 자율권과 재량권을 대폭 허용하되 책임을 지도록 하여 창의적 경영을 유도해야 한다. 또 대학의 구조개혁과 체질개선을 위해서 정부가 직접 개입하기보다는 대학의 자율적 특성화와 창의적 경영 전략으로 글로벌 경쟁력을 스스로 강화하고, 상아탑으로서의 공익적 책무를 감당하며, 상생·공존하는 건강한 고등교육 생태계를 조성할 수 있도록 안내하고 지원하는 정책을 펴야 한다.

　새 정부의 교육정책은 경쟁 완화와 사교육비 경감에 초점을 맞추고 있다. 그러나 경쟁 완화와 사교육비 경감이 교육의 본질이나 궁극적 지향점이 될 수는 없다. 역대 정부들이 잘못된 교육정책 추진으로 교육을 후퇴시키고 국민들에게 고통과 피해를 준 사례를 많이 봐 왔다. 미래세대를 위한 교육정책에 한 치의 시행착오도 허용돼서는 안 된다.

ENDNOTE

1 > 이 글은 2017년 6월 28일자 중앙일보 29면 시론에 '교육정책의 연착륙 전략이 필요하다'라는 제목으로 게재되었다.

2 > 교육수요자는 국가에 세금을 내고 자녀의 교육을 국가공공교육기관에 위탁한 것과 다름없으므로 학교를 포함한 공공 교육기관은 그들을 위해 존재한다.

3 > 정부의 잘못된 교육정책 입안과 추진으로 국가교육 발전을 후퇴시키고 학교와 교육수요자들에게 고통과 피해를 줄 수는 없는 것이다. 인간을 다루는 교육은 한 치의 시행착오도 용납되지 않는다.

4 > 새로운 정책을 도입 또는 변경할 때는 첫째, 왜 하려 하나? 그리고 목적과 목표는? 둘째, 방향이 미래지향적인가? 미래 100년을 보고 시작하나? 셋째, 국가발전을 위해 효과적이고 효율적으로 순기능 하나? 넷째, 예상되는 부작용은 없나? 시행착오 가능성은? 등을 검증한 다음 결정해야 한다.

5 > 고교학점제: 고등학교도 대학처럼 학생이 원하는 과목을 직접 선택해 학교나 교실을 넘나들며 학점을 이수하게 하는 제도. 흥미와 수준에

맞지 않는 수업을 들으며 수업시간을 잠으로 때우는 학생들이 많아지 자 이에 대한 보완책으로 제시했다.

장점: 흥미와 진로에 맞는 과목을 선택하기 때문에 수업참여도가 높고, 학생 맞춤형 수업 가능.

단점: 교실 등 교육시설 확보 때문에 큰 학교는 운영이 어려움. 과목 선택, 시간표 짜는 과정이 수기로는 너무 복잡하므로 온라인 수강신청 시스템 필요. 교실 이동 때문에 혼란.

6 > 교육부는 국정기획자문위원회 업무보고에서 2022년까지 교사 1만 5,900명을 임용하여 '1수업 2교사제'를 도입한다고 보고했다. 교육현 장을 잘 모르고 저지르는 위험한 정책이다. 현재 초등교사 1인당 학생 수는 16.9명밖에 안 되고, 학령인구는 급감하는 상황이다. 정부의 공 공부문 일자리 창출 81만 개 공약에 따라 교사정원 계획을 급조하는 것 같은데, 한꺼번에 많이 뽑으면 교원수급 균형이 무너진다.

7 > EBS 수능연계 출제 70% 정책(2010년 노무현 정부 때부터)은 EBS 교재 가 고3 교실의 대체 교과서로 둔갑함으로써 고교 교육과정 비정상 운 영을 초래하였고, 정부가 국민의 세금으로 EBS의 독과점 사업을 도와 주고 있다는 비판을 받고 있다. 아주 잘못된 교육정책이며 조속히 폐 지해야 한다. EBS가 꼭 교과교육 프로그램을 운영해야 한다면 주요 기본교과에 대한 보충학습 또는 심화학습 프로그램을 제공하는 것이 타당하다.

교육과정은 교육을 통해 전수되는 계획된 교육내용을 뜻하는 것으로 교육내용의 핵심을 이루고 그 성격이나 질을 결정하게 된다. 교육과정은 교육목표와 교육내용을 과학적 체계에 기초하여 학생들의 연령과 발달단계에 따라 계통적으로 배분하게 된다. 이러한 교육과정의 구성 및 내용은 기본적으로 사회문화의 발전과 그 반영으로서의 교육에 대한 요구나 관심으로 규정되어진다. 그러므로 교육과정은 학생들에게 무엇을(교육내용), 어떻게(교수학습방법), 왜(교육목표) 가르치고 어떻게 평가할 것인지를 정하는 기준이고, 그것을 구현하는 도구가 교과서다.

교육부는 2016년 9월 23일 2015 개정교육과정 총론 및 각론을 고시하였다. 개정교육과정은 2018년(초등 1, 2학년은 2017년)부터 단계적으로 적용된다. 2015 문·이과 통합형 교육과정 개정의 목적은 '미래사회가 요구하는 역량을 갖춘 창의·융합 인재양성'과 '학습경험의 질 개선을 통한 행복교육의 구현'을 위함이다. 학문의 융합과 통섭의 시대적 흐름에 부응하여 고교 교육과정에서 문·이과의 이분법적 운영을 통합하고, 암기와 문제풀이 중심의 교육과 과도한 학습량 및 수준 그리고 낮은 흥미도와 자신감을 개선하여 행복교육을 실현하자는 것이다.

현재 고교 교육과정은 모든 과목이 선택과목이다. 하지만 2018년부터는 모든 학생이 국어, 수학, 영어, 한국사, 통합사회(윤리, 역사, 지리, 일반사회), 통합과학(물리, 화학, 생물, 지구과학), 과학탐구실험 등 7과목을 공통과목으로 배운다. 공통과목 외에 학생들이 자신의 적성이나 진로에 따라 선택하는 선택과목은 일반선택 과목과 진로선택 과목이 개설된다. 특히 진로선택 과목은 모든 고교생이 반드시 3과목 이상 이수해야 한다. 개정된 교육과정에서는 고교 1학년에서는 필수과목을 배우고, 2·3학년에 올라가 선택과목으로 일반선택과 진로선택에서 골라 공부하도록 했다. 중학교에서는 자유학기제의 법적 근거가 강화되고, 학생들의 소프트웨어 능력을 기르기 위한 정보교과가 필수과목으로 바뀐다. 초등학교 1, 2학년의 주당 수업시간이 1시간 늘어나고, 국어 과목에서 한글 교육 비중이 늘어난다. 세월호 참사를 계기로 신설되는 '안전한 생활' 과목은 각 초등학교에서 창의적 체험활동 시간을 활용해 가르치도록 할 예정이다. 찬반 여론이 비등한 초등 교과서 한자 병기 문제는 추진하되 표기방식이나 분량에 대한 결정은 2016년 말까지 유보하기로 했다.

교육부는 20일간 총론과 각론을 고시한 뒤 10월 13일 이후 교과

서의 국·검·인정 여부를 담은 교과별 구분 고시를 한다. 이번 교육
과정의 가장 뜨거운 쟁점인 중학교 역사와 고교 한국사 교과서 국
정화 여부는 이때 발표될 예정이다. 2015 교육과정은 초등 1, 2학년
과 국정 교과서의 경우 2017년부터, 나머지 학년과 검정교과서는
2018년부터 차례로 적용된다. 개정된 교육과정에서는 기초교과인
국어, 영어, 수학, 한국사의 이수단위(수업시간)가 교과 총 이수단위
의 50%를 넘지 못하도록 제한했다. 이전에는 이 규정을 일반고에
만 강제하고 특목고와 자사고에는 권장사항이었다.

이번 개정 교육과정의 성공여부는 수능체제 개편안이 어떻게 달
라지느냐에 달려 있다고 해도 과언이 아니다. 수능 개편안은 교육
과정 개정안이 고교에 적용되기 전인 2017년에 내놓을 예정이고
2021년부터 적용된다.

2015 문·이과 통합형 교육과정 개정 내용과 관련하여 따가운 비
판과 우려가 비등하다. 교육과정 총론 차원에서 첫째, 교육과정은
교육목표와 교육내용을 학문적 이론에 기초하여 학생들의 연령과
발달단계에 따라 계통적으로 배분하게 된다. 또 이러한 교육과정의
구성 및 내용은 기본적으로 사회문화의 발전과 그 반영으로서의 교
육에 대한 요구와 관심으로 규정되어 진다. 그러므로 교육과정은
이해당사자 또는 관련 그룹 간의 타협에 의해 나눠먹기식으로 이루
어질 수 있는 성질의 것이 아니다. 진위를 가리는 문제에는 타협이
란 있을 수 없다.

둘째, 이 세상 그 어떤 학문도 다 문자와 숫자로 되어 있다. 그래
서 기초기본교육인 보통교육에서는 3R's 즉 국어, 영어, 수학을 중
시하는 것이며, 이 세 가지 기본교과를 잘 학습하면 모든 교과를 잘
할 수 있다고 전제하는 것이다. 각 학과목에 대한 수업시수를 정할

때 이 점을 간과해서는 안된다. 우리나라에서는 아무데나 어떤 것이든 지나치게 평등을 요구하는 경향이 있다.

셋째, 유·초·중·고의 보통교육대상자들은 아직도 가소성과 변화 가능성이 무한한 발달과정에 있는 존재다. 그러므로 인위적으로 문·이과로 나누어 교육시킨다는 자체가 애초부터 잘못된 것이다. 설령 그렇게 나눠 가르쳤다 할지라도 대학에 진학하고 전공을 선택하는 데 있어 자유로워야 하고 어떤 제한이나 불이익이 있어서는 안된다.

보통교육에서 문·이과를 나눠 교육하는 나라는 OECD 국가 중 우리나라와 일본밖에 없다. 융합과 통섭의 시대에 이분법적 세계관을 학생들에게 주입시키고 있다. 요즈음은 문·이과로 구분하기 어려운 수많은 학문들이 늘어나고 있으므로 통섭과 융합에 유연한 사고를 길러주기 위해서는 보통교육 과정에서는 모든 학문분야를 접할 수 있도록 열어두어야 한다. 사실상 문·이과 교육과정이란 것도 우스운 명칭이다.

넷째, 교육과정 총론과 각론 그리고 교과서가 상호 협의 없이 따로따로 개발되고 있다. 교과내용의 양과 질, 난이도 수준, 학년별 학습위계, 각 교과별 연계성과 중복성 등을 고려하기 위해서는 과목별 그리고 학교 급별 교육과정과 교과서 개발팀 간 협의와 조율이 꼭 필요하다. 교육과정과 교과서 개발팀 그리고 감수진에는 교과교육학자, 교육과정학자, 발달심리학자, 교육심리학자, 일선 경력교사 등이 골고루 참여해야 한다.

교육과정 개정 작업에는 교육과정, 교과서, 교수학습방법, 평가 등 모든 것이 연계되어 있으므로 일관성을 가지고 논의해야 한다. 그리고 모든 연구개발 과정에서 학문적 이론을 바탕으로 추진되어야 시행착오를 많이 줄일 수 있다.

교육과정은 교육목표, 교육내용, 교육방법, 평가에 대한 기준이고 그것을 구현하는 도구가 교과서다. 그러므로 교육과정은 국민을 향해 교육의 내용과 질을 담보하기 위한 교육공약서이고, 교과서 제작은 유능한 필자를 선정해 이념, 시각, 역사의 사실을 조율하고 탁월한 편집으로 완결하는 종합예술이다. 또 교육수요자인 학생과 학부모, 사회, 국가가 끊임없이 감시해야 교과서의 품질도 좋아진다.

다섯째, 과목통합이 곧 융합교육은 아니다. 과목별 통합에 그칠 소지가 크다. 통합사회, 통합과학, 과학탐구를 융합교육한다는 말인가 아니면 Co-Teaching or Team Teaching한다는 말인가? 예를 들면, 통합사회는 인권, 시장, 정의, 문화 등의 대 주제를 학습하도록 되어 있는데, 이는 사회, 지리, 윤리, 등 현재 일반과목을 통합해 놓은 것과 다름이 없다면 자칫 과목 통합에 그칠 뿐, 융합에 의한 창의성 함양과는 동떨어진 얘기 아닌가. 통합사회 또는 통합과학으로 묶어 놓는다고 가르칠 때 통합적으로 가르치는 것은 아니다. 예를 들면, 지학과 화학을 어떻게 통합적으로 가르칠 수 있으며, 윤리와 지리를 어떻게 통합적으로 가르칠 수 있나. 또 현대사회는 통합사회, 통합과학으로 묶을 수 있을 정도로 지식의 양과 내용이 그렇게 단순하지 않다.

여섯째, 교과 간 경계를 허무는 것이 창의적 융·복합형 인재양성에 도움이 된다는 주장에 대해서도, 개별 과목의 기초지식을 먼저 습득한 후 간교과적(interdisciplinary) 혹은 범교과적(multidisciplinary) 프로젝트 학습을 통해 융·복합적 사고력을 키우는 것이 더 효과적이고 현실적이라는 주장이 많다. 창의적 사고력이나 융·복합적 사고력은 교과서가 아니라 수업방법과 프로그램 운영이 핵심이라는 것이 중론이다. 실생활이나 연구과정에서는 당연히 융·복합적으로 사고하지만 융·복합적 사고의 함양을 위해 학교에서 통합교과서로 교육하는 것이 효과적인지 연구해 볼 일이다. 융·복합적 사고는 필요할 때 융·복합이 가능한 지식과 정보를 가지고 학습자들 스스로 할 수 있도록 프로젝트 학습 등을 통해서 교육되는 것이다. 융·복합 교육은 마치 오케스트라의 연주자들이 각자 자기 악기의 연주를 배운 후, 지휘자의 안내로 아름다운 하모니를 창조하는 것과 다름 없다.

일곱째, 개정 교육과정에서는 평가방법을 좀 더 상세히 제시했으면 한다. 교과에 제시된 성취기준이 창의적 체험활동에서도 제시되어야 하고, 성취기준에 따른 서술형 평가, 수행평가, 실험관찰 평가, 프로젝트 평가 등에 대한 발전된 방안이 모색되어야 한다.

여덟째, Grade School(K-12: 유치원에서부터 고등학교를 졸업할 때까지의 교육기간)에서 교육내용의 수준만 다르지 동일 계열의 학습내용인데 교과명이 다르다. 예컨대, 초등에서의 실과가 중등에서는 기술·가정으로 교과명을 정하고 있어 일관성이 없고, 기술·가정이라는 과목명도 불합리하므로 개선되어야 한다.

아홉째, 사회문제가 발생할 때마다 교과를 신설하는 것에 대한 우려가 있다. 초등 1~2학년에서 신설되는 안전교과와 관련하여, 안전문제가 과연 타 교과들과 동등한 수준의 교과로 독립해서 다룰 수 있는 학문분야인지 인정하기 어렵다. 독립 교과 신설보다는 관련 교과에 단원을 설정해서 아니면 창의적 체험활동 시간을 활용해서 다루고 생활지도를 통해 소화해야 할 영역이 아닌가 한다.

열째, 이명박 정부에서 개정한 2009 교육과정이 내년에야 초1~

고3 모든 학년에 적용되는데, 바로 그 이듬해 또 바꾼 2015 개정 교육과정을 적용하겠다니 너무하지 않은가. 지난 6년간 교육과정이 12번 바뀌었다(동아일보, 2015. 7. 16.). 수시개정이라는 미명 하에 너무 잦은 개정으로 교육과정은 누더기가 되어가고 학교현장은 교육과정 실험실이 돼 버렸다. 너무 자주 바뀌어 교사도 이해를 못하니 무슨 교육이 되겠나.

교육과정 개정은 최소한 10년 주기로 이루어져야 기초연구, 여론수렴, 교육여건 조성, 예고 기간 등을 소화할 수 있고, 졸속적 추진으로 인한 시행착오를 최소화할 수 있다. 대규모 교육과정 개정 작업을 1년 반 만에 해낸다는 것은 졸속 아닌가. 이런 졸속적이고 부실한 교육과정 개정을 막고 초정권적 교육정책이 입안·추진될 수 있도록 국가교육위원회를 만들고 그 산하에 국가교육과정위원회를 상설해야 한다.

열한째, 이번 교육과정 개정의 성공 여부는 수능체제 개편안이 어떻게 달라지느냐에 달려 있다. 수능 개편안은 교육과정 개정안이 고교에 적용되기 전인 2017년 내놓을 예정이고 2021년부터 적용된다. 개정된 교육과정에 따른 수능개편을 어떻게 할 것인지 의문이다. 통합사회나 통합과학이 수능에 어떤 방식으로 어떤 비중 하에 이루어질 것인지, 공통과목에 이어 진학할 계열에 맞게 일반선택 과목과 진로선택 3과목을 이수하는데, 이 과목들이 수능에 어떻게 반영될지 의문이다.

일선학교에서 문·이과 구분이 사라질지의 여부도 2021학년도 수능과목에 달려 있다. 만일 수능에서 국, 영, 수, 한국사, 통합사회, 통합과학만 치르게 되면 학교에서 문·이과 구분이 사라질 것이고, 공통과목 외에 지금처럼 사회탐구와 과학탐구를 추가로 선택하도록 하면 문·이과로 나눠 수업하는 현재 고교 시스템이 유지될 것이다. 수능이 개정된 교육과정과 연계 없이 현재처럼 이루어진다면 통합교육 따로 수능준비교육 따로 하기 십상이고, 이렇게 되면 수험생 학습 부담만 커진다. 대입전형과 내신평가가 고교 교육을 좌지우지하고 있기 때문이다.

개편되는 수능체제에서는 미국의 ACT(American College Testing)처럼 국, 영, 수, 한국사, 통합사회, 통합과학을 문·이과 구분 없이 공통으로 평가하고, 전공에 따라 관련 과목에 가중치를 부여할 수 있으며, 일반선택 교과나 진로선택 교과는 학생부 성적을 대입전형에 반영하도록 하면 수능체제의 복잡성을 피하고 고교 교육과정 운영의 정상화를 기대할 수 있다.

교육과정 각론 차원에서 첫째, 학생이나 교사가 잘못된 게 아니라면 고등학생 중 60%가 수학을 포기한다는 것은 교육과정이 잘못된 것을 의미한다. 교육과정이 지나치게 어렵고 많은 것을 요구하고 있다는 증거다. 교육과정과 교과서가 너무 많은 학습량을 요구하면 창의·융합적 수업은커녕 교과 진도 나가기도 벅찰 것이다. 교과교육에서 교사의 전문성에 기초한 교육과정 재구성이 가능하도록 교육과정과 교과서 내용을 기준시수의 80% 수준으로 개발하는 방안은 바람직한 해결책이 될 것이다.

둘째, 수업부담을 줄이겠다면서 초등학교 수업시수를 늘렸다. 주당 1시간 늘어난 초등 1~2학년 수업시수는 창의적 체험활동 시간에 확보하여 '안전생활'로 편성·운영한다. 기존 창의적 체험활동이나 교과시간에 가르치면 될 안전교육을 위해 수업시간만 늘렸다는 지적이 나온다.

셋째, 운동장 사용이 여의치 않고 체육교사가 모자라 비정규직

스포츠 강사나 타 교과 교사가 수업을 맡는 등 현실적 여건이 어려워 교사들의 불만이 많았던 중학교 학교스포츠클럽 시수는 줄지 않았다. 학년별 연간 34~68시간(총 136시간) 운영하며, 매 학기 편성하도록 돼 있다. 특히 음악·미술이나 동아리·봉사·진로·자치 활동 등 창의적 체험활동 시간을 빼서 스포츠클럽 시간으로 대체하는 일이 잦았다. 스포츠클럽이 아니어도 체육은 이미 1~3학년 동안 매주 3-3-2시간씩 따로 배정되어 있고, 창의적 체험활동 시간도 일주일에 3시간밖에 안 된다. 가뜩이나 적은 예능과 창의적 체험활동을 스포츠클럽이 빼앗고 있다.

넷째, 2009 교육과정에서 학년군제, 교과군제, 창의적 체험활동(창체), 집중 이수제(예체능 과목)를 도입하여 2013년부터 시행하였다. 학년군제는 발달단계가 비슷한 2~3개 학년을 하나의 학년군으로 묶어 학년별로 교과별 이수시간 수를 정하지 않고 학년군별로 이수시간 수를 정한다. 교과군제는 몇 교과를 교과군으로 묶어 교과들 간의 연계성을 높이고 학기당 개설 과목 수를 줄여줌으로써 학생들의 학습부담을 줄여줄 수 있다. 창의적 체험활동은 특별활동과 창의적 재량활동을 통합한 자율활동, 동아리 활동, 봉사활동, 진로활동 등의 비교과 활동을 담고 있다. 이런 시도들이 과연 필수불가결한 과제였나? 부작용은 없었나?

다섯째, 초등 1~2학년(군) 통합교과 재구조화는 누리과정과 초등학교 교육과정의 연계 강화의 일환으로, 슬기로운 생활의 사회와 과학 영역을 분리하여 학문적 교과 중심으로 재구조화하자는 제안이다. 이 제안은 융합과 통합을 강조하는 2015 개정 교육과정의 방향과 맞지 않고, 교과 편제 연계보다는 학습내용의 수준과 질적 연계와 위계가 더 중요하다. 이와 관련해서는 유아교육 전문가 집단과 초등교육 전문가 집단의 공동연구가 필요하다.

여섯째, 초등 1~2학년(군) 시수 조정 문제와 관련해서는 수업시수를 주당 25시간(주 5회 5교시 수업)으로 늘리는 방안에 대해 97.2%의 초등교사들이 반대하고 있다. 현재 주 2~3회 5교시 수업도 집중도가 떨어져 어려움이 많다. 초등 돌봄교실 기능 확대 문제와 관련해서도 방과후 학교와 돌봄교실 확대 운영으로 초등학교 교육활동과 행정력이 과부하 상태에 있다. 초등 1~2학년 전담교사 배치는 교과내용의 수준으로 볼 때 교과교육 전문성이 꼭 필요하지 않고 심리적·정서적 안정과 적응이 필요한 발달 특성을 고려할 때, 꼭 도입해야 한다면 예체능과 정보 과목에 한정할 필요가 있다. 전담교사 배치와 돌봄교실 기능 강화를 위해서는 교원수급과 인프라 구축이 시급히 선행돼야 한다.

일곱째, 학년군제 운영은 교육과정 편성표에만 묶여 있고 전반적인 교육활동 운영은 사실상 학년 단위로 운영되고 있다. 교과별 성취기준도 학년군 단위로 제시되어 있으나 교과서는 분리 운영되고 있어 학년군제가 사실상 무의미하다. 이것은 교육과정 운영과 관련한 정책 입안과 추진과정에서 일선학교 현실을 전혀 고려하지 않고 결정해서 초래된 시행착오다.

여덟째, 2009 교육과정에서 교육 목적상의 근접성, 학문탐구의 대상이나 방법의 인접성, 실생활에서의 연관성 등을 고려하여 교과군제를 도입했지만, 실제로는 교육과정 편성표에만 묶여 있고, 운영은 각 교과별 교과서 중심으로 운영하고 있어 그 의미를 살리지 못하고 있다. 실효성이 없고 고충만 큰 제도나 정책은 과감하게 폐기해야 한다.

아홉째, 2009 교육과정에서 예·체능 과목에 집중이수제를 적용한 것은 발달과정에 있는 학생들을 교육한다는 것을 고려해볼 때, 발달이론과 배치되는 잘못된 정책이며 조속히 폐지돼야 한다. 또 전출생의 미이수 교과에 대한 보충교육 문제도 교육과정 운영상 고충이 크다.

열째, 정부는 초·중·고의 소프트웨어 교육을 강화하기로 했다. 초등학교는 2019년부터 5, 6학년을 대상으로 실과에서 12시간을 다루던 ICT 교육을 SW 교육으로 개편해 17시간 이상을 가르치고, 중학교는 2018년부터 선택과목인 '정보'를 필수로 바꿔 34시간 이상 교육하며, 고등학교에서도 2018년부터 심화선택과목인 '정보'를 일반선택과목으로 바꿔 교육하기로 했다.

그러나 SW 기초교육이라 할지라도 알고리즘이나 프로그래밍을 다뤄 초·중학생에게는 발달단계에 맞지 않는 학습을 의무화한다는 비판이 있다. 교육인프라 측면에서도 초·중·고교에 SW를 잘 가르칠 수 있는 교사가 턱없이 부족하고 컴퓨터 실습실도 충분히 확보돼 있지 않다. 또 SW교육시수 확대로 초등 실과시간에서 실생활 학습의 축소를 우려하는 시각도 있다.

ENDNOTE

1 > 교육과정과 교과서의 내용은 동일 연령대 학생들의 발달단계와 능력수준의 평균점을 기준으로 설정하지만, 교수학습과정과 교수방법은 개별화(individualized)·맞춤식(tailored or customized)이어야 한다.

대선을 앞두고 대입제도 개선 공약과 이에 대한
담론들이 한창이다. 그러나 어떤 대선공약에서도
속 시원한 개선안을 찾아볼 수 없다. 학생과 학부
모의 한결같은 바람은 대입제도가 너무 혼란스럽
고 복잡하니 제발 자주 바꾸지나 말고 단순화해
달라는 것이다.

　해방 이후 총 16번, 3년 10개월 주기로, 정권이
바뀔 때마다 달라지는 대입제도 때문에 일선 교
사, 학생, 학부모들의 혼란과 피로감은 이루 말할
수 없다. 지금 고등학교 각 학년에 적용되는 대입
제도가 다 다르고, 중학생에게는 또 다른 대입제
도가 적용될 상황이다. 학생들은 조변석개(朝變夕
改)하는 대입제도에 따라 널뛰듯 준비해야 하며,
2,000개 이상의 복잡한 대입 전형방법을 놓고 골
머리를 앓아야 한다. 사정이 이러니 사교육이 팽

창하고, 창의·융합교육은커녕 입시 준비교육에 골몰해야 하며, 학생들의 자신감, 흥미도, 행복지수 또한 바닥일 수밖에 없다.

대입전형은 '대학에서 성공적 학업수행을 위해 필요한 능력을 평가하여 신입생을 선발하는 과정'이다. 대입선발을 위한 전형요소는 '대학수학능력을 잘 예언할 수 있는 변인들'로 구성된다. 그러나 연구결과들은 모든 가능한 대입 전형요소들(대학성적 예언변인들)을 다 합쳐도 대학성적의 30%정도 밖에 예언·설명하지 못하며, 대표적 대입 전형요소인 학생부 내신과 수능성적 그리고 보완적 전형요소인 논술과 면접 등이 그 전부를 대신할 수 있다고 본다. 개개의 전형요소들은 대학수학능력을 설명해 줄 하나의 지표일 뿐 대입선발을 위한 참고자료에 불과하다. 교육부나 대학들은 대입전형에 대한 신화적 기대를 버리라는 의미다.

문제 많은 대입제도를 어떻게 개선할까? 우선, 대입전형 내용은 학생부전형(교과전형과 종합전형), 수능시험, 면접으로 단순화하고 전형방법은 가급적 대학 자율에 맡겨야 한다. 수시와 정시에 무엇을 전형하고, 학생부 내용의 무엇을 평가하며, 전형의 수는 몇 개로 제한하고, 수시 응시자 최저 수능점수 요구 여부 등은 대학이 알아서 할 일이다.

둘째, 서울대를 포함한 주요 대학들이 대입 수시모집에서 학생부종합전형의 비중을 높이는 것은 바람직하다. 학생부는 입시생의 고교 3년간의 교과 성적과 비교과 활동 등 학교생활 전반에 대한 정보가 담긴 보고(寶庫)이므로 대학수학능력을 평가하는 데 유용하게 활용할 가치가 있다. 학생부 전형은 앞으로 대입제도의 패러다임을 바꾸고 공교육 정상화와 사교육 억제에 크게 기여할 것이다. 핀란드 공교육 모델을 정착시킨 살베르그 헬싱키대 교수도 "한국의 교실을 바꾸고 싶다면 '학생부종합전형 확대 정책'을 자리 잡을 때까지 밀고나가라"고 충고한다.

셋째, 수능 과목은 미국의 SAT나 ACT처럼 기초·기본 교과에 한정하여 국, 영, 수, 통합사회, 통합과학을 문·이과 구분 없이 공통으로 평가하고, 일반선택 교과나 진로선택 교과는 학생부 성적을 반영하도록 하면 된다. 그러면 수능체제의 혼잡성을 피하고 수험생의 학습부담도 경감할 수 있다.

넷째, 수능 영어 절대평가 전환(2018학년도)은 도구교과로서의 영어 기초학력 저하를 초래할 우려가 있고, 수능영어의 변별력 소실로 영어논술 등 대학별 자체평가 도입 소지가 있으며, 수학이나 과학으로의 사교육 풍선효과를 초래할 수 있으므로 재고해야 한다.

다섯째, 학생들에게 수능시험 응시 기회를 확대하고 수능시험 출제 및 관리의 전 과정을 표준화하고 전문화해야 한다. 한국교육과정평가원을 개편하여 미국의 SAT나 ACT처럼 수준 높은 평가전문가와 연구원 그리고 관리요원을 많이 보유해야 한다. 그리고 그들이 상시 문항을 연구·개발하여 정선된 대단위 문제은행을 확보하고, 점수해석을 위한 준거와 함께 일관된 평가관리와 채점을 위한 명료한 지침을 마련해야 한다. 그래야 수능시험 출제 오류나 정답에 대한 시비도 사라지고, 수능 출제위원 선발과 관련된 말썽도 없어진다. 헤마다 수능출제를 위해 교수와 교사들이 수업결손을 감수하고, 한 달 이상 비밀장소에 감금되어 출제하는 나라는 전 세계에서 우리나라밖에 없다.

여섯째, 'EBS 수능연계 출제 70% 정책'(2010년 노무현 정부 시행)은 EBS 교재가 고3 교실의 대체 교과서로 둔갑함으로써 고교 교육과정 비정상 운영을 초래하였고, 정부가 국민의 세금으로 EBS의 독과점 사업을 돕고 있다는 비판을 받아 왔다. 애초부터 잘못된 교육 정책으로 즉시 폐지돼야 한다. EBS가 교과교육 프로그램을 운영할 것이라면, 주요 기초교과에 대한 보충학습 또는 심화학습 프로그램을 운영하는 것이 바람직하다.

일곱째, 고교 교육과정 운영과 대입 전형에서의 문·이과 구분 폐지는 당위지만 이에 따른 교과서와 교육과정 개편, 교원 연수 등의 준비가 필요하고, 성취평가제 도입을 위한 준비도 철저히 해야 한다.

여덟째, 수능을 쉽게 낸다는 말은 평가이론상 잘못된 표현이다. 평가의 생명은 진단도(diagnosticity)와 변별력(discrimination)이며 이들은 난이도(level of difficulty)에 의해 결정되고 평가의 난이도가 적정해야 진단도와 변별력이 극대화된다. 그러므로 수능의 난이도가 매 수능시험마다 들쭉날쭉한다는 것은 평가전문가의 입장에서 볼 때 이해할 수 없는 일이다.

앞으로 교육당국은 대입제도의 획기적 개선 없이 공교육 정상화와 사교육비 경감을 기대할 수 없고, 창의·융합교육으로의 교육 패러다임 전환과 능력중심사회 실현도 어렵다는 점을 숙고해야 한다.

ENDNOTE

1 > 이 글은 2017년 4월 26일자 내일신문에 게재된 필자의 칼럼이다.

2 > 모든 가능한 대입 전형요소들(대학성적 예언변인들)을 다 합쳐도 대학성적의 30%정도 밖에 예언·설명하지 못하는데, 대학들이 입학생들을 잘 가르쳐 훌륭한 국가인재로 길러낼 생각은 않고 우수한 학생들을 선발해 노력과 투자 없이 교육성과를 얻으려고 한다.

3 > 대입전형에서 수시모집은 대개 학생부 위주로, 정시모집은 수능 위주

로 시행되고 있다.

4 > 학생부종합전형이 본격 시행된 지 3년째 되면서 대입제도의 패러다임이 바뀌고 있다. 학교생활부(학생부)만으로 신입생을 뽑는 '학생부 종합전형(학종)'이 매년 가파르게 증가해 대학입시의 대세로 떠오르고 있다. 학생부종합전형은 학생부에 적힌 모든 내용을 종합적으로 보고 학생을 뽑는 대입전형 방법이다. 수능성적으로 줄 세우기보다, 교과 성적과 독서, 봉사, 동아리, 교내 수상경력, 창의적 체험 활동 등 다양한 비교과 영역을 종합 평가해 잠재력과 발전 가능성 있는 학생을 뽑는다는 취지다. 학종은 학생부 외에 자기소개서, 교사 추천서를 보는데, 일부 대학에서는 이도 보지 않는다. 한국대학교육협의회(대교협)가 발표한 '2017학년도 수시모집요강 주요사항'(2016.7.21.)에 따르면, 올해 수시모집 인원은 전체 모집인원의 70.5%이며, 수시 모집인원의 85.8%는 학생부교과전형과 학생부종합전형이다. 서울의 주요 대학들은 학생부종합전형의 비중을 높이는 추세인데 서울대는 수시모집 인원의 100%를 학종으로 선발한다. 학생부교과전형은 교과내신을 중심으로 선발하고, 학생부종합전형은 내신 성적과 비교과 영역을 종합 평가한다. 각 대학의 논술 모집 인원은 감소 추세다. 하지만 학종은 정량적 점수가 아니라 교과와 비교과 활동을 정성적으로 평가하기 때문에 수험생과 학부모의 불안감이 있다. 학종을 둘러싼 공정성·객관성·투명성 논란도 있다. 예를 들면, 자기소개서 사교육, 특목고와 자사고에 유리, 4년간 371개교 학생부 조작 또는 오류, 교내 상 나눠주기 등이다. 교육부가 입학사정관제를 학종으로 재정비한 이유는 교외 스펙 기재를 금지하고 평가 영역을 교내 활동만으로 제한함으로써 사교육을 억제하고 공교육을 정상화시키겠다는 것이었다.

5 > 입시 문제와 사교육 문제 해결 없이 대한민국 교육은 미래가 없다. 또 일류고·일류대학병과 족벌등용 타파 없이 왜곡된 교육풍토를 고칠 수 없고 능력본위사회 실현도 어렵다.

6 > 국가와 정부(정권)는 다르다. 교육정책은 국가 차원에서 초정권적으로 일관성과 안정성을 가지고 설계하고 개선해야 한다. 교육정책이 정권 바뀔 때마다 널뛰듯 바뀌면 우선 교육수요자들만 골탕 먹고 결국 국가의 미래에 치명적 폐해를 가져온다. 미국은 어떤 국가정책도 정권이 바뀐다고 해서 쉽게 바꾸지 않는다.

대학수능시험
어떻게
개선

올해도 끝나기가 무섭게 수능시험에 대한 비난과 구설이 여지없이 난무했다. 2014학년도 수능 세계지리 8번 문항 오류 사태에 이어, 2015학년도 수능 영어 25번 문항과 생명과학II 8번 문항에서도 오류가 발견되어 전국이 발칵 뒤집혔다. 문제의 심각성 때문에 교육과정평가원장이 사표를 냈다. 입시학원 강사 경력이 있는 모 대학 초빙교수가 수능 언어영역 출제위원으로 참여하고, 특정 사대 출신들이 수능 출제위원을 독식하여 출제위원 선발과정에서의 문제점도 드러났다. 또 수능 출제위원장을 두 번씩이나 지낸 서울대 교수가 수능 언어영역 문제 출제과정과 출제위원 구성 등 수능 관련 비밀을 담은 참고서를 출판해 논란을 빚는가 하면, 안타깝게도 수능시험 결과를 비관하여 자살하는 학생들이 있었다.

수능시험은 왜 이처럼 해마다 문제를 일으키는가? 그 근본적 이유는 과연 무엇인가? 그것은 수능시험 본래의 기능이 변질되었고, 모든 대학이 신입생 선발 과정에서 단 한 차례 치르는 수능시험 성적에 과도하게 의존하며, 수능시험 출제 및 관리의 전 과정이 아직도 세련되지 못했기 때문이다.

이 문제를 어떻게 해결할까? 첫째, 수능시험 본래의 기능으로 되돌아가야 한다. '대학수학능력시험'은 '대학에서 성공적 학업수행을 할 수 있는 능력' 즉 '대학수학준비도'를 평가하는 적성시험이다. 그러므로 수능시험은 본시 대학수학을 위한 최소 능력(minimum competency)을 확인하는 기능이 우선하지만, 대입 학생선발을 위한 평가로서 변별적 기능도 무시할 수 없다. 당연히 대학수학준비도가 높으면 높을수록 바람직하기 때문이다.

둘째, 대입사정에서 수시든 정시든 수능시험 성적만으로 선발하거나 과도한 비중을 부여하지 말아야 한다. 수능시험은 고등학생의 대학수학능력을 나타내 주는 많은 자료 중의 하나에 불과하며, 학생들의 능력 중 주로 인지적 능력만을 측정하기 때문에 수능시험 성적 하나만으로 선발한다든지 당락에 결정적 영향을 미치게 해서는 안 된다.

셋째, 수능 과목은 미국의 ACT처럼(최근 SAT도 수능과목을 ACT와 유사하게 확대) 국, 영, 수, 한국사, 통합사회, 통합과학을 문·이과 구분 없이 공통으로 평가하고, 전공에 따라 관련 과목에 가중치를 부여할 수 있으며, 일반선택 교과나 진로선택 교과는 학생부 성적을 대입전형에 반영할 수 있도록 하면 수능체제의 복잡성을 피하고 고교 교육과정 운영의 정상화와 사교육 문제 해결도 기대할 수 있다.

　넷째, 수능 영어 절대평가 전환(2018년도)은 도구교과로서의 영어 기초학력 저하를 초래할 우려가 있고, 수능영어의 변별력 소실로 영어논술 등 대학별 자체평가 도입 소지가 있으며, 수학이나 과학으로의 사교육의 풍선효과를 가져올 수 있다는 차원에서 필히 재고해야 한다.

　다섯째, 학생들에게 수능시험 응시 기회를 확대하고, 수능시험 출제 및 관리의 전 과정을 표준화하고 전문화해야 한다. 그러자면 미국의 SAT(Scholastic Aptitude Test)나 ACT(American College Testing)를 주관하는 평가기관들처럼 한국교육과정평가원의 시스템을 개편하여 수준 높은 평가전문가와 연구원 그리고 관리요원을 많이 보유해야 한다. 그리고 그들이 상시 문항을 개발하고 연구하여 정선된 대단위 문제은행을 확보하고, 점수해석을 위한 준거(tables of norms)를 개발하며, 일관된 평가관리와 채점을 위한 명료한 지침을 마련해야 한다. 그래야 수능시험의 타당도, 신뢰도, 객관성, 공정성을 확보할 수 있다. 또 할 수만 있다면 지역별로 지정된 고등교육기관에서 학생들이 최소한 분기별로 수능시험을 치를 수 있도록 하는 것이 바람직하다. 이렇게 될 때, 수능시험 출제위원 선발과 관련한 시비도 없어지고, 수능시험 출제 오류나 정답 관련 시비도 없어지며, 수능시험 결과를 비관하여 세상을 하직하는 학생도 없어진다. 매년 수능출제를 위하여 교수들과 교사들을 수업결손을 감수해가며 한 달 이상씩 비밀장소에 감금해 놓고 출제하게 하는 나라는 전 세계에서 우리나라밖에 없을 것이다.

　여섯째, EBS 수능연계 출제 70% 정책(2010년 노무현 정부 때부터)은 EBS 교재가 고3 교실의 대체 교과서로 둔갑함으로써 고교 교육과정 비정상 운영을 초래하였고, 정부가 국민의 세금으로 EBS의 독과점 사업을 도와주고 있다는 비판을 받고 있다. 아주 무식한 교육정책이며 소가 웃을 일이다. 조속히 폐지해야 할 정책이다. EBS가 꼭 교과교육 프로그램을 운영해야 한다면 주요 기본교과에 대한 보충학습 또는 심화학습 프로그램을 제공하는 것이 타당하다.

일곱째, 정부는 쉬운 수능으로 수험생 부담을 줄이고 사교육을 잡겠다는 방침인데 참으로 실소를 금할 수 없다. 평가에서는 쉽게 또는 어렵게 출제한다는 말이 없다. '쉽다' '어렵다'는 말은 평가 후 결과에 대한 표현이다. 또 선발평가에서는 변별력을 결정하는 난이도가 생명인데, 쉽게 출제하면 천장효과(ceiling effect: 측정도구가 측정하려는 특성의 상위 수준에 속한 사람들을 변별하지 못하는 현상)로 인해 평가의 변별력을 크게 상실한다. 실제로 쉬운 수능은 풍선효과를 초래하고, 재수생과 반수생을 급증시켰으며, 대입수능에서 실수 안하기 경쟁 풍토를 낳았다. 1994학년도에 수능이 도입된 이래 매년 빠짐없이 반복되는 논란거리는 난이도 문제다. 해마다 수능시험 후 '물수능' '불수능'하며 수능시험의 난이도가 들쭉날쭉한다는 것은 우리나라 수능시험 표준화의 부실을 증명하는 것이며 한국교육과정평가원의 무능을 여실히 드러내는 것이다.

여덟째, 수능점수를 원점수나 백분위 점수로 표기하지 않고 등급제로 표기하는 것은 학생 능력의 개인차에 대한 정보를 상당히 유실할 수 있다는 평가이론상 문제점이 있다. 교육부는 앞으로 수능의 성격, 출제 방식, 활용방안, 평가횟수 등에 대한 전반적 재검토를 바탕으로 대학수학능력평가제도와 체제를 근본적으로 대수술해야 한다.

ENDNOTE

1 > 사실상 수능에서 전 과목을 평가하라는 법이 없다. 국어 · 수학 · 영어
만 평가해도 무방하다. 모든 학문은 문자와 숫자로 되어 있기 때문이
다. 그래서 국어, 영어, 수학을 기초교과라고 하며 기초교과의 학력이
담보돼야 상위 학습이 가능하고 여타 교과의 학습도 용이하다. 유독
우리나라에서만 수능을 전 과목에 걸쳐 평가하는 것은 교수와 교사들
의 전공 이기주의 때문이다.

2 > 앞으로 한국교육과정평가원 또는 법인화된 평가전문기관이 모든 영
역, 예를 들면, item development, item pool, standardization,
administration, report, interpretation, counseling, evaluation research
등과 관련하여 완전하게 표준화된 종합적 평가서비스 체제를 구축하
여 관리할 수 있도록 개선할 필요가 있다.

3 > 수능시험 난이도의 fluctuation은 수능시험 표준화의 후진성 때문이다.
"Standardized tests are tests constructed by test construction
specialists, usually with the assistance of curriculum experts,
teachers, and school administrators, for the purpose of determining
a student's level of performance relative to the performance of other
students of other students of similar age and grade. Such tests
often take years to construct as opposed to a few days for any
other tests. They are called 'standardized' because they are
administered and scored according to 'specific'and 'uniform'(that is,
standard) procedures." (Source from Tom Kubiszyn and Gary Borich's
Educational Testing and Measurement, 2009).

4 > Standardized Test: (a) A test that has been expertly constructed,
usually with tryout, analysis, and revision, (b) a test that includes
explicit instructions for uniform(standard) administration and scoring, (c)
a test that provides tables of norms for score interpretation
purposes, derived from administering the test in uniform fashion to
a defined sample of persons (Source from Robert L. Ebel and David A.
Frisbie's Essentials of Educational Measurement, 1991).

5 > The important aspects of educational achievement that can be
measured by objective tests are largely identical with those that can

be measured by essay tests.

6 > Either an essay or an objective test can be used to measure almost any important educational achievement that any paper and pencil test can measure.

7 > Either an essay or an objective test can be used to encourage students to study for understanding of principles, organization and integration of ideas, and application of knowledge to the solution of problems.

8 > The value of scores from either type of test is dependent on their objectivity and reliability (Ebel & Frisbie, 1991).

9 > 대입전형에서 수시모집은 대개 학생부 위주로, 정시모집은 수능 위주로 시행되고 있다.

10 > 수능 모의고사는 매년 3 · 6 · 9월에 치러진다.

사교육비 경감
요원하다

최근 교육부가 밝힌 우리나라 사교육비의 총 규모는 18조 1천억 원(2016년 기준)에 달하며, 이는 국내총생산(GDP)의 2.73%로 OECD(경제협력개발기구) 국가 중 1위라고 보고 있다. 한국교육행정학회는 실제 연간 사교육비 총액은 30조를 웃돌 것이라고 추산한다. 각급 학교 학생의 사교육 참여 비율도 초등학생 70.5%, 중학생 63.9%, 고등학생 48.3%에 이르고, 학생 1인당 사교육비는 2016년 기준 25만 6,000원으로 지난 어느 해와 비교해 최고액을 기록했으며, 전체 사교육비도 1990년대 이후 매년 1조 원 단위로 증가해 왔다. 사교육 시장의 지나친 팽창과 학부모의 사교육비 부담이 위험 수위에 도달하여 더 이상 방치할 수 없게 되었다.

사교육의 팽창은 여러 가지 면에서 심각한 문제점을 낳고 있다. 교육적 측면에서는 학교교육의 정상 운영을 방해하고 학생들의 전인적 성장을 저해하고 있으며, 사회적 측면에서는 교육 기회의 불평등을 조장하고 사회통합을 저해하고 있다. 또 경제적 측면에서는 가계부실을 초래하고 중복투자로 인해 국가경제를 왜곡시키고 있다.

사교육 팽창은 교육·사회·경제적 차원에서 심각한 부작용을 초래하고 있다. 첫째, 공교육의 왜곡과 붕괴를 걱정하게 하고 있다. 공교육을 보완해야 할 사교육이 오히려 공교육의 권위를 무너뜨려 '공부는 학원에서, 졸업장은 학교에서'라는 교육풍조를 만연시키고, 정상적인 학과 진도에 앞서 배운 과외학생들이 면학 분위기를 해치고 있다. 둘째, 불안한 학부모들이 과외경쟁을 과열시켜 사교육비 부담을 지속적으로 과중시키고, 가계부실을 초래하고 있으며, 국가 차원에서는 교육에 대한 중복투자로 국가경제를 왜곡시키고 있다. 셋째, 학부모의 경제능력이 학생들의 교육기회 불평등을 초래하고 사회통합을 저해하며 사회계층 간 학력 격차를 심화시키고 있다. 넷째, 한창 자라나는 학생들을 새벽부터 밤중까지 책상 앞에 묶어 두어 인성교육과 전인적 성장·발달에 지장을 초래하고 있다. 다섯째, 자녀의 과중한 사교육비 부담은 저출산을 부추기고 이는 결국 국가경쟁력 저하로 이어지고 있다.

왜 이렇게 사교육이 성행할까? 사교육이 바람직하지 않다는 것을 모두가 알고 있으면서 왜 할 수밖에 없는가? 도대체 그 원인이 무엇인가? 한국교육개발원 연구팀은 점수위주의 평가제도 및 대학 입학제도, 공교육의 경쟁력 약화, 교사의 열의와 책임의식 부족, 학력 및 학벌주의 인재관과 사회구조, 학부모의 지나친 교육열과 의식성향 등으로 진단하고 있다. 그리고 그 치유대책으로 학교교육 책무성 강화, 대학입학전형제도 개선, 특기·적성교육 활성화, 사교육 역할 정립, 학부모 의식 및 사회풍토 개선 등을 내놓고 있다.

한국교육개발원은 진단도 잘못하고 있고 대책도 잘못 수립하고 있다. 사교육 팽창의 주요 원인은 사실상 학벌중심사회, 잘못된 대학입시제도, 경직된 대학교육제도 등 세 가지로 집약된다. 한마디로 말해 학벌중심사회에서 일류대학을 졸업하고 출세하려면 학력경쟁에서 이겨야 하는데 학교교육만으로는 안심할 수 없다는 의식이 사회저변에 팽배해 있기 때문이다. 또 한 번 대학에 입학하면 전과도 자유롭지 않고 타 대학에 편입학 또는 전학이 원활하지 않기 때문에 목을 맬 수밖에 없다는 것이다. 그렇다면 학벌중심사회 구조 속에서 자녀를 일류대학에 보내고 성공시키기 위해 어쩔 수 없이 사교육에 기댄다면 학부모에게는 아무런 잘못이 없다. 어느 부모가 자기 자녀를 성공시키고 싶지 않겠는가. 잘못이 있다면 왜곡된 사회구조와 풍토 그리고 정부의 미숙한 교육정책에 있다. 사실상 사교육이 꼭 나쁜 것이라고 볼 수 없으며 경우에 따라 매우 필요한 것이다. 학습부진학생의 보충학습이라든지 학생 개인의 특기·적성 계발을 위한 것이라면 바람직한 것이다. 국회가 발의한 '사교육 금지 법안'도 2000년 4월 27일 헌법재판소에서 '자녀교육권 등 국민의 기본권을 필요 이상으로 침해한다'며 위헌 결정된 바 있다. 위헌논란을 잠재울 유일한 방법은 국민투표밖에 없다. 그러므로 공교육 강화를 포함한 어떠한 방안이나 법적 제재도 사실상 실효성이 적으며 일시적 방편일 수밖에 없고 설령 다소 효과를 보인다 할지라도 그 처방을 거두면 다시 요요현상을 보일 수밖에 없다.

과도한 학습부담은 아이들의 심신을 멍들게 하고 학부모들의 가계 부담을 과중시킨다. 지금까지 역대 정부들이 갖가지 사교육 억제정책을 폈지만 백약이 무효였다. 사교육이 사회적 낭비를 부르고 공교육을 왜곡시키는 것은 사실이지만 개인으로서는 불가피한 선택일 수 있다. 학업성적을 높이기 위해서 또는 대학 진학을 위해서 사교육을 받기도 하겠지만, 실은 치열한 경쟁 속에서 생존에 대한 불안감 때문이다. 인간의 원초적 본능과 사회구조에 관련된 문제를 본질과 동떨어진 접근으로는 해결할 수 없다. 교육개발원의 '2014년 사교육 의식조사' 결과는 사교육이 학업성취도나 우수대학 진학률에 미치는 영향은 거의 없다고 결론짓고 있다.

그렇다면 이 망국적 병폐를 어떻게 치유할까? 교육부는 주요 사교육비 경감 대책으로 영유아 조기 영어 사교육 계도, 초·중등 교원전문성 신장, 수능 영어 절대평가 도입, EBS 교재 연계 수능출제, 쉬운 교과서 만들기, 초등학교 국가수준 학업성취도평가 폐지, 수능 수학 난이도 완화, 공교육정상화법 시행, 공교육의 사교육 흡수정책 추진 등을 내놓고 있다. 하지만 역대 정부가 그랬듯이 그동안 사교육비 경감 대책을 수없이 내놨지만 하나같이 효과적이지 못했다. 또 학교 밖에서 이루어지는 부모의 교육권을 침해할 수도 없는 일이고 사교육을 법으로 규제하는 나라도 없다. 지난 2000년 4월 27일 헌법재판소는 '자녀교육권 등 국민의 기본권을 필요 이상으로 침해한다'며 '사교육 금지 법안'에 대해 이미 위헌 결정을 내린 바 있다. 이제 누구도 뾰족한 해결책을 내놓기 쉽지 않을 것 같다.

여기에 몇 가지 근본적인 해결책과 대안을 제시해 보고자 한다. 첫째, 학벌중심의 기형적 사회구조를 혁파하고 능력중심사회로 탈바꿈돼야 한다. 먼저 일류대학을 나와야 장래가 보장되고 출세가도를 달릴 수 있다는 사회적 통념이 불식되어야 한다. 특정 일류대학 출신자들이 정치인, 고위공직자, 법조인, 의사, 교수 등 우리 사회의 지배층을 독점한다면 사회 구조와 풍토에 문제가 있다. 일류대 출

신자가 타 대학 출신자보다 평균적으로 능력이 우수해서 생기는 것
이니 어쩔 수 없는 문제고, 수월성 추구 차원에서 불가피한 문제라
고 치부해버린다면 어느 학부모가 무슨 짓을 해서라도 자녀를 일류
대학에 보내려 하지 않겠나? 소위 일류대학들은 학문의 모든 영역
에서 최고여야 한다는 의식을 버려야 하며, 일류대 출신의 지도층
은 국가의 장래를 위해 선민의식을 버려야 한다. 정부와 공공기관
과 기업은 공정하고 고른 인재등용을 위해 능력중심사회로의 혁신
에 앞장서야 한다. 어느 대학에서 어느 전공을 했든 현재 요구되는
능력이 우수하면 누구나 성공할 수 있는 사회가 돼야 하며, 일류대
학 간판에 의지해 평생을 살 수 있다는 풍토는 과감히 배척돼야
한다.

둘째, 문제 많은 대학입시제도를 획기적으로 개선해야 한다. 공
교육 정상화와 사교육비 경감 문제의 뿌리는 바로 대학입시제도에
있다. 대입제도를 가급적 단순화하고 수시와 정시를 포함해서 원하
는 대학을 가급적 많이 응시할 수 있도록 해야 한다. 대입제도가 복
잡하면 사교육비 지출이 늘고, 대학 응시 기회가 적으면 적을수록
입시에 목을 맨다. 또 대입전형에서 학생부의 교과 성적과 지원 전
공 관련 비교과활동 내용을 비중 있게 평가할 필요가 있다. 학생부
는 학생 개인의 지적, 정의적, 심동적 능력 등 다양한 정보를 담고
있을 뿐 아니라, 고교 3년 동안 누적된 정보의 보고(寶庫)다. 이는
고등학교 교육과정 운영의 정상화에도 기여할 것이다. 대입전형 방
법의 선택에 대한 대학의 자율성을 최대한 보장해야 한다. 특히 대
입제도가 조변석개(朝變夕改) 없이 초정권적으로 안정적이고 일관
되게 운용되도록 해야 한다.

셋째, 경직된 대학교육제도를 유연하게 탈바꿈시켜야 한다. 입

학 후에도 적성과 흥미에 따라 전과가 자유롭고 복수전공이 보편화되며, 학생이 원하면 능력에 따라 타 대학으로의 전·편입학이 원활하게 허용돼야 한다. 또 타 대학과의 학점교류와 온라인 공개강좌 수강을 활성화시켜야 한다. 이러한 대학교육의 순환기제가 활성화되어 패자부활의 기회가 마련될 때, 일류대학에 들어가기 위해 죽자 사자 사교육에 매몰되는 폐단이 사라질 것이다.

넷째, 대학이 평생교육 기회 확대를 위해 앞장서 누구나 언제든 고등교육 기회를 누릴 수 있도록 노력해야 한다. 고등교육을 열망하는 고졸 취업자의 대입 기회와 대졸 취업자의 전문성 신장을 위한 재교육 차원에서 대학원 교육 기회를 활짝 열어주어야 한다.

한국교육은 그 우수성과 획기적 성과에도 불구하고 오늘날 대내외적으로 많은 비판에 직면해 있다. 우리나라 청소년들은 행복하지 않다는 것이다. 최근 PISA의 조사에 의하면, 한국학생들의 학력은 OECD 나라 중 최고지만 행복지수는 꼴찌라고 보고하고 있다. 화려한 성적의 이면에 공부에 대한 자신감, 흥미도, 학교생활 만족도는 밑바닥 수준이다. 왜 그럴까? 우리나라 청소년들은 공부를 너무 많이 하며 재미없는 공부를 억지로 하기 때문이다. 우리 학생들은 학교와 학원을 오가며 주당 50시간을 공부하고, OECD 주요 국가들 중 가장 많은 시간을 학업에 투자하면서 지긋지긋한 하루일과를 보내고 있다. 또 개인의 능력수준이나 적성과 상관없이 관심과 흥미도 고려하지 않고 이해하기 어려운 내용을 전체 학생을 대상으로 일방적인 주입식 수업을 하고 있다. 모두가 명문대학을 목표로 입시위주의 주입식, 암기식, 문제풀이식 교육에 매몰되어 있다. 이는 분명 우리 한국의 교육 내용과 방법에 심각한 문제점이 있다는 증거다.

학교는 모름지기 학생들에게 꿈과 희망을 심어주고, 호기심과 동기를 부여하며, 소질과 적성과 잠재력을 계발하여 자아를 실현하는 제4차 산업혁명시대가 요구하는 창의적 사고력, 자기주도적 학습능력, 문제해결능력을 지닌 미래지향적 인재를 길러내야 한다. 개인의 수준과 적성 그리고 관심과 흥미에 따라 개별화 맞춤식 (individualized and customized) 교육을 전개하여 선택의 폭이 넓은 그리고 모두가 성공하는 교육 패러다임으로 혁신해야 한다.

ENDNOTE

1 ▷ 교육부 · 통계청의 '2016 초 · 중 · 고 사교육비 조사'에 의하면, 사교육비 총액은 18조 1천억이고 학생 1인당 평균 사교육비는 25만 6천원이었다.

2 ▷ 정부는 줄곧 사교육비가 6년 연속 감소하고 있다는데, 1인당 사교육비는 2015년 기준 24만 4,000원으로 지난 어느 해와 비교해 최고액을 기록했다. 사교육비 총규모가 감소한 것은 경제적 어려움으로 사교육 받는 학생 수가 잠시 감소한 것일 뿐, 실제 사교육비는 늘고 있다는 의미다.

3 ▷ 2011년 한국금융연구원에서 발간한 '한국경제의 분석'이란 보고서에 발표된 한양대 박철성 교수의 '학부모의 학교교육에 대한 만족도와 사교육 수요의 결정요인에 관한 연구'에서 학교교육 개선으로 학부모의 학교교육 만족도가 상승한다 해도 사교육비나 사교육 시간에 주는 효과는 작다고 보고했다.

4 ▷ 얼마 전 서울 잠실종합운동장 실내체육관에서 '메가스터디'가 주관한 입시설명회에 학부모 13,000명이 운집하였다. 왜 이렇게 부모들이 난리인지, 전 세계에서 우리나라에서나 볼 수 있는 진풍경이다.

5 ▷ 교육부는 총 사교육비와 사교육 참여율이 지속적으로 감소하는 추세라고 진단하면서, 여전히 참여 학생 1인당 사교육비가 높기 때문에 국민체감도는 낮은 편이라고 보고 있다. 특히 영어와 수학에 대한 사교

육비가 총 사교육비의 65% 이상을 차지하며, 사교육 참여율은 초등학생이 가장 높고(약 81.8%) 참여 학생 1인당 사교육비는 학교 급이 올라갈수록 상승하는 것으로 조사됐다.

6 > 저출산에 따른 학령인구 감소로 영향 받는 곳은 학교뿐 아니라 사교육 시장에도 타격을 받고 있다. 사교육 시장이 매년 감소하면서 사교육 업체들은 해외시장이나 성인교육시장으로 눈을 돌리고 있다. 교육통계연구센터의 교육통계연보를 보면 올해 초·중·고 학생 수가 588만 2,790명으로 20년 전과 비교해 30%(254만 1,040명)나 줄었다. 교육부에 의하면 수능지원자 수도 20년 새 26.4%(21만 7,326명)나 줄어 올해 지원자가 60만 5,988명이었다.

7 > 학벌본위사회의 문제점

우리 사회에는 아직도 명문대학을 나오고 높은 학위를 가져야 부와 명예와 지위를 누리고 결혼도 잘할 수 있으며 평생을 능력 있는 사람으로 대접받고 살 수 있다는 의식이 팽배해 있다. 또 좋은 학벌을 가져야 사회의 상층부에 속하는 사람들과의 두터운 휴먼 네트워크 형성으로 서로 밀어주고 끌어주며 편리하고 풍족한 삶을 평생 즐길 수 있다는 생각이 뿌리 깊게 박혀 있다. 우리 사회가 갖고 있는 적나라한 현실을 있는 그대로 표현한 보편적 의식이다. 전형적 학벌본위사회가 갖는 이러한 의식은 심각한 사회적 부작용과 폐단을 낳고 국가와 사회 발전에 있어 치명적 저해요소로 작용하게 되어 더 이상 방치할 수 없다.

학벌본위사회의 문제점은 몇 가지로 집약된다. 첫째, 모든 청소년들이 명문대학을 가기 위해 목숨을 걸어야 하고 이는 사교육 팽창의 근본 원인으로 작용해 학교교육의 정상 운영을 방해하고 학생들의 전인적 성장을 저해하고 있다. 또 교육기회의 불평등을 조장하고 사회통합을 저해하며 가계부실을 초래하고 중복투자로 인한 국가경제를 왜곡시키고 있다.

둘째, 청소년들이 명문대학에 가기 위해 자신의 소질과 적성과 흥미와는 전혀 상관없는 대학과 전공을 선택하고, 그에 따른 직업을 갖게 되어 학문과 직업의 전문성 신장에 큰 차질을 빚고, 낮은 직업만족도를 갖게 된다. 이는 국가의 인재양성과 인력배치 정책 차원에서 심각한 비효율을 초래해 결국 엄청난 국가적 손실로 이어질 수 있다.

셋째, 사회계층과 그룹 간 순환과 이동의 기회 보장 없이 고착되어 다
차원적 불평등을 초래하고, 사회통합을 저해하며, 다수 국민들에게 상
대적 소외감과 좌절감을 안겨줄 수 있다는 점이다.

어느 대학을 나오고 어떤 학위를 가졌든 상관없이 현재 요구되는 능
력만 우수하면 대접받고 성공하는 능력중심사회로 탈바꿈되어야 한
다. 능력중심사회 구현의 성공을 위해서는 국가공공기관, 공기업, 대
기업이 앞장서서 인재 선발 시 학벌이나 인맥과 상관없이 현재 수행
해야 할 업무가 요구하는 능력만 우수하면 누구든 대접받고 성공하는
풍토 조성에 적극 협력하는 것이 필수적이다.

Part 2

한국 대학들은 세계를 향해 경쟁하라

Part 2

한국 대학들은
세계를 향해
경쟁하라

2013년 현재 63만 명인 고교 졸업생 수가 2023년이 되면 40만 명으로 줄어든다. 교육부의 대학구조조정은 대입정원을 현재 56만 명에서 단계적으로 40만 명까지 줄이는 '정원 16만 명 감축 프로젝트'다. 교육부는 모든 대학을 3년마다 평가해 2017년까지 4만 명, 2020년까지 5만 명, 2023년까지 7만 명씩 계속 줄여나간다는 계획이다. 대입정원이 이렇게 폭증한 데는 1996년 김영삼 정부 때 대학 설립기준이 '허가주의'에서 기본 요건만 갖추면 되는 '준칙주의'로 바뀌면서 부실대학이 양산된 이유가 크다.

또 해마다 대학 편입시험에 20만~30만 명씩 응시하고 있다. 지방대와 전문대 재학생들이 새 학기만 되면 수도권 대학으로 대이동하는 것이다. 이 때문에 지방대와 전문대 교수들은 입시 시

즌엔 고교를 돌며 신입생을 유치하고 학기가 바뀔 때는 학생들이 수도권으로 빠져나가는 걸 막느라 정신없다. 지금 추세라면 10년 뒤에는 신입생들이 모자라 지방 중·소 대학들이나 비인기 대학들 중 80여 개는 문을 닫아야 할 형편이다. 정부는 이런 재앙을 피하기 위해서 대학구조개혁평가를 통해 전체 대학 중 일부 상위권 대학을 뺀 나머지 대학들에 정원 감축인원을 분배해 16만 명을 3년 주기 단계적으로 감축해나가겠다는 발상이다. 대학들 간 무한경쟁에 맡겨 두면 지방대와 전문대가 주로 타격을 입을 테니 정부가 개입해 피해를 분산시켜 보겠다는 의도다.

교육부는 지난 2015년 8월 31일 학령인구 감소에 대비해 2023학년도까지 대입정원 16만 명을 감축하기 위해 실시한 대학구조개혁평가 결과를 발표했다. 전국의 대학을 A~E 5등급으로 나눠 최상위 51곳을 제외한 대학들에 대해 앞으로 2년간 등급에 따라 정원을 최소 4%(B등급)에서 최대 15%(E등급)까지 감축하라고 통보했다. 이번 평가의 핵심은 하위등급인 D등급 53개와 E등급 13개 등 66개 대학에 대한 제재다. D등급은 내년부터 정부의 재정지원사업에 참여할 수 없고 국가장학금 지급이나 학자금 대출도 제한된다. E등급은 사실상 퇴출 선고가 내려졌다. 국고는 물론 신입생 장학금과 학자금 융자가 전면 끊긴다.

교육부는 앞으로 D, E등급 대학들을 대상으로 자발적 구조개혁을 위한 컨설팅을 계획하고 있다. 각 대학의 개혁 노력과 컨설팅 과제 이행정도를 평가하여 2년 뒤인 2017년 대학별로 재정지원 제한을 풀 수도 있다는 방침이다. D, E등급을 받은 대학 중 정원을 줄이고 사회의 인재 수요에 맞게 학과를 개편하는 대학들은 교육부의 판단에 따라 국가장학금 지원과 학자금 융자에 대한 제재가 풀릴 수도 있다. 또 대학으로서 기능 수행이 어렵다고 판단되는 대학은 지역사회를 위한 평생교육기관으로 전환될 수도 있다. 당초 부실대학 퇴출에 무게를 두고 시작한 교육부의 대학구조개혁 계획이 부실대학의 개혁 노력에 따라 구제해 준다는 방침으로 후퇴한 것이다. 대학구조개혁법안의 국회통과가 지연되니 대학정원 감축 등 구조개혁을 강제할 수 없어 불가피하게 정부의 재정지원사업과 연계하여 대학이 자발적으로 개혁할 수 있도록 유도한 고육지책(苦肉之策)이라 볼 수 있다.

그렇다면 결국 이명박 정부가 2011년 이후 진행해온 '재정지원제한대학 선정'과 다름없는 꼴이 되었는데, 왜 굳이 엄청난 예산과 행정력 낭비를 해가며 반쪽 개혁이라는 비판과 갖가지 논란을 감수하면서까지 모든 대학을 괴롭혔는지 속 터질 일이다.

박근혜 정부의 대학구조개혁 추진은 지속가능한 대한민국 고등교육 생태계의 바람직한 발전 방향에 대한 근본적 논의에 불을 댕겼고, 추진과정에서 노정된 여러 가지 문제점과 따가운 비판을 통해 진솔한 성찰의 기회를 갖게 되었다.

우선 대학구조개혁과 대학평가를 위한 치밀한 계획과 준비 없이 서둘러 졸속으로 추진되어 여러 가지 시행착오와 부작용을 초래하였다. 대학정원을 감축하는 등 대학구조개혁을 합법적으로 뒷받침할 '대학평가 및 구조개혁에 관한 법률'의 국회통과 지연으로 대학구조개혁의 법적 당위성과 권위의 상실을 초래해 당초 계획이 상당부분 후퇴하였다.

둘째, 대학구조개혁이 대학의 자율적인 특성화와 창의적 경영전략으로 글로벌 경쟁력을 강화하고 상아탑으로서의 공익적 책무 보장을 유도하는 방향으로 이루어지는 것이 바람직하나, 대학평가 결과에 따른 재정지원을 무기로 전국 대학에 일률적인 정원 감축 비율을 할당하는 방식으로 단지 대학정원 감축을 추진하는데 그쳤다. 대학평가 결과에 따라 재정지원을 지속적으로 차등 지원한다면 대학 간 '빈익빈 부익부' 현상을 낳아 교육환경 격차를 심화시킬 것이다.

셋째, 짧은 기간 동안 서둘러 개발한 부실한 평가지표를 가지고 100쪽 남짓한 보고서와 100분간의 면접만으로 300여 개 대학의 생사를 가르는 평가가 졸속적으로 이루어졌다는 비판이 있다.

넷째, 획일적이고 불공정한 대학평가 지표에 대한 타당성, 신뢰성, 형평성, 투명성 논란이 비등하였다. 구조개혁평가 추진과정에서 평가 항목, 내용, 방법이 오락가락하였고, 서류와 면접만으로 등급을 가르는 등 평가가 졸속으로 이루어졌으며, 부실대학 퇴출에서 구제하는 방침으로 후퇴하여 일관성에 대한 문제도 제기되었다. 대학의 질적 수준을 높여줄 전임교원 확보율이나 교육비 환원율 등 교육여건 항목은 기준이 느슨하고 대충 평가하여 대학들의 개선노력을 유도하지 못했을 뿐 아니라, 사학재단의 전입금, 등록금 인상 여부 등은 평가대상에서 아예 빼고 대신 대학들이 쉽게 손댈 수 있는 학과 구조조정이나 학사관리 항목에 중점을 두었다. 또 1단계 평가에서 사용된 4개 부문 12개 지표에 교원의 연구실적, 대학의 사회봉사역량, 특허출원 실적 등이 전혀 반영되지 않았다. 대학 경쟁력과 건전성을 평가하는 지표로는 부족하다는 지적이다.

교육의 질적 부분 평가를 위하여 도입한 정성적 평가에 평가위원들의 주관이 지나치게 개입하고 있다는 지적도 잇따랐다. 실제로 1단계 평가에서 정성지표는 최고 등급과 최저 등급의 차이가 최대 5배에 달했다. 정성평가의 결과가 1단계 평가의 당락을 좌우한 셈이다. 이와 관련하여 대학들은 각 대학이 그동안 추진해온 자체 구조개혁 실적이나 노력은 평가지표에 전혀 포함되지 않은 것 같다고 불만을 터뜨렸다.

다섯째, 획일적 평가기준(인문학에 이공계 잣대 등)과 특정 평가내용(연구의 질 평가는 없고 취업률은 강조하고)을 모든 대학에 일률적으로 적용함으로써 대학 특성화와 창의적 경영전략을 통한 국제경쟁력 제고와 상아탑의 공익적 책무 강화 그리고 대학 간 상생·공존의 노력에 찬물을 끼얹고 서열화와 양극화만 부추기는 꼴이 되었다. 아무리 좋은 대학이라도 모든 전공이 일류가 되란 법은 없으며, 모든 대학이 고등교육에서 담당·수행하는 역할이 다르고(대학원중심 대학, 학부중심 대학, 전문대학, 특수목적 대학 등) 일류 전공도 나누어 보유할 수 있도록 하는 것이 이른바 대학특성화의 최종 목표 아닌가. 앞으로 정원 감축과 학과 개편 등 대학 구조조정이 본격화하면, 자칫 수도권 대학과 지방대학의 양극화와 대학의 수도권 집중을 촉진할 수 있고, 학과 통폐합의 타깃이 된 인문학이나 이과 등 기초학문 분야가 고사하는 등 학문 후속세대 단절로 '학문생태계'가 붕괴될 수 있다. 또 취업 중심의 재편을 강요받고 있는 상황에서 대학이 전문 취업준비 학원처럼 변질되어 진정한 상아탑의 면모를 잃어갈 수 있다.

여섯째, 정부가 이런 과격한 정책을 펴는 것은 지나친 기우와 지방대와 전문대들의 자구노력을 과소평가하는 데서 비롯된 것이며, 장기적으로는 하위권 대학들의 경쟁력 약화를 영구화시킬 수 있다. 또 간판만 대학이라고 달고 있는 반드시 퇴출되어야 할 부실대학들이 연명할 수 있도록 정부가 도와주는 꼴이며, 이런 대학들을 연명시키는 것은 국가적 낭비일 뿐 아니라 학생들에게도 불행한 일이다.

대학의 구조개혁과 체질개선의 방향은 대학의 자율적인 특성화와 창의적 경영전략으로 글로벌 경쟁력을 강화하고, 상아탑으로서의 공익적 책무 보장을 유도하며, 지속가능하고 상생·공존하는 건강한 고등교육 생태계를 조성하는 것이어야 한다.

이런 차원에서 정부의 대학구조개혁 프로젝트는 처음부터 잘못 설계되었다. 교육수요자의 선택이 지배하는 시장원리와 고등교육 생태계의 원리에 맡겨 두면, 자연스럽게 구조조정이 이루어지고 대학경쟁력도 스스로 강화되며 부실대학은 저절로 퇴출될 것인데, 교육부가 예산과 행정력 낭비를 감수하며 부작용이 뻔한 인위적 칼질을 왜 시작했는지 이해할 수 없다.

정부가 어떤 경우든 생태계와 시장에 개입해야 한다면 어느 정도 개입할 것인지 심사숙고해야 한다. 과도하게 개입하면 생태계 또는 시장의 질서를 부정적으로 교란시키고 잘못된 방향으로 인도하여 심각한 부작용을 초래할 수 있다. 대학구조개혁의 경우에도 정부가 직접 개입하기보다는 대학이 스스로 경쟁력을 강화하고 상호보완적 협력으로 상생·공존할 수 있도록 안내하고, 자문하고, 지원하는 정책을 펴는 것이 바람직하다. 인위적 구조조정으로는 대학의 글로벌 경쟁력을 키울 수 없다.

헌법 31조 4항에 적시한 '대학의 자율성'도 학문의 자유에 대한 확실한 보장수단이자 대학이 자주적으로 운영될 수 있도록 대학에 부여한 헌법상의 기본권임을 유념해야 한다. 헌법재판소 판례 헌재 결 1992.10.1. 92헌마 등 병합에서도 "헌법 제31조 4항이 규정하고 있는 교육의 자주성과 대학의 자율성 보장은 대학에 대한 공권력 등 외부세력의 간섭을 배제하고 대학인 자신이 대학을 자주적으로 운영할 수 있도록 하여 대학의 기능을 충실히 발휘할 수 있도록 하기 위한 것으로서, 이는 학문의 자유에 대한 확실한 보장수단이자 대학에 부여한 헌법상의 기본권이다"라고 판시하였다.

학생 등록금이나 정부지원으로 연명하는 부실대학들에게는 스스로 퇴출의 길을 선택할 수 있도록 반드시 퇴로를 열어주어야 한다. 사학 중에는 폐교하고 싶어도 재산을 환수할 수 없어 어려움을 겪고 있는 경우가 꽤 있다. 현재 국회에 계류 중인 '대학평가 및 구조개혁에 관한 법률안'은 학교법인 해산 시 잔여재산을 평생교육시설 등으로 전환할 수 있는 조항을 포함하고 있다. 차제에 한시적일지라도 좀 더 유연한 법적 근간을 마련하여 부실대학이 스스로 문닫을 수 있도록 재산환수의 퇴로를 열어주고, 같은 법인 내의 대학 통폐합도 허용하여 대학정원 감축이 자연스럽게 이루어질 수 있도록 유도해야 한다.

대학평가는 대학의 강제적 구조조정을 위한 명분 쌓기나 재정지원 배분의 근거 마련을 위해 필요한 것이 아니라, 궁극적으로 대학경영의 수월성 제고를 돕기 위한 피드백과 컨설팅 자료로서 필요한 것이다. 그러므로 대학평가의 지표와 내용은 반드시 각 대학의 설립목적과 공익적 역할을 존중하고, 자율적 특성화와 창의적 경영전략의 강화를 유도할 수 있도록 설계하여야 하며, 공정성, 신뢰성, 형평성, 투명성을 확보하여 공신력을 인정받을 수 있어야 한다.

ENDNOTE

1 > 이수연 대학교육연구소 연구원은 "정부의 대학구조개혁평가에서 하위그룹의 절대다수는 지방대학이고, 실제 지난 2년 동안 이루어진 정원 감축도 서울·수도권 대학보다 지방대학 위주로 진행됐다"면서, "학령인구가 감소할수록 서울·수도권 대학과 지방대학의 격차와 서

열화는 더욱 심화될 것이고 대입경쟁도 더 과열될 것"이라고 말했다.

2 > 대학구조개혁 시장의 원리 또는 생태계의 원리에 맡겨 두라. 그러면 스스로 부작용 없이 창조적으로 진화·발전한다. 대학을 합법적으로 관리·감독할 수 있는 고등교육법, 감사권, 평가권, 예산권을 갖고 있지 않나. 대학에 왜 정원이 정해져 있으며, 왜 대학정원을 교육부가 정하고 말고 하나. 학생이 많이 오면 늘리고 적게 오면 줄이면 그만이지 않나.

3 > 변화에 잘 대처하는 대학들은 대개 선택과 집중, 학문의 융복합, 실무형 커리큘럼 도입, 취업활동 강화, 지역사회와의 연계, 기업 및 선후배와의 네트워크 구축, 교내외 청년 창업 장려 등을 지향하고 있다.

4 > 사실상 요즈음 퇴출위기에 놓인 하위등급 대학들은 살아남기 위해 안간힘을 쓰고 있다. 신입생을 상대로 무상 등록금, 입학금 면제, 국가장학금 대신 지원, 학자금 대출이자 지원 등 파격적인 제안으로 유치노력을 하고 있다.

2016년 8월 29일 발표한 2017년도 교육부 예산은 올해보다 8.8% 증가한 60조 6,572억 원으로 편성됐다. 예산안에 따르면 유아 및 초·중등교육 부문의 예산 비중이 가장 크다. 또 사회수요 맞춤형 인재양성과 개인 기초연구 지원 등의 사업에 집중 지원된다.

유아 및 초·중등교육 예산은 올해보다 4조 이상 증가한 46조 1,859억 원으로 편성됐다. 이 중 교육부가 시·도교육청에 배부하는 지방교육재정교부금이 39조 843억 원으로 가장 많다. 이와 별도로 교육부는 지방교육정책 지원 특별회계 사업으로 5조 1,990억 원을 편성했다. 누리과정 문제해결을 위한 것으로 방과후학교와 유아교육비 지원, 초등 돌봄교실 등의 사업에 활용될 수 있으며 다른 용도로는 사용할 수 없다. 이 밖에 교과용도서 개발 및 보급 79억 원, 장애학생 교육지원 73억 원, 인성교육 진흥사업 6.5억 원을 책정했다.

고등교육예산은 2016년도 9조 1,784억 원보다 889억 원 증가한 9조 2,673억 원이 편성됐다. 2017년도 고등교육예산은 사회맞춤형 인재 양성, 개인 기초연구 지원, 대학자율성 확대에 중점을 두고 편성하였다. 올해 종료되는 산학협력 선도대학 육성사업(LINC)은 2017년도부터 산학협력고도화 지원 사업으로 확대된다. 기존의 산학협력체제를 발전시키고 대학 교육과정 구성에 기업이 참여하여 채용으로 연계되는 모델을 계획 중이다. 인문학과 이공학 연구 지원예산은 올해보다 522억 원 증액된 3,034억 원으로 편성됐다. 창의적 아이디어를 발굴하고 기초연구 저변확대를 위하여 개인연구를 중점 지원한다. 각 대학이 건학이념이나 특색을 살려 발전을 모색할 수 있도록 '학부교육 선도대학 사업'을 계속 지원하고, 대학 자율성 제고를 위해 대학 자율로 수립한 계획서에 따라 총액예산을 교부한다. 이 밖에 BK21플러스 사업 2,985억 원, 여성공학인재 양성사업 45억 원, 맞춤형 국가장학금 지원 3조 9,450억 원이 책정됐다.

평생·직업교육과 국제교육 부문에는 6,210억 원이 책정됐는데 평생·직업교육 부문은 특성화전문대학, 사회맞춤형 산학협력 전문대학 등 직업교육 관련 예산이 가장 큰 비중을 차지했다. 특히 산학협력 전문대학 지원 사업은 지난해보다 3배 이상 증액된 888억 원이 편성됐다. 교원 해외진출 확대에 따라 관련 예산도 증액됐는데, 2017년도 해외파견 교사가 340명으로 늘어남에 따라 올해보다 16억 원 증액된 750억 원이 편성됐다. 재외동포 증가에 따른 교육 수요가 늘어난 미국 애틀랜타와 우크라이나 키예프 지역에 한국교육원 신설 예산이 편성됐고, 개발도상국에 대한 교육지원예산도 116억 원을 책정했다.

지난해 6월 시민단체 '사교육없는세상'이 교수 152명을 대상으로 교육부 재정지원사업에 대한 설문을 한 결과, 86.2%의 응답자가 '재정지원을 통한 정부의 대학 통제'가 문제라고 응답하면서, 가장 비효과적인 사업으로 56.6%의 응답자가 '프라임사업'을 지목했다. 프라임 사업은 총 6,000억 원이 지원되는 역대 최대의 대학지원사업이다. 그동안 대학구조개혁이 반발에 부딪쳐 지지부진했지만 정부가 프라임 사업을 통해 막대한 재정지원이라는 당근을 제시하면서 구조개혁이 급속하게 진행된 것은 사실이다. 프라임 사업에 선정된 21개 대학에서 인문사회계열 정원은 2,500명 줄고 공학계열 정원은 4,429명 늘어난 바 있다.

이화여대 평생교육대학 분란은 교육부 재정지원사업의 문제점을 크게 부각시킨 사태였다. 이는 대학 구성원 간의 소통부족 문제도 있었지만 재정지원 여부로 대학을 통제하려는 교육부의 잘못된 교육정책과 무관하지 않다. 대부분의 재정지원사업이 정원 감축을 비롯해 국립대 총장 직선제 폐지 등과 연계해 정부의 교육정책을 추진하면서 재정지원을 미끼로 대학 길들이기를 한다는 지적이다.

교육부는 사실상 연간 2조 원의 각종 재정지원사업을 빌미로 대학에 구조조정을 압박해 왔다. 미래창조과학부와 산업통상자원부 등에 산재한 연구지원사업을 합치면 대학지원예산은 연 8조 원(OECD 평균의 66%)이 넘는다. 문제는 관 주도의 각종 재정지원사업을 통한 인위적 구조조정이 대학의 경쟁력 제고에 과연 바람직하고 효과적인가 하는 것이다. 교육부가 해야 할 일은 부실한 대학은 솎아내고 건실한 대학은 집중 지원하여 글로벌 경쟁력을 키워야 하는 것 아닌가.

교육부의 대학재정지원사업은 대학이 갖추어야 할 역량을 기초·교수학습 역량, 전공 역량, 연구 역량, 산학협력 역량, 평생교육 역량 등 5개 역량으로 분류하고 역량별 대표사업을 중심으로 재정지원을 하고 있다. 영역별 대표사업은 ACE(학부교육 선도대학 육성사업), CK-I, II(대학특성화 사업: 지방대학, 수도권 대학), LINC(산학협력 선도대학 사업), BK21 플러스(두뇌한국 21 플러스 사업), SCK(특성화전문대학 육성사업), PRIME(산업연계교육 활성화 선도대학 사업), CORE(대학 인문역량 강화사업), WE-UP(여성공학인재양성사업), 평생교육 단과대학 지원사업, 대학 창의적 자산 실용화 지원사업(BRIDGE), IPP형 일학습 병행제 지원사업, 고교교육 정상화 기여대학 지원사업, 팍스(PAX: 특성화) 전문대학 사업, WCC(World Class College) 전문대학 육성사업 등이 있다.

"교육부가 사업의 목적과 선정요건을 사전에 못 박아 대학 나름의 특성을 살리는 발전방향에 걸림돌이 되고 있다"는 지적도 많다. 재정지원사업의 종류가 많고 응모요건이 제각각인 탓에 특정 대학들이 중복 수혜를 받거나 부실대학이 선정되거나 또는 나눠주기식으로 지원되는 사례도 적잖다고 한다.

대학이 장기적 미래비전이나 정체성을 정립하지 못하고 재정지원에만 매달려 사업을 졸속으로 추진하는 것은 심각한 문제다. 교육부의 사업공고 후 2~3개월 안에 사업계획서를 내야 하는 대학으로서는 대학 구성원들과 사업내용에 대한 논의조차 어려운 여건이다. 졸속 추진으로 인한 대표적 시행착오 사례가 평생교육 단과대학 지원사업이다. 2016년 평생교육 단과대학 첫 신입생 모집에서 정원미달 사태가 속출했다. 2016년 9월 22일 각 대학의 2017학년도 수시원서 접수 경쟁률을 집계한 결과, 평생교육 단과대학으로 선정된 전국 9개 대학 중 7곳이 정원을 채우지 못했다. 어떤 학과는 20~30명 모집에 3명만 지원하는 등 평균 경쟁률이 대학별 수시 경쟁률에 한참 못 미쳤다. 교육부가 고졸 취업자와 평생학습자들의 진학 수요를 제대로 파악하지 못한 채 무리하게 추진한 탓이다.

사업의 취지가 좋은데도 2016년 12월 교육부가 정책을 너무 서둘러 시행하면서 파행을 부른 면이 있다. 기존의 특성화고 졸업자 전형을 일부 확대 시행하면 될 것을 가시적 성과에 급급한 교육부가 무리하게 추진해 불러온 사태다. 평생교육단과대는 '선 취업 후 진학' 활성화와 평생교육 확대를 위해 올해 정부가 새로 도입한 제도다.

대학총장들은 연 2조 원 규모인 대학재정지원사업의 집행방식에 대해서도 문제를 제기했다. 지원이 전체 대학의 25% 정도에 해당하는 극소수의 대학들에 집중되고 있다는 것이다. 2016년 3월에 발표된 대학의 '인문역량 강화사업(CORE)'의 경우, 수도권 선정 대학 7곳 중 6곳이 서울의 대형 대학이었고, 시민단체 대학교육연구소의 2014년 사립대 국고보조금 현황 분석결과를 보면 전체 대학의 57.8%가 수도권 사립대에 집중되었다고 보고한다.

교육부는 2016년 7월 14일 현재 10여개에 달하는 대학재정지원사업을 구조조정하여 중복된 사업을 통폐합하고, 예산편성에서도 자율성을 허용하겠다는 취지의 '대학재정지원사업 개편 방안(시안)'을 발표했다. 일정 수준 이상의 대학에만 사업 참여 자격을 부여해 부실대학의 지원을 차단하는 방안도 검토 중이다. 안타까운 부분이 있지만 다행스러운 일이다. 교육부 시안에 따르면, 2017년도부터 지원사업에 선정된 대학은 총액 한도 내에서 예산을 자율적으로 편

성할 수 있다. 선정방식도 자율공모 방식에 의해 대학이 자체 발전
계획에 따라 제출한 사업계획서를 토대로 선정심사를 한다. 사업에
따라 '학생정원감축' 또는 '계열 간 정원 이동' 등의 공모조건을 붙이
던 전례를 없었다. 교육부는 2018년 이후 현행 대학재정지원사업을
연구지원, 교육특성화 지원, 산학협력, 대학자율역량 강화 등 4개
영역으로 통폐합할 계획이다. 또 중복수혜를 막고 특성화를 유도한
다는 구상이다. 부실대학이 선정되어 정부지원으로 연명하는 사례
를 막기 위해 2017년도 대학구조개혁평가와 연계하는 방안도 추진
된다.

　교육부의 대학재정지원사업은 그동안 고등교육기관으로서의 대
학이 전문적인 교육 및 연구 역량을 강화하여 국가경쟁력을 제고하
는 데 크게 기여한 것이 사실이다. 그러나 대학들은 근자 교육부가
재정지원을 무기로 전국 대학에 일률적인 정원 감축 비율을 할당하
는 등 대학구조개혁을 명분으로 대학들을 강압·통제하고 길들이기
한다고 볼멘소리를 한다. 대학구조개혁을 하는 것도 정부가 직접
개입하기보다는 대학들이 스스로 경쟁력을 강화하고 상호보완적
협력으로 상생·공존할 수 있도록 안내하고, 자문하고, 지원하는 정
책을 펴는 것이 바람직한데 당근과 채찍으로 대학을 지나치게 간
섭·통제한다는 것은 바람직하지 않다.

　고등교육 생태계 원리에 맡겨 두면 자연스럽게 구조개혁과 조정
이 이루어지고 대학경쟁력도 스스로 강화되며 부실대학은 저절로
퇴출될 것인데 정부가 성급하게 개입하여 부작용이 뻔한 인위적 통
제를 왜 하는지 답답하기 짝이 없다. 대학의 구조개혁과 체질개선
의 방향은 대학의 자율적인 특성화와 창의적 경영전략으로 글로벌
경쟁력을 강화하고, 상아탑으로서의 공익적 책무 보장을 유도하며,

지속가능하고 상생·공존하는 건강한 고등교육 생태계를 조성하는 방향으로 이루어져야 한다. 헌법 제31조 4항이 규정하고 있는 교육의 자주성과 대학의 자율성 보장도 대학에 대한 공권력 등 외부세력의 간섭을 배제하고 대학인 자신이 대학을 자주적으로 운영할 수 있도록 하여 대학의 기능을 충실히 발휘할 수 있도록 하기 위한 것이다.

정부의 대학재정지원사업은 기초·순수 학문에서 융·복합과 실용 분야에 이르는 대학의 연구력과 교육력이 곧 미래 국가경쟁력의 바로미터이기 때문에 계획·추진되는 것이다. 첨단 과학기술의 획기적 발전과 다양한 과학기술의 융합을 통해 사회 각 분야에 다가올 상상을 초월하는 대변혁과 발전이 예견되는 제4차 산업혁명시대가 코앞에 다가오고 있다. 모든 연구·교육 분야에서 국경이 무너진 캠퍼스로 변모하는 세계 고등교육의 트렌드와 패러다임 앞에 우리 정부와 대학들이 너무 안이한 것 아닌가 걱정스럽다. 대학들은 스스로 세계 마당에서 겨룰 수 있는 경쟁력을 길러야 하고, 세계의 교육과 연구 트렌드를 창조한다는 자존심을 가져야 한다.

ENDNOTE

1 > 2016년도 교육부가 재정지원사업을 통해 대학에 지원한 예산 총액은 1조 5,000억 원이다.

2 > PRIME 사업: Program for Industrial Needs-Matched Education: 이공계 강화와 인문사회계 감축을 통해 산업계에 필요한 인재를 육성하는 대학에 정부예산을 지원한다. 프라임 사업에 선정된 21개 대학은 구조조정 비용으로 3년간 매년 50억~150억 원씩을 지원받을 예정이다.

3 > WE-UP 사업: Women in Engineering-Undergraduate Leading Program: 여성공학도 맞춤형 교육과정을 개발 운영하고, 여성공학도

의 진로 진출을 지원하며, 공학교육 환경을 개선하기 위해 마련된 것. 여성 친화적으로 공학교육시스템을 개편하고, 사회수요 맞춤형 여성 공학 인재를 양성하기 위해 올해 신설된 사업으로 대학별로 5억 원 내외의 예산이 올해부터 3년간 지원된다.

4 > 평생교육 단과대학 지원사업: 산업수요에 맞춘 인력양성과 선 취업 후 진학자 지원을 위해 추진하는 사업.

5 > IPP형 일학습 병행제 지원사업: IPP(Industry Professional Practice)는 대학-기업 간 고용 미스매치에 따른 청년 실업문제 해소를 위해 3~4학년 학생들이 전공교육과 연계된 산업현장에서 장기간(4개월 이상) 실무 경험을 습득하고 체계적인 현장훈련을 받을 수 있도록 지원하는 새로운 산학협력 훈련제도.

6 > 전국 433개 모든 대학에 자율경영을 허락할 경우 과연 합법적이고 이성적이고 창조적인 대학경영이 이루어질지 미덥지 않다. 등록금을 제멋대로 올려 각종 수당 잔치하고(한해 최고 15%), 연구비를 유흥비로 탕진하고, 등록금이나 기부금을 전용 또는 유용하고, 자격미달 학생에게 졸업장과 학위를 남발하는 사례를 숱하게 봐 왔다. 대학들은 자성해야 한다.

7 > "밥 사주고 술 사주며 표를 부탁했지. 당선돼 보니 패가 갈리고 챙겨줄 사람은 왜 그리 많은지. 다시 나간다면 성(姓)을 갈겠네." 어느 전직 총장의 고백이다. 민주적이고 공정한 선거의 모범을 보여야 할 최고의 지성인 교수들이 정치판을 뺨치는 질펀한 선거와 패거리 싸움으로 상아탑의 존귀함을 무너뜨리고 사도로서의 위상에 먹칠하고 있다.

대학등록금 문제가 뜨거운 사회 현안으로 부상했
다. 여야는 2011년 6월 임시국회에서 '반값 등록
금' 문제를 다루기로 합의한 것이 계기다. 연간
1,000만 원에 이르는 대학 등록금을 낮춰야 한다
는 데는 많은 사람들이 동의하고 있다. 그러나 반
값 등록금으로 인해 다른 복지예산이 줄어들고,
대학들에만 이익이 될 것이라는 반대 논리도 나온
다. '대학 반값 등록금제' 도입을 주장하는 사람들
은 "사안이 복잡할수록 본질에 집중해야 한다"는
입장이다. 가계가 감당할 수 있는 수준 이상으로
등록금이 올랐고 결국 정부가 이를 해결해야 한다
는 뜻이다.

  우리나라 대학등록금은 비슷한 경제규모를 가
진 나라들에 비해 높은 편이다. 스웨덴, 노르웨이
등은 등록금을 아예 내지 않으며 프랑스, 독일, 이

탈리아 등은 우리보다 훨씬 낮다. 반면 일본의 사립대학 등록금은 우리보다 높고, 미국의 대학 등록금은 세계 최고 수준으로 우리의 두 배 이상이다. 등록금이 나라마다 차이가 있는 것은 대학의 재정 수요 규모가 다르고 재정조달 방법에 차이가 있기 때문이다. 어쨌든 학생들이 학비 걱정 없이 공부할 수 있게 만드는 것은 국가의 책임이자 대학의 사명이다.

정부는 가정의 경제적 여건과 상관없이 누구나 고등교육의 기회를 누리도록 하고 등록금 부담을 해소하자는 취지에서 2015년부터 '소득연계 맞춤형 반값등록금제'를 실시했다. 등록금 부담 경감을 위한 2015년 정부지원 장학금은 총 116만여 명에게 3조 9,000억 원(I유형 2조 9,000억 + II유형 5,000억 + 다자녀 2,000억 + 국가부담 기타 장학금 3,000억)이었고, 대학 자체 지원은 3조 1,000억 원(등록금 동결·인하 + 장학금)이었다. 정부의 파격적인 대학등록금 경감 정책임에 틀림없다.

그러나 '반값등록금제' 도입을 둘러싼 우려도 만만치 않다. 첫째, 반값등록금제의 도입은 모두가 대학가는 풍조를 더욱 심화시키고, 대학의 경쟁력을 약화시키며, 고사 직전의 부실대학만 연명시킬 수 있다고 걱정한다(경향신문, 2011.6.3.).

둘째, 반값등록금제 도입은 다른 복지예산을 위축시킬 수 있다고 비판한다. 교육부에 따르면 현재 대학등록금 총액은 약 14조 원이다. 이 중 장학금 1~2조 원을 빼면 학생들의 실질적 등록금 부담액은 12~13조 원이다. 따라서 반값등록금 지원을 위해서는 최소 6조~6조 5,000억 원의 예산이 필요한데, 한정된 정부예산으로 충당하기가 현실적으로 쉽지 않으므로 정부가 보통교육 예산을 빼내 대학등록금을 지원할 것이란 관측도 한다. 이에 대해 반값등록금제를 지지하는 사람들은 기존 예산 내에서 돌려막기 할 것이 아니라, 국가 총예산 배분의 우선순위를 전면 재검토해야 한다고 주장한다.

셋째, 반값등록금제는 결국 대학들만 배불릴 것이라고 말한다. 대학정보공시시스템 '대학알리미'에 따르면, 전국 189개 4년제 대학 중 정원을 채우지 못한 곳은 약 70여 곳(37%)이다. 반값등록금제가 이런 부실대학의 재정을 메우는 쌈짓돈이 될 것이라는 우려가 나오는 이유다. 몇 백억대 적립금을 쌓아놓고 재단 전입금조차 내지 않는 사학들의 '도덕적 해이'를 부추길 것이란 분석도 나온다. 이에 대해 강남훈 한신대 경제학과 교수는 "학생에게 직접 주는 '등록금 지원금'과 대학에 주는 '교육환경개선 지원비'의 투 트랙으로 시행하면 문제점을 해결할 수 있다"고 주장한다. 학생에게 직접 지원함으로써 대학이 전용할 수 있는 여지를 차단하자는 것이다. 재단 전입금조차 제대로 내지 않는 사학들의 문제점을 해결하기 위해서는 개방형 이사제 등 사학법을 보다 엄격히 준수하도록 해야 한다는 지적도 많다.

넷째, 반값등록금제를 도입한다 해도 등록금에 거품이 빠지지 않은 채 계속 오르기만 한다면 결국 대학에 흘러들어가는 국고 부담만 계속 늘어날 것이라는 우려도 있다. 그러나 사립대에 국고가 투입된다면 대학의 공공성이 강화된다는 의미가 커지므로 정부가 등록금 인상률을 통제할 수 있다는 반론도 있다. 그동안 주요 사립대가 등록금을 올리면 타 사립대학들이 뒤따라 등록금을 인상해 왔던 것도 사실이다.

다섯째, "차라리 반값 등록금에 쓰일 예산으로 대학 진학을 못하는 아이들을 지원하는 것이 사회정의 차원에서 더 바람직하지 않은가. 고등학교만 졸업해도 좋은 일자리를 얻을 수 있도록 일자리를

창출하고 임금격차를 줄이는 게 먼저다"라는 주장도 한다. 또 "반값
등록금은 4년제 대학뿐 아니라 전문대도 해당되며, 전문계고 학생
지원과 임금격차 해소 정책도 당연히 반값등록금제와 함께 가야 한
다"는 요구도 있다.

여섯째, 전국의 사립대학들은 그들대로 '대학등록금 동결·인하
정책'으로 인한 재정난을 호소하고 있다. 전국 사립대의 누적 적립
금이 최근 2년 연속 감소한 것으로 나타났다. 사립대학들은 재정난
으로 적립금이 줄면 교육의 질에 악영향을 줄 수 있다고 우려하고
있다. 2016년 8월 31일 대교협에 따르면 2015년 기준 전국 150개
사립대의 교비회계 누적 적립금은 7조, 9,591억 원으로 2014년(8조
564억 원) 대비 1.2%(973억 원) 줄었다. 이는 대학 등록금 동결로 인
해 대학이 기존 적립금을 인출해 운영자금으로 사용할 수밖에 없다
는 의미다. 사립대 관계자들은 "대학이 학생 1인당 교육비로 등록
금보다 더 많은 돈을 쓰기 때문에 등록금 일부를 적립한다는 것은
오해"라며 "적립금의 주 수입원은 기부금이고, 법적으로 등록금을
재원으로 적립 가능한 것은 교육시설의 감가상각분만 허용된다"고
설명한다.

한 사립대 총장은 '적립금은 대학의 미래를 위한 종잣돈이며, 투
자운용을 통해 대학재정을 위한 수익을 창출할 수 있는 중요한 재
원'이라고 말한다. 2015년 기준 미국 하버드대는 365억 달러(약
40조 7,300억 원), 예일대는 256억 달러(약 28조 5,700억 원)의 적립금
을 보유하고 있다. 우리 한국의 경우, 대교협 공시결과에 따르면 홍
익대 적립금이 7,172억 원으로 가장 많았고 이화여대 7,066억 원,
연세대 5,210억 원, 수원대 3,588억 원, 고려대 3,438억 원 순으로 나
타났다.

사립대학들의 이런 주장과는 달리 재정난으로 등록금 인하 여력이 없다고 하면서도 대학이 여전히 거액의 적립금을 보유하고 있다는 것은 앞뒤가 맞지 않는다는 지적도 있다. 건축적립금(3조 5,266억 원, 44.3%), 장학적립금(1조 3,792억 원, 17.3%), 연구적립금(7,364억 원, 9.3%), 퇴직적립금(690억 원, 0.9%) 등 사용처가 분명한 적립금에 비해 목적이 불분명한 기타적립금(2조 2,479억 원, 28.2%)의 비중이 큰 것도 이해되지 않는다고 비판한다.

정부가 2009년부터 8년째 '대학 등록금 동결·인하정책'을 펼친 결과, 대학의 교육과 연구의 질에 타격을 주고 있는 것도 사실이다. 전체 4년제 대학의 80%를 차지하는 사립대들이 예산 부족으로 교육비와 연구비를 삭감하고 있다. 숙명여대 송기창 교수는 "우리나라는 국가장학금을 늘렸어도 정부 부담 대학교육 비용이 국내총생산(GDP) 대비 0.72%로 OECD 국가 평균 1.2%에 못 미치고 있다. 사립대 교육예산 대책을 마련하지 않으면 교육과 연구의 질이 부실해져 그 피해는 결국 학생들에게 돌아갈 것"이라고 경고한다.

서울 주요 10개 사립대총장들이 참여하는 '미래대학포럼'에서는 교육부가 대학의 자율성을 침해하고 있다고 주장했다. 대학의 등록금 자율 책정을 존중해 달라는 요구다. 또 120개 대학 총장들은 대교협 주관 제주 세미나(2016.6.23.)에서 '반값등록금' 정책으로 인한 대학 재정의 어려움을 호소했다. "정부는 국내총생산(GDP) 대비 고등교육예산 비율을 OECD 평균(2015년 기준 1.2%) 수준으로 올리겠다고 했지만 2015년 예산비율은 0.72%에 머물렀다. 이 중 학생 복지예산 성격인 국가장학금을 빼면 순수 고등교육예산 비율은 0.74%에 불과하다"고 대교협은 설명한다. 대교협은 나아가 정부를 향해 대학의 등록금 책정 자율성을 존중하고, 고등교육재정교부금법 제정을 통해 안정적 고등교육재정 확보를 건의했다(동아일보, 2016.6.24.).

정부의 '소득연계 맞춤형 반값등록금제'와 '대학등록금 동결·인하정책' 연계 추진은 정부가 대학 등록금 경감을 위한 막대한 '정부 지원 장학금(2015년 3조 9,000억 원)' 예산을 부담하는 데 따른 대학들의 협력과 자구노력을 전제로 하는 것이다. 그러나 대학의 입장에서 보면 이 정책이 대학생들에게는 등록금 부담을 파격적으로 경감할 수 있지만, 대학에게는 등록금 동결로 인한 예산확보 문제가 생긴 꼴이다. 또 그들이 주장하는 것처럼 대학의 등록금 책정권을 간섭 또는 제한하는 것은 정부가 대학의 자율성을 침해하는 사례일 수 있다. 그러므로 정부는 앞으로 '소득연계 맞춤형 반값등록금제'를 성공적으로 정착시켜 대학생들의 등록금 부담을 실질적으로 경감시키고, 대학이 재정난을 스스로 극복할 수 있도록 기부금 모금 또는 수익사업 등 적극적 자구노력을 유도하면서, 대학의 자율성도 침해하지 않는 방안을 진지하게 모색해야 할 것이다.

정부는 대학등록금 부담 경감을 위하여 '소득연계 맞춤형 반값등록금제'와는 별도로 2010년 '취업 후 학자금 상환 특별법' 제정에 따라 2010년 1학기부터 '취업후학자금상환제'를 시행해 왔는데, 이는 '취업 후 일정기준 이상의 소득이 발생한 이후부터 상환의무를 갖게 되는 학자금 대출제도'다. 상환액은 근로소득공제를 반영한 실소득이 근로소득공제를 반영한 상환기준소득(2016년 기준 1,856만 원)보다 초과한 부분의 20%다. 정부는 또 2016년 2학기부터 대학교 학자금 대출 금리를 2.7%에서 2.5%로 인하했다. 이 조치는 '취업후학자금상환제(ICL)' 대출 학생 약 100만 명에게도 소급 적용되고, 신규 대출학생 30만 명을 포함하면 연간 총 이자부담이 약 165억 원

정도 경감될 것으로 추산했다(중앙일보, 2016.7.8.). 그러나 이 제도의 수혜 대상이 대학생으로 한정돼 있어, 등록금 부담이 더 큰 대학원생에게는 아직 적용되지 않는다는 점은 아쉽다.

또 교육부와 한국장학재단은 소득분위 산정방식의 개선을 통해 국가장학금을 절대기준에 따라 지급하는 방안을 고려하고 있다. 소득분위를 나누는 기준이 그때그때 달라지기 때문에 학생들은 불편하고 정부기관은 행정력을 낭비하고 있다는 점을 해소하기 위해서다. 이는 국가장학금 지급기준이 되는 소득분위가 사전에 정해져 있지 않기 때문에 생기는 일이다. 현재 한국장학재단은 학생들의 신청을 받은 뒤 이들의 소득분포, 국가장학금 예산, 전 학기 지원결과 등을 고려해 사후에 상대적으로 기준을 결정하고 있다. 이 때문에 소득 변화가 없어도 학기마다 받는 장학금 액수는 달라질 수 있고, 장학금을 신청하는 대학생 입장에서도 자신이 수혜 대상인지 미리 알 수가 없다. 국민기초생활보장제도에서 사용하는 '기준중위소득'을 '국가장학금 자격 판정기준'으로 활용한다면 장학금 신청 전에 자격 판정기준을 사전에 공표할 수 있을 것이다.

교육부와 한국장학재단에 따르면 2017년부터 저소득층 대학생은 C학점을 2회 받아도 국가장학금을 받을 수 있게 됐다. 생활고로 인한 아르바이트 때문에 낮은 성적을 받은 학생에 대한 배려 차원이다. 2016년까지는 저소득층이 아닌 학생은 B학점 이상을 받아야 국가장학금을 받을 수 있었고 저소득층 학생은 C학점이 1회 이내까지만 허용됐다.

학생들이 학비 걱정 없이 공부할 수 있게 만드는 것은 국가의 책임이자 대학의 사명이다. 정부와 대학은 과도한 대학등록금 부담을 경감하기 위하여 '소득연계 맞춤형 반값등록금제'를 도입하고 국가장학금과 대학장학금을 지원하고 있다. 이와는 별도로 '취업후학자금상환제'를 시행하여 취업 후 일정기준 이상의 소득이 발생한 이후부터 상환할 수 있는 학자금 대출제도를 시행하고 대출금리도 대폭 인하해 줬다. 이제는 학생들이 '돈 없어 공부 못 한다'는 말은 할 수 없게 되었다. 참 잘된 일이다. 그러나 정부와 지도자들이 명심할 것은 학생들의 뇌리에 '노력하지 않는 자는 도움 받을 자격 없다'라는 것과 '이 세상에 공짜란 없다'라는 진리를 꼭 심어줘야 한다는 것이다. 일정 수준의 성적을 유지하고 성실한 학교생활을 할 경우에만 장학금 수혜 자격을 허락해야 한다. 아니면 학자금 대부로 공부하고 졸업 후 취업하여 자신이 스스로 갚아나가도록 해야 한다. 정부의 모든 정책도 이런 전제하에서 입안·추진되어야 미래세대의 정신이 타락하지 않는다.

ENDNOTE

1 > 박원순 서울시장의 서울시립대 무상등록금 정책에 대해 2016년 10월 20일 찬반 설문조사를 한 결과 반대 64%, 찬성 28%로 나타났다. 등록금 부담이 큰 상황에서 학생들이 등록금 전액 면제를 거부했다는 것은 주목할 만한 일이다. 학생들은 등록금을 전액 면제해버리면 재정난 때문에 안 그래도 열악한 학교시설이 더 악화되고 교육의 질도 떨어질 것이라고 우려했다. 박 시장이 앞서 2012년 서울시립대에 반값등록금제를 도입한 이후, 재정압박으로 인해 2011년 1,626개이던 전체 강좌 수가 2014년 1,370개로 줄고, 100명 대형 강의는 2011년 57개에서 2015년 112개로 늘었다. 교수들의 자체 연구비도 3년간 40%나 줄고 기숙사 수용률도 7.6%로 전국 국·공립대 중 거의 꼴찌다. 반값등록금제 시행으로 교육의 질 저하를 실감한 학생들이 등록금 전액 면제로 가면 학교 꼴이 어떻게 될 것인지 뻔히 내다본 것이다. 수익자 부담 원칙에 맞게 등록금을 내고 질 높은 교육을 받겠다는 학생들에

게 '세상에 공짜는 없다'는 원리를 박 시장과 모든 정치인들은 배워야 할 것이다(조선일보, 2016.10.22., 동아일보, 2016.10.20).

스위스 국민은 2016년 6월 1인당 월 300만 원씩 현금을 주는 '기본소득법' 법안을 부결시켰다. 공짜 복지가 국가재정을 결딴낸다는 것을 아는 스위스 국민의 현명한 선택이다. 서울시립대생들 역시 반값등록금제의 포퓰리즘이 어떤 결과를 초래했는지 이미 체득한 바 있기 때문에 박 시장의 유혹을 뿌리쳤다. 능력에 넘치는 공짜 복지를 남발하면 나라 빚만 늘어나고 그 빚은 고스란히 젊은 세대들이 물어내야 한다. 미래를 위한 연구개발이나 사회간접자본에 대한 투자도 줄 것이기 때문에 나라의 장래를 위해서는 독이 될 것이다.

다 같이 세금을 냈는데 전국의 대학생들 중 유독 서울시립대생들에게만 특혜를 주는 것도 불공정한 처사다. 박원순 서울시장이나 이재명 성남시장이 복지부의 반대에도 강행한 청년수당처럼 공짜 등록금 유혹도 결국 국민세금을 탕진해서 자기 표를 매수하는 행위라는 비판이 있다.

국립대학 총장 임용제도
제대로 개선해야

국립대학들이 총장 임용문제로 몸살을 앓고 있다. 교육부가 선거에 의한 총장 1순위 후보자의 임명제청을 거부함으로써 대학 구성원 다수의 의사를 묵살하고, 임명제청 거부 사유를 밝히지 않을 뿐 아니라, 장기간 총장 공석 사태를 초래해 대학경영에 심대한 악영향을 주고 있다고 볼멘소리가 높다.

경북대 총장 임용은 2년 2개월을 끌다가 결국 2순위 후보자를 낙점했다. 2년 넘게 학교를 혼란에 빠뜨리고 결국 대학 구성원의 뜻을 묵살한 것이다. 총장 1순위 후보자인 김 모 교수와 부인의 문화예술계 활동 전력 때문에 청와대 민정라인에서 반대한 것으로 추측하고 있다. 총장 임용과 관련한 여권 실세의 각서 제안 루머도 돌고 있다. 김 교수는 임명권자인 대통령을 상대로 소송할 뜻을 밝혔다. 한국체대는 대학이 추천한 후보자를 4차례나 거부하며 대학을 23개월이나 비워놓다가, 다섯 번째 추천된 3선 국회의원 출신 후보자가 임명된 바 있다. 교육부는 허수아비고 정보기관이 조사한 자료를 바탕으로 청와대가 결정한다는 사실은 공공연한 비밀이다.

공주대는 총장이 2014년 3월 이후 2년 10개월째 공석이다. 교육부는 총장 임용 제청을 거부하면서 총장 자격 부적합 사유를 밝히지 않고 있어, 교육부에 총장 후보 1순위로 추천된 교수가 임용제청 거부 처분 취소소송을 제기하여 아직도 재판이 진행 중이다. 방송통신대는 2014년 9월부터 2년 4개월째, 전주교대는 2014년 9월부터 1년 11개월째, 광주교대는 2016년 10월부터 2개월째 똑같은 이유로 총장이 부재 상태다. 이 외에도 박근혜 정부 들어 총장 부재 사태를 겪은 국립대학은 강원대(10개월), 경상대(6개월), 부산대(5개월), 진주교대(5개월), 충남대(1개월) 등이 있다. 교육부의 총장 임명 제청 거부로 총장 부재사태를 겪는 국립대학들의 공통된 입장은 임명 제청 불가사유라도 확실히 밝혀줘야 혼란을 최소화할 수 있다고 울상이다.

국립대 총장은 교육공무원법 제24조에 따라 해당 대학의 추천을 받아 법령이 정하는 바에 의해 교육부의 '교육공무원 인사위원회' 심의를 거쳐 교육부 장관의 제청으로 대통령이 임명한다. 교육부 장관의 제청 여부는 해당 대학으로부터 후보자 2인 이상을 추천 받아 신원조사와 '교육공무원 인사위원회' 심의를 거쳐 결정한다. '교육공무원 인사위원회'에서는 후보자의 범죄경력, 징계전력, 재산문제, 병역문제, 품행 등을 종합적으로 심의하며, 주된 부적격 사유는 연구윤리 위반, 법령 위반, 품위유지 의무 위반, 부정적 언론보도 등이다. 총장 임용제청 거부는 높은 도덕성과 인격이 요구되는 국립대 총장 적격자 선정을 위한 인사절차의 일부라고 설명한다.

요즈음 대학가에서는 현행 '총장 공모제'에 대한 부정적 여론이 재점화되고 있다. 얼핏 보면 총장 직선제가 쟁점 같지만, 그 바탕엔 헌법이 보장하는 '대학의 자율성'을 정부가 무시해온 데 대한 항변이 깔려 있다. 교수·학술단체들은 총장 직선제 포기를 강요하는 교육부의 대학 자율성 침해가 이번 사태의 핵심이라고 짚는다. 직선제로 복귀하든 교육부가 제시하는 총장 공모제를 채택하든 대학 구성원의 자율적 판단을 존중하라는 주문이다. 한국교원단체총연합회(교총)도 총장 직선제 폐지를 재정지원과 연계하는 정부 방침에 반대하며, 대학의 자율성을 보장하되 간선제와 공모제 등 다양한 선출제도를 놓고 대학들과 논의할 것을 제안했다. 하지만 교육부는 총장 직선제의 폐해만 강조하며 기존 방침을 고수하겠다는 뜻을 굽히지 않고 있다.

국립대학들은 정부의 '총장 직선제' 포기 강요에 대해 '헌법 31조 4항'과 배치되는 위헌의 소지가 크다고 주장한다. 헌법 제31조 4항은 '교육의 자주성, 전문성, 정치적 중립성 및 대학의 자율성은 법률이 정하는 바에 의하여 보장된다'고 명시하고 있는 바, 이는 헌법이 대학의 자율성 보장을 명백하게 규정하고 있다고 보고 있다. 판례 '헌재결 1992. 10. 1. 92헌마 등 병합'에서도 '헌법 31조 4항이 규정하고 있는 교육의 자주성과 대학의 자율성 보장은 대학에 대한 공권력 등 외부 세력의 간섭을 배제하고 대학인 자신이 대학을 자주적으로 운영할 수 있도록 하여 대학의 기능을 충실히 발휘할 수 있도록 하기 위한 것으로서, 이는 학문의 자유에 대한 확실한 보장 수단이자 대학에 부여한 헌법상의 기본권이다'라고 판시하고 있다. 그러나 많은 부작용을 낳고 있는 국립대학의 총장 직선제에 대하여 교육부가 관리·감독 차원에서 관여하는 것이 과연 대학의 '학문추구의 자유에 대한 확실한 보장'이라는 헌법정신을 침해하는 것인지에 대하여는 아직도 논란이 있다.

국립대 총장 직선제 폐지는 이명박 정부에서 '국립대 선진화 방안'의 핵심과제로 추진됐다. 국립대를 선진화하려면 학내 파벌을 형성하고 금권선거 등 부작용이 많은 직선제를 폐지해야 한다는 논리다. 박근혜 정부는 한 술 더 떠 직선제 폐지와 함께 재정지원을 무기로 대학 구성원이 총장 선출에 개입할 여지를 원천 봉쇄했다. 이런 압박에 밀려 대부분의 국립대는 '총장 공모제' 방식을 도입했다. 그러나 어떤 제도도 완벽할 수 없는 것처럼 '총장 공모제'도 무작위로 뽑힌 소수의 교수와 외부 인사들이 선출에 전권을 갖게 되고, 후보자의 자질이나 능력보다는 '교육 외적 변수'가 결과를 좌우하는 할 수 있다는 비판이 있다.

총장 공모제는 '교육공무원임용령'에 따라 50인 이내의 위원(1/4이상은 학외인사)으로 구성한 '대학의장임용추천위원회'에서 총장 후보자를 선정하여 정부에 추천하는 방식이다. 총장 공모제는 소수의 '총장임용추천위원회'에 총장 후보자 선정의 모든 권한을 부여하므로 추천위원회의 구성은 총장 공모제의 전부라고 할 수 있다. 문제는 추천위원회가 정당성을 확보하고 대학 구성원의 승복을 얻으려면 위원들의 선임에 공정성이 확보돼야 하는데 마땅한 방법이 없다. 그래서 대다수의 대학들은 '무작위 추첨' 방식으로 위원을 선임하고 있다.

대학총장 선출제도의 개선 방향은 분명하다. 첫째, 어떤 경우라도 '헌법 31조 4항'이 규정하고 있는 대학의 자율성 보장이라는 헌법정신이 침해되어서는 안 된다. 둘째, 학내 파벌형성, 인사 전횡,

국립대학 총장 임용제도 제대로 개선해야

학문연구 분위기 훼손, 금권선거 등의 부작용이 많은 총장 직선제 (심지어 학장까지 직선하는 대학 있음)는 반드시 개선해야 한다. 셋째, 국립대학의 총·학장 후보는 학내 또는 국내에 국한하지 말고 인품과 경영능력이 탁월한 글로벌 차원의 리더를 폭넓게 초빙할 수 있는 공정한 총장 선임 시스템을 개발·정립해야 한다. 넷째, 교육부에서 권하는 총장 공모제를 도입하되 이 제도가 갖는 단점을 보완할 필요가 있다. 대학과 지역사회 구성원들의 대표성을 높이기 위하여 '총장임용추천위원'의 수를 늘이고, 선임은 공정성 확보 차원에서 '무작위 추첨' 방식으로 할 수 있다. 다섯째, 교육부는 교육공무원법 제24조에 규정된 총장임용 절차에 따라 적법하게 처리하고, 구성원들의 의사가 존중될 수 있도록 노력해야 한다.

우리 한국의 기업 70%가 신입사원보다는 경력사원을 채용하겠다는 것이 한 취업 포털 사이트가 최근 실시한 설문조사 결과다. 경력사원을 채용하려는 주된 이유는 즉시 실무에 투입이 가능하고 신입사원의 교육비용과 시간을 절감할 수 있기 때문이다.

세계 공대 졸업생 통계를 보면, 미국은 약 10만 명, 한국은 약 7만 명, 영국은 약 3만 명 정도다(조선일보, 2016.11.7.). 그런데 우리 한국의 공대 졸업생이 양적 규모에서는 영국보다 많지만 산업체의 요구에 부응할 수 있는 고급 엔지니어링 인력은 턱없이 부족한 상황이다. 또 소수의 정예 영국 공대 졸업생들이 고급의 엔지니어링 기술을 수행하는 것을 보면, 우리 한국 공대교육의 질적 수준에 문제가 적지 않음을 쉽게 발견할 수 있다.

국내 대학의 교육 프로그램은 졸업과 취업을 위한 스펙관리, 유명 저널에의 논문 게재 등 이론적 성과와 업적 지향적이다. 영국의 엠피리얼 칼리지에서는 오전에 이론을 가르치고, 오후에는 실무 프로젝트 위주의 수업을 하며, 방학 때에는 의무적으로 인턴십을 수행한다. 우수한 실무중심교육 덕분에 졸업 후 신입사원이 추가 실무교육 없이 업무에 즉시 투입이 가능하다(조선일보, 2016. 11. 7.). 우리 대학은 낡은 공대 교육과정에 따라 학점관리와 스펙 쌓기에 안주할 게 아니라, 제4차 산업혁명시대에 걸맞는 전문 산업 인재를 양성할 수 있는 과감한 교육혁신이 필요하다.

최근 이공계 특성화 대학인 포스텍(POSTECH·포항공대)의 파격적 대학교육 실험이 대학사회에 신선한 충격을 주고 있다. 기존의 낡은 교육 시스템으론 제4차 산업혁명시대를 이끌 창의·융합형 인재를 길러낼 수 없다며 대학교육 혁신을 선언한 것이다. 여기에는 대학이 독자적 교육·연구 기능을 넘어 산업계와의 협력교육·연구를 통해 교육과 산업현장의 간극을 좁히고 경제·과학적 고부가가치를 창출하지 않으면 살아남기 어렵다는 위기의식이 배어 있다.

대학의 혁신과 경쟁력 제고의 바로미터는 학생선발, 교육과정, 교수임용 제도에 있다. 포스텍은 내년부터 신입생 320명 전원을 학과 구분 없이 단일계열 무(無)학과로 선발한다. 학생들은 2학년이 될 때 100% 자신이 원하는 전공 선택을 할 수 있어 11개 학과의 칸막이가 사실상 없어진다. 학과 쏠림현상에 대비해 하드웨어와 소프트웨어, 기초·응용과학 전공을 융합하기로 했다. 이는 교수들의 전공 이기주의를 없애는 데도 기여할 것이다.

교수채용은 더 파격적이다. 향후 4년간 전임 272명 중 150명이 교체되는데, 이 중 30%인 50명을 기업체가 원하는 '산학일체교수'로

임용한다. 기업 추천 교수를 채용하고 인건비는 절반씩 부담하는 국내 최초의 시도다. '산학일체교수'는 학위와 상관없이 산업체 연구실적과 실력만으로 채용하는데, 이는 교수사회의 고질적인 학벌·순혈주의를 깨고 실용적 산학협력교육을 구현하는데 크게 기여할 것이다. 대학이 뽑는 경쟁에서 가르치는 경쟁으로, 전공 이기주의에서 개방형 융·복합 분위기로, 학벌보다는 능력 중심으로 전환하는 것이 세계 고등교육의 패러다임이다.

근자 학령인구 급감과 대학진학률 감소로 2023년이면 대학 진학자 수가 현재의 절반인 24만 명으로 떨어지게 된다는 통계보고가 있다. 그렇다면 현재 대학정원이 53만 명인데 그때쯤 되면 상당수의 대학들이 문을 닫게 될 것이 뻔하다. 이런 추세가 자극이 되었는지 2016년 9월 7일 '전국 국·공립대 총장 컨퍼런스'에서 전호환 부산대 총장은 '대학교육혁신방안'을 발표하면서 지역별 국립대의 연합대학 추진을 제안했다(중앙일보, 2016.7.25.). 지역의 국립대학들이 연합하여 연합대 총장을 두고, 산하 각 대학들이 유사·중복 학과를 통폐합하여 강점분야를 특성화하고 상생·협력운영으로 경쟁력을 강화하자는 것이다.

연합 초기에는 대학별로 운영체계를 그대로 유지하면서 교류협력으로 대학 간 장벽을 없앤 다음 학문별 수월성을 고려하여 대학 간 특성화 분야를 통합한다는 복안이다. 연합 완성단계에선 연구·교육·인력양성 중심 대학을 둔 하나의 연합대학체제로 운영하게 된다. 이 프로젝트가 성공한다면 대학 특성화를 통해 경쟁력을 높이고, 경상비를 줄이는 등 재정 효율을 높이며, 기숙사·도서관 등 대학 시설을 공유함으로써 행·재정적 부담을 줄이는 효과도 크게 기대할 수 있다. 운영이 어려운 사립대 재단에게는 정부가 일정

재산을 보전해 줄 수 있는 법 제정으로 퇴로를 열어주고 정부가 인수한 뒤 연합대에 흡수시키는 방법을 고려할 수도 있다. 미국은 3,500여 개의 대학이 있지만 그중 230여 개 대학만 박사학위를 수여하고 연구중심대학과 교육중심대학으로 특성화되어 있다.

우리나라 대학교육은 그동안 놀라울 정도의 양적 팽창을 거듭해왔다. 4년제 대학과 전문대학을 합쳐 현재 약 407개의 대학(국립 43개, 공립 8개, 사립 356개)이 존재하고 있다. 이러한 대학교육의 양적 팽창은 고등교육 기회의 제공과 산업인력 양성 측면에서 기여한 바가 크지만, 제4차 산업혁명시대에 국가경쟁력 제고를 위한 대학교육의 질적 차원에서는 아쉬움이 많다. 현대사회가 요구하는 고급인력을 양성·공급하기 위하여 대학들이 제공하는 교육프로그램의 내용과 질, 교육 및 연구시설의 수준, 교수의 연구 능력, 학생들의 학업 열의 면에서 아직도 OECD 국가 평균에 못 미치고 있다. 자타가 공인하는 우리나라 유수의 대학들이 세계 대학 상위그룹에 랭크되지 못하는 사례도 우리나라 대학교육의 현주소를 말해주고 있다.

교육부는 2016년 12월 8일 대학 학사제도 개선을 위한 '고등교육법 시행령' 개정안을 입법예고했다. 새롭게 도입되는 학사제도는 유연학기제, 집중이수제, 융합(공유)전공제, 전공선택제, 학습경험 인정제, 이동식 수업, 원격수업, 프랜차이즈 방식 국외 진출 등이 골자다. 이번 개선안은 학과와 전공, 학교 간의 칸막이를 없애고, 학사운영을 유연하고 탄력적으로 운영하여, 제4차 산업혁명시대에 걸맞도록 대학교육의 다양화를 꾀한다는 취지다.

우선 앞으로 대학 자율로 5학기 이상 운영할 수 있는 '다학기제'가 도입되고, 학년별로 다른 학기제를 탄력적으로 운영할 수 있는 '유연학기제'도 도입된다. 1학점 당 15시간을 기준으로 집중 이수가 가능하고, 학기 내 4주·8주·15주 등 이수 주기를 달리하는 수업도 가능해진다. 학과의 개편 또는 통폐합 없이도 여러 학과가 융합하여 새로운 전공을 개설할 수 있고, 소속 학과 전공, 연계전공, 학생 설계전공, 융합(공유)전공 중에서 학생이 선택하여 전공 이수를 할 수 있게 된다. 연구소나 산업체 경력을 대학·대학원 졸업학점의 1/5까지 인정해 주는 '학습경험인정제'도 시행하고, 교수가 시·도 내에서 순회하며 학교 밖 일정장소에서 강의를 할 수 있도록 하여 교사, 군인, 선수촌 입소자, 산업단지 근로자 등에게 학습기회를 확대해 준다. 원격수업으로 졸업학점의 20%까지 취득 가능하며, 외국의 대학이나 대학원 취득학점도 졸업학점의 20%까지 인정해 주게 된다. 외국대학이 국내 대학 교육과정을 운영할 수 있고, 국내 대학 교원이 1/4이상 수업을 하면 국내 대학 학위를 수여할 수 있는 '프랜차이즈 방식 국외 진출'도 가능하게 된다.

우리 한국의 고등교육은 지금 파격적 혁신을 요구받고 있다. 우리 대학은 제4차 산업혁명시대가 요구하는 능력 있는 연구전문 인력과 직업전문 인력을 양성하는 two-track의 질 높은 교육·연구 프로그램을 개발하고, 선진화된 교육 및 연구시설을 확보하며 교육여건과 환경을 질적으로 개선하는 노력을 해야 한다. 대학이 백화점식 몸집 불리기에나 집착하는 전근대적 사고에서 벗어나 소수의 일류학과 또는 전공분야를 집중 육성하는 특성화 전략을 통해 국제경쟁력을 제고해야 산다.

대학교수의 임용 및 승진 제도 또한 개선해야 한다. 우수한 교수 자원 확보를 위하여 국내외를 가려선 안되며 학맥과 인맥이 동원된 교수 인사를 지양하고 순수한 연구 및 교육 능력 그리고 품위를 바탕으로 선발하고 임용 후에도 연구·교육활동을 계속적으로 점검할

수 있는 제도를 마련해야 한다. 대학의 총·학장 후보는 학내 또는
국내에 국한하지 말고 인품과 경영능력이 탁월한 글로벌 차원의 리
더를 폭넓게 초빙할 수 있는 공정한 총장 선임 시스템을 개발·정립
해야 한다.

'아시안리더십컨퍼런스'(2016.5.17.)의 '대학이 가야 할 길' 세션에
참석한 석학들은 대학이 국가 경쟁력을 책임질 인재를 키우려면
"기업이 원하는 인력을 양성하는 것도 필요하지만 시대변화에 능동
적으로 대처하는 연구자를 길러내는 것이 더 중요하다"는 충고를
했다. 서남표 전 카이스트 총장은 "지금 세계 대학교육의 트렌드를
주도하는 주체는 미국 MIT 같이 학생과 교수들의 연구를 전폭적으
로 지원하는 연구중심대학"이라며, "이런 대학들이 창조해낸 기술
과 지식은 새로운 산업 자체를 만든다"고 했다.

교육부는 대학에서 손을 떼야 한다. 통제와 간섭을 거두고 자율
권을 최대한 부여하되 책임경영을 유도하여 자립의지와 경쟁력을
스스로 기르도록 해야 한다. 헌법 31조 4항은 '교육의 자주성, 전문
성, 정치적 중립성 및 대학의 자율성은 법률이 정하는 바에 의하여
보장된다'고 규정하고 있어 교육자치제도의 보장을 명시하고 있다.
또 판례 헌재결 1992.10.1. 92헌마 등 병합은 헌법 31조 4항이 규정
하고 있는 교육의 자주성과 대학의 자율성 보장은 대학에 대한 공
권력 등 외부세력의 간섭을 배제하고, 대학인 자신이 대학을 자주
적으로 운영할 수 있도록 하여 대학의 기능을 충실히 발휘할 수 있
도록 하기 위한 것으로서, 이는 학문의 자유에 대한 확실한 보장 수
단이자 대학에 부여한 헌법상의 기본권이라 할 수 있다.

앞으로 교육부는 국가수준의 정책기획과 집행, 행·재정적 지원,
세계 교육의 정보 제공, 경영평가, 감사만 하고, 대학총장에게 자율

권과 재량권을 대폭 허용하되 책임을 지도록 하여 창의적 경영을 유도해야 한다. 또 대학의 구조개혁과 체질개선을 위하여 정부가 직접 개입하기보다는 대학의 자율적인 특성화와 창의적 경영전략으로 글로벌 경쟁력을 스스로 강화하고, 상아탑으로서의 공익적 책무를 감당하며, 지속가능하고 상생·공존하는 건강한 고등교육 생태계를 조성할 수 있도록 안내하고, 자문하고, 지원하는 정책을 펴야 할 것이다.

한국형 온라인 공개강좌
(K-MOOC: Korean Massive Open Online Course)

요즈음 온 세상에 무크(MOOC) 열풍이 불고 있다. 이 열풍은 대학교육 시스템을 흔들고 있다. 세계 3대 MOOC로 꼽히는 유다시티(Udacity, 미국의 원격교육 업체)는 50년 안에 세계 고등교육기관이 10개로 줄어들 것이라고 예상한다. 미국 명문대들은 MOOC를 지진이나 쓰나미에 비유한다. 명강의를 대중들에게 공개한 결과 대학 간 담장이 허물어진 것은 물론 퇴직자들이나 저소득층의 생활 변화가 극적이다. 미국 하버드대 마이클 샌델 교수의 '정의란 무엇인가' 강의가 세계적으로 선풍적 인기를 끈 적이 있다. 그를 띄운 것은 MOOC였다. MOOC 가입자의 학습효과는 가히 상상을 초월한다. 2012년 서비스를 시작한 미국의 코세라(Coursera)가 수강생 5만 명을 대상으로 설문조사를 한 결과 26%가 MOOC를 통해 새로운 일자리를 찾았다고 답했고, 9%가 내 사업을 시작했다고 답했으며, 62%가 현업에서 업무능률이 올랐다고 답했다.

MOOC(온라인 공개강좌)는 수강인원의 제한 없이(Massive), 모든 사람이 수강 가능하며(Open), 웹 기반으로(Online), 미리 정의된 학습목표를 위해 구성된 대학 강좌(Course)를 말한다. 질의·응답을 포함한 학습관리, SNS를 활용한 토론, 학습 커뮤니티 운영 등 교수와 학습자 간, 학습자와 학습자 간 양방향 협력학습이 가능하다. 2012년 미국을 시작으로 유럽(EU), 아시아(일본, 중국)를 위시하여 세계적으로 확산되는 추세에 있다.

교육부는 한국형 온라인 공개강좌(K-MOOC: Korean Massive Open Online Course)를 개발·추진하여 2015년부터 시범운영을 시작했다. 추진 목적은 최고 수준의 석학 강의를 공개적으로 공유하여 균등한 고등교육 기회를 제공하고 대학 강의수준의 질적 혁신을 촉진시키기 위함이다. 추진 전략은 선도대학의 최우수 강의를 공개하여 명품브랜드화하기 위하여 정부가 플랫폼(platform)을 구축하고, 대학 명의의 강좌운영을 대학 자율로 하도록 하여, 2015년부터 시범운영을 거쳐 연차적으로 확대하고, 강좌의 품질과 서비스를 고도화하는 것이다.

교육부는 대교협, 한국교육학술정보원(KERIS), 국가평생교육진흥원(NILE), EBS, 참여 선도대학, 관계전문가 등 10~15인으로 구성하는 부처 소속 'K-MOOC 기획위원회'를 통해 발전전략을 개발하게 된다. 한국형 플랫폼 구축은 국가평생교육진흥원을 주관기관으로 2015년 8월까지 완성하여, 하나의 ID로 모든 강의를 수강하고, 학습이력이 관리되도록 '통합ID'를 개발한다. 강좌는 한국어 서비스로 우선 제공하고 점진적으로 다국어 서비스를 개발·제공할 계획이다.

　　참여 대학의 강좌 운영에 필요한 제반 지원기능을 구축하여 교수학습활동, 평가활동, 학사관리(출석관리, 강좌관련 상담, 학습이력 관리, 이수증 발급 등), 협력학습활동(토론 그룹, 학습 커뮤니티 등) 등을 지원하게 된다. 공모를 통해 콘텐츠 개발 대학을 선정하고 선정된 대학에 콘텐츠 개발과 강좌 운영을 위해 대학당 1억 2,000만 원을 3년간 총액 지원(block grant)하게 되는데 2015년에는 10개교를 운영하고 연차적으로 참여 대학을 확대할 계획이다. 강좌 개발 및 운영은 학문분야에 대한 수요를 고려하여 참여 대학의 강점 분야를 개발토록 하고, 연도별 예상 운영강좌 수와 소요예산은 2015년 20개(23.1억), 2016년 100개(59.7억), 2017년 200개(94.9억), 2018년 500개(110.2억)로 계획하고 있다. 강좌를 개발·운영하는 대학은 강좌내용을 플랫폼에 탑재 운영하고, 대학이 정한 기준을 충족시키는 수강생에 대해 대학 명의의 이수증을 발급할 수 있도록 했다. 가능한 부가적 서비스 제공은 단계적으로 개발 시행하되 대학의 학칙이 허용요건을 갖춘 경우 학점 이수로 인정 가능하고 공공기관, 기업, 개발도상국 등의 전문가 교육훈련에 활용하는 것도 가능하다.

　　미국 등 해외 명문대에서 전 세계를 대상으로 온라인 공개강좌 서비스를 제공하면서 국내 대학도 이를 활용한 연계교육을 실시하고 있다. 고려대는 강의는 국내외 MOOC 강좌로 대신하고 수업은 토론과 실습으로 진행할 수 있도록 학칙을 고쳤다. 이화여대는 자체 제작 MOOC뿐 아니라 타 대학이 제공하는 한국형 MOOC 수강자에게도 학점을 인정할 계획이다. 시범사업에 참여하는 대학은 경희대, 고려대, 부산대, 서울대, 성균관대, 연세대, 이화여대, 포스텍, KAIST, 한양대 등 10개 대학이다. 시범 운영되는 강의는 대중이 관심과 흥미를 보이는 강의, 특정 전공분야의 강의, 세계적 석학들의 전문적 강의 등 다양하게 제공된다.

우리 한국은 시작단계에서 MOOC의 파급 효과가 아직 미미하지만 무크 이용자 수와 활용빈도는 급속히 확산되고 있다. K-MOOC 시범운영 기간(2015. 9.~2016. 8.) 동안 6만 6,000명이 수강 신청하였고, 2016년 현재 K-MOOC 강좌 수는 100여 개 정도 개설되었다. K-MOOC 이용자의 직업별 분포는 직장인 43%, 대학(원)생 26% 순으로 가장 많았다. MOOC의 긍정적 영향은 사회적 약자 층일수록 더 큰 것으로 나타났는데, 대졸 이하 또는 사회적 지위가 낮을수록 무크 혜택을 봤다는 응답률이 높았다. 실업자 중 MOOC를 통해 경력관리에 도움을 받았다고 응답한 사람들의 비율은 모든 연령층에서 80% 이상이었으며 특히 50세 이상의 응답자는 90%를 상회하였다.

K-MOOC의 도입은 국내 대학교육에 적지 않은 영향을 미칠 것으로 보인다. 원하는 사람은 누구나 수업을 들을 수 있는 MOOC는 '등록금을 받고 학점을 이수할 수 있다'는 기존 패러다임을 흔들 것이다. 누구나 MOOC를 통해 어느 학교 어느 교수가 강의를 잘하는지 알 수 있기 때문에 교수들의 반발이 있겠으나 결국 교육의 질 개선에 기여하게 될 것이다.

ENDNOTE

1 > 필자는 수년 전 "정보와 지식 습득 채널의 다양화로 학교의 경계와 담장이 무너질 것"이라고 예견한 바 있다.

국가인재개발정책과 한국형 국가직무능력표준
(NCS: National Competency Standards)

우리 사회에는 아직도 명문대학을 나오고 높은 학위를 가져야 부와 명예와 지위를 누리고 결혼도 잘할 수 있으며 평생을 능력 있는 사람으로 대접받고 살 수 있다는 의식이 팽배해 있다. 또 좋은 학벌을 가져야 사회의 상층부에 속하는 사람들과의 두터운 휴먼 네트워크 형성으로 서로 밀어주고 끌어주며 편리하고 풍족한 삶을 평생 즐길 수 있다는 생각이 뿌리 깊게 박혀 있다. 우리 사회가 갖고 있는 적나라한 현실을 있는 그대로 표현한 보편적 의식이다. 전형적 학벌본위사회가 갖는 이러한 의식은 심각한 사회적 부작용과 폐단을 낳고 국가와 사회 발전에 있어 치명적 저해요소로 작용하게 되어 더 이상 방치할 수 없다.

학벌본위사회의 문제점은 몇 가지로 집약된다. 첫째, 모든 청소년들이 명문대학을 가기 위해 목숨을 걸어야 하고 이는 사교육 팽창의 근본원인으로 작용해 학교교육의 정상 운영을 방해하고 학생들의 전인적 성장을 저해하고 있다. 또 교육기회의 불평등을 조장하고 사회통합을 저해하며 가계부실을 초래하고 중복투자로 인한 국가경제를 왜곡시키고 있다.

둘째, 청소년들이 명문대학에 가기 위해 자신의 소질과 적성과 흥미와는 전혀 상관없는 대학과 전공을 선택하고, 그에 따른 직업을 갖게 되어 학문과 직업의 전문성 신장에 큰 차질을 빚고, 낮은 직업만족도를 갖게 된다. 이는 국가의 인재양성과 인력배치 정책 차원에서 심각한 비효율을 초래해 결국 엄청난 국가적 손실로 이어질 수 있다.

셋째, 사회계층과 그룹 간 순환과 이동의 기회 보장 없이 고착되어 다차원적 불평등을 초래하고, 사회통합을 저해하며, 다수 국민들에게 상대적 소외감과 좌절감을 안겨줄 수 있다는 점이다.

박근혜 정부는 학벌본위사회가 초래하는 이러한 폐단들을 국가 경쟁력 제고와 사회통합 실현 차원에서 더 이상 좌시할 수 없다는 판단 하에, 능력중심사회 구현을 천명하고 나섰다. 어느 대학을 나오고 어떤 학위를 가졌든 상관없이 현재 요구되는 능력만 우수하면 대접받고 성공하는 사회로 탈바꿈시키고자 하는 대 프로젝트다.

능력중심사회 구현의 성공을 위해서는 국가공공기관, 공기업, 대기업이 앞장서서 인재 선발 시 학벌이나 인맥과 상관없이 현재 수행해야 할 업무가 요구하는 능력만 우수하면 누구든 대접받고 성공하는 풍토 조성에 적극 협력하는 것이 필수적이다.

그동안 특성화고, 마이스터고 등 지금까지 수많은 정책이 나왔다. 일부 성공한 정책도 있지만 아직도 갈 길이 멀다는 데 많은 사람들이 공감하고 있다. 또 기존의 정책이 사회 분위기 전환으로 이어지지 않고 있는 것도 사실이다. 아직은 너무 성급한 기대일 수 있다.

정부가 추진하는 특성화고와 마이스터고의 산학협력교육 모델은 능력중심사회 구현을 앞당기고, 학교교육 내용과 산업현장이 요구하는 능력 간의 괴리를 해소하는 데 기여할 것이다. 앞으로 긍정적 변화가 점진적으로 나타날 것으로 기대하고 있다.

특성화고와 마이스터고의 산학협력교육 모델이 성공하기 위해서는 첫째, 특성화고나 마이스터고 졸업생들에게 만족한 보수와 근무여건을 보장하는 안정된 일자리를 충분히 제공하고 계속교육의 기회를 보장할 수 있어야 한다. 둘째, 직업교육 내용과 산업현장에서 요구하는 능력과의 괴리를 해소하고 직업전문성을 높이기 위해서 학교와 관련 기업이 맞춤식 교육과정을 같이 짜고, 기업의 전문가가 직접 교육에 참여하며, 기업현장에서 실습을 상시할 수 있는 산학협력교육이 활성화되어야 한다. 셋째, 계속 교육을 원하는 사람들에게는 사내대학 또는 동일 전공계열 대학 진학 기회를 열어주어야 한다.

정부는 이러한 기본인식 하에 맞춤식 산학협력교육 모델에 기초한 교육정책의 로드맵을 따라 차근차근 실천해 가고 있다. 향후 특성화고와 마이스터고 졸업생들이 직업현장에서 각광받고 성공사례들이 늘어날수록 우리 사회가 능력중심사회로 바뀌어 가는 속도가 빨라질 것이라고 기대하고 있다.

정부는 학교교육과 직업현장의 미스매치를 해소하고, 직무능력 중심 인재등용 문화를 정착시키기 위해 '한국형 국가직무능력표준(NCS: National Competency Standards)'를 개발·제시하였다. NCS 즉 'National Competency Standards'는 '국가직무능력표준'으로서 '산업현장에서 직무를 수행하기 위하여 요구되는 지식, 기술, 태도 등을 국가가 설정한 수준에 맞게 산업 부문별로 체계화한 것'을 말한다. 국가직무능력표준(NCS)은 직업현장에서 필요로 하는 직무능력의 표준을 제시해 줌으로써 학교교육, 자격제도, 직업훈련, 경력관리 등이 직업현장밀착형으로 보다 효과적이고 체계적으로 적용될 수 있는 기회를 제공하게 될 것이다.

NCS는 결국 학교현장에서 직무능력중심교육으로의 전환을 유도하여 직업 현장과의 미스매치를 해소하고 지나친 재교육비를 경감시키게 될 것이다. 직업세계에서는 직무능력중심의 채용과 승진문화가 확산되어 불필요한 과잉학력과 스펙 쌓기로 학습부담 가중을 막고, 조기입직을 촉진시키며, 학력에 따른 임금차별도 서서히 사라지게 될 것이다. 이러한 학교와 직업세계의 풍토 변화는 능력중심사회 패러다임에 대한 국민적 공감대를 점진적으로 넓혀가게 만들 것으로 기대한다.

한편 NCS에 대한 비판도 적지 않다. 첫째, NCS는 표준화 작업이기 때문에 지나치게 직무를 단순화했다는 지적이 있다. 수많은 직종을 중분류-대분류-소분류 하는 도중 직무 고유의 특성을 살리지 못한다는 비판도 있다. NCS를 시간에 쫓겨 급히 개발하는 등 너무 무리하게 추진한 탓이 아닌가 생각된다. 그러나 개발주체 측은 NCS의 표준화 작업이 지나치게 단순화되었다기보다 세분화된 것이라고 항변한다. 직종 분류 과정에서 고유의 특성을 살리지 못했다는 지적, 고용노동부와의 협업에 대한 지적, 너무 성급하고 무리하게 추진된 것 아니냐는 지적들에 대해서는 인정하면서 개발 작업의 완성도를 더욱 높이기 위해 지속적으로 보완해 나갈 것이라고 해명하고 있다.

　주지하는 바와 같이 NCS는 산업계가 현장에서 필요한 직무능력을 체계화시켜서 만든 '표준'이다. NCS 분류체계는 매년 보완·정비해 나갈 계획이고, 향후 산업별 인적자원협의체(SC: Sector Councils)와 협력하여 산업계의 의견을 적극적으로 수렴하여 반영하게 될 것이다. NCS는 2002년부터 개발해온 것으로, 지난 10년 동안의 연구와 경험을 토대로 2013년과 2014년 NCS의 많은 내용을 개발하고 보완하였다. 앞으로도 NCS 위키 등을 활용하여 산업계의 변화에 맞춰 지속적으로 보완·개선해 나갈 계획이다.

　둘째, 창의적인 직종에 대해서는 NCS가 적용되기 어려울 수 있다는 지적이 있다. 특히 제4차 산업혁명시대에 새로이 출현하는 다양한 창의적 직종에 대해 NCS가 적용되지 않거나 걸림돌이 되지는 않을까 하는 우려다. 이에 대해 어떤 창의적 직종의 직무능력이라 할지라도 그 지식이나 기술은 기존의 직무능력 범주에서 크게 동떨어질 수 없기 때문에 크게 우려하지 않아도 된다고 설명한다. 다만 새로운 직종이 출현할 때마다 NCS의 직무능력에 대한 내용을 업데이트해야 할 것이라고 주문하며, NCS를 보완하고 업데이트하는 일이 아무리 어려울지라도 매력 있는 창의적 직종이 출현한다는 것은 즐겁고 행복한 일 아닌가 하고 반문한다.

　셋째, NCS를 적용하고 있는 다른 국가들과 교류를 기대하는 사람들이 많다. 이와 관련해서 정부는 호주, 영국 등 우리보다 먼저 NCS를 먼저 도입하고 있는 국가들과의 교류협력에 대해 관심을 가지고 검토하고 있다. 앞으로 국가역량체계(NQF: National Qualifications Framework)를 구축·정비하여 학력, 자격, 경력을 연계시키고, 이를 유럽의 유럽연합자격체계(EQF: European Qualifications Framework)와 협력·연계하는 방안도 연구·검토해 볼 수 있을 것이다.

　NCS가 현장에 성공적으로 도입된 사례들이 있다. 동의과학대학교는 컴퓨터응용기계 계열의 교육과정을 NCS에 기반하여 개편한 바 있다. 그 과정에서 산업체들과 산학협력 네트워크를 형성하고 산업체 인사가 대학교육에 참여하여 교육과정을 같이 구성하고, 교수요원으로 참여할 뿐 아니라 산업체의 최신 설비와 기자재를 교육에 활용하여 성공적인 산학협력의 모범사례를 보이고 있다. 그 결과 NCS 기반 교육과정에 대한 학생들의 만족도가 여타 교육과정에 비해 높고(89%), 해당 전공의 취업률이 높아지는 효과('12년 50.9% → '13년 71.7%)가 있었다.

　또 (주) 에이원은 섬유용 친환경 인쇄잉크를 만드는 회사로, 고숙련자의 노령화와 신입자원의 기술전수에 대비하기 위해, 기계분야 NCS를 활용하여 교육훈련 프로그램을 개발·적용한 바 있다. 그 결과 공정시간을 85시간에서 55시간으로 단축하여 약 35% 개선되었고, 생산성이 하루 5,280kg에서 6,600kg으로 약 25% 개선되었다. NCS는 직무중심 인사관리 체제로의 개편과 교육훈련 프로그램 개발 여건이 어려운 중소기업일수록 그 효과가 크게 나타날 수 있다. NCS 기반 교육과정과 학습교재 개발이 완료됨에 따라 앞으로 더 많은 성공사례가 나타날 것으로 기대한다.

　NCS만으로 한국사회가 바뀌리라고 기대하기는 어렵다. 실제로 학벌중심사회가 갖는 문제는 교육, 사회, 문화 등 모든 분야가 연계된 문제다. 학벌중심사회 타파를 위해서는 여러 가지 동반돼야 할 환경과 정책의 변화가 있어야 한다.

　NCS가 학벌과 스펙 중심이 아닌 능력중심사회 구현을 위한 중요한 기반이 될 것으로 기대하지만, NCS만으로 능력중심사회가 이루어질 수 있다고 보지 않는다. 학벌본위사회를 타파하고 능력중심사회를 구현하기 위해서는 무엇보다도 사회적 인식이 함께 바뀌어야 한다. 어느 대학을 졸업하고 어떤 학위를 가졌는지가 중요한 것이 아니라, 내가 현재 무엇을 얼마만큼 잘 할 수 있는지가 중요하게 평가되는 그런 사회로 변화해야 한다. 그래야 무조건적으로 학력과 학벌을 추구하고 스펙 쌓기에 골몰하는 소모적이고 비생산적인 사회풍토가 사라진다. 또 미래의 직업시장에서 필요로 하는 능력과 기술을 익히는 것이 성공하고 행복한 직업생활을 할 수 있는 지름길이라는 사회적 공감대가 형성된다.

능력중심사회 구현을 위해서는 국가 공공기관, 공기업, 대기업과 중견기업의 솔선적 역할이 매우 중요하다. 학벌이 아닌 직무능력에 기초하여 인재를 등용하고, 입직 당시의 학벌에 준하여 임금과 대우에 차별을 두지 않으며, 재직 중 발휘하는 능력과 기술 그리고 업무성과 등을 평가하여 승진·배치·보수가 이루어져야 한다. 학교는 직무역량이 우수한 인재들을 배출하고, 기업은 그들을 채용하여 지속적으로 역량을 발전시킬 수 있도록 지원할 때, 우리 사회는 더욱 빠르게 능력중심사회로 변하게 될 것이다. 그래도 고무적인 것은 능력중심사회로의 변화에 대한 공감대가 점점 확산되고 있다는 점이다.

ENDNOTE

1 > 이 글은 2014년 10월 서울신문의 '학벌 넘어 능력사회로'라는 기획주제 진행과정에서 당시 교육부 차관으로 있던 필자가 박건형 기자와의 인터뷰에서 답변한 내용을 정리한 것이다.

2 > 'NCS 위키'란 NCS와 위키피디아를 합성한 것으로 집단지식을 활용하

여 NCS를 개선 · 보완하는 코너가 NCS 통합홈페이지 내에 개설되어
있다.

아
직
도
논
문
표
절
논
란
인
가

요즈음 청문회에 오른 장관 후보자와 하마평에 오른 청와대 수석이 논문 표절 시비로 곤혹을 치룬 바 있다. 2년 전에는 밀리언셀러 작가이자 문단의 대표적 소설가가 표절논란 때문에 위기를 맞기도 했다.

우리 사회의 표절문화와 관행은 빨리 청산되어야 할 구시대적 악습이다. 독창적 아이디어와 창의적 발견을 생명으로 여기는 학문세계와 예술세계에 아직도 표절행위가 만연하고 표절행위에 대한 죄의식과 수치심에 무딘 것은 우리 사회의 고질적 병폐다. 오늘날 한국의 모든 대학에서 학생들이 제출하는 리포트와 논문이 표절의 극치를 드러내고 있다는 사실은 만인이 알고 있다. 물질적 재산의 절도행위는 엄히 다스리면서 지적 재산의 절도행위를 용인하는 사회가 21세기를 선도하는 선진사회라고 자부할 수 있는가. 창의적 연구논문을 끊임없이 쓰고 학계에 발표하는 것을 학자로서 더 없는 명예이자 생명으로 여기는 상아탑의 연구문화와 풍토를 찾아보기 힘들다.

대학과 학문사회에서 표절은 여러 가지 형태로 나타난다. 대학원생들이나 조교들이 박사 학위논문을 대필해 주는 사례, 남의 논문의 일부 또는 전부를 그대로 복사하는 사례, 자신의 논문을 두 개 이상의 학술지에 중복 게재하는 사례, 자신의 선행연구 일부를 그대로 복사하는 사례, 동료교수(또는 제자)의 논문에 자신의 이름을 끼워 넣는 사례, 제자 논문을 가로채 자기연구로 둔갑시키는 사례 등 다양하다.

논문 표절(plagiarism)이란 남의 연구논문에서 Original Idea, 연구내용, 연구방법 중 일부 또는 전부를 마치 자기 것인 양 몰래 도용하는 행위다. 논문 표절의 원인은 대개 연구 영역에 대한 배경지식이나 연구방법을 몰라서, 학문에 게으르거나 쉽게 연구결과물을 얻기 위해서, 표절의 법적·윤리적 심각성을 몰라서, 논문작성법을 잘 몰라서, 본의 아닌 실수에 의해서 등으로 집약된다. 그러나 논문 표절의 근본 원인은 사실상 학위과정에서 연구윤리와 논문작성법을 제대로 배우지 못한 탓이 크다. 제대로 공부한 사람이라면 표절을 할 마음도 없고 이유도 없다.

가장 흔한 논문 표절 시비는 남의 논문 일부를 그대로 베끼거나 인용하고 인용한 논문의 출처를 밝히지 않는 데서 생긴다. 학위논문을 필수적으로 써야 하는 고등교육과정에서 연구방법론을 가르칠 때 연구논문 작성법과 연구의 법적·윤리적 문제를 필수적으로 함께 다루는데, 고등교육을 이수한 자나 이를 가르치는 교수 자신이 논문 표절에 연루된다는 것은 어불성설이다.

학계에 논문 자기표절 시비도 적지 않은데, 본시 학문사회에서
는 자기표절이란 말이 없다. 자기 연구내용을 자기가 쓴다는 데 그
것이 무슨 표절인가. 단지 연구자가 인용표기 등 논문 작성법을 모
르거나 실수하여 표절 의혹을 받는 것일 뿐, 그것은 자기표절이라
기 보다 논문 작성 상 실수인 경우가 많다. 또 학자들은 대부분 자
신의 전공영역 안에서 소수의 특정 주제를 놓고 평생 연구하는 경
우가 많기 때문에 자칫 이런 오해를 받을 수 있다.

교수가 제자의 학위논문을 학술지에 게재할 때 공동저자로 등재
하는 것에 대한 시비도 자주 볼 수 있다. 대학 또는 대학원에서의
학위논문과정은 학점을 이수해야 하는 필수과목이며 수업의 한 과
정이다. 그러므로 지도교수는 제자의 연구주제 선정부터 연구문제,
가설, 선행연구, 연구의 방법과 절차, 연구결과, 토론, 결론, 참고문
헌, 영문초록 작성에 이르기까지 전 과정을 지도하게 된다. 완성된
제자의 학위논문이 해당 분야에서 현저한 연구라 인정되면 학술지
에 게재하여 학계 저변에 공유하도록 안내한다. 이때 분량이 많은
학위논문을 축약하여 학술지에 할애된 분량을 맞추어야 하고, 각
학술지마다 다른 게재양식도 맞추어야 하는데, 이 모든 것이 지도
교수의 지도 아래 이루어지는 연구실습과정이다. 엄격한 심사에 통
과하여 학술지에 게재하게 되면 교수와 학생이 공동연구자로서 제
1저자는 학생, 제2저자는 지도교수가 등재된다. 이는 학문사회에서
인정하는 상식이며 통례이므로 표절이라고 단정할 수 없다.

우리 사회에서 표절을 근절시키기 위해서는 첫째, 대학 및 대학
원 교육과정에서 연구방법뿐만 아니라 연구윤리와 논문작성법을
몸에 배도록 철저히 가르쳐야 한다. 둘째, 학위논문 작성과정에서
지도교수의 철저한 지도·감독과 학위논문 심사과정에서 심사위원

의 엄격한 검증절차가 필요하다. 나아가 논문의 학술지 게재 여부 심사과정도 국제기준에 상응하는 수준으로 엄정해야 한다. 셋째, 대학사회에 국제적으로 통용되는 미국의 심리학회 출판 지침서(APA Publication Manual)에 버금가는 교재와 황우석 교수 사태 이후 정부차원에서 마련한 '연구윤리지침'을 적극 보급·활용해야 할 것이다.

표절이 용인되는 사회는 필연적으로 낙오한다. 논문 표절은 결국 교육부재의 결과이며 연구윤리의 불감증에서 비롯된다. 그래도 우리에게 희망이 있는 것은 열악한 연구환경 속에서도 훌륭한 연구논문을 쓰고, 학생들에게 명 강의를 선사하는 순수한 학자들이 있다는 사실이다.

유보통합과 무상보육 어떻게

Part 3

유보통합과
무상보육
어떻게

2013년 12월 국가정책조정회의에서 '유보통합 추진방안'을 확정하였다. 유보통합이란 어린이집과 유치원이 0~5세 영유아를 대상으로 담당하고 있는 교육과 보육과정의 통합과 주무부처 및 관리체계의 일원화를 말한다.

유보통합은 그동안 국무총리 산하 국무조정실의 '유보통합추진위원회' 중심으로 2016년 완성을 목표로 추진해 왔고, 관리부처 및 재원통합 시기를 단축하기 위하여 2015년 1월 유보통합 추진방안의 단계별 과제와 주관부처 등 일부를 재조정하여 실행해 왔다. 2014년 1단계는 정보공시, 평가체계, 결제카드 연계·통합, 2015년 2단계는 관리부처 및 재원 통합, 운영시간 일원화, 재무회계규칙 강화·통합, 2016년 3단계는 교사 처우격차 해소, 교육·보육과정 통합(0~5세), 교사 양성·자격

정비 및 연계 등으로 단계별 과제와 로드맵을 마련하였다. 유보통합이 완성되기 까지 효과적 추진을 위하여 1단계의 주관부처는 국무조정실, 2단계와 3단계의 주관부처는 교육부가 맡기로 했다.

이명박 정부에서 교육과 보육이 교육부와 보건복지부, 시·도청과 시·도 교육청로 이원화되어 초래된 교육과정 운영과 유아 수용계획 및 예산운용 등 행정지원 업무상 비효율이 얼마나 큰지 경험한 바 있다. 이러한 비효과성과 비효율성이 아니더라도 인간이 태어나서 죽을 때까지 기르고 돌보고 가르치는 모든 업무는 발달·교육심리학적 차원에서 볼 때, 단계적이고 연속적인 일관된 보육행위이자 교육행위이기 때문에 교육과 보육과정의 통합과 주무부처 및 관리체계의 일원화는 필연적 당위다. 다행히 2013년도부터 누리과정이 만 3~5세까지 확대됨으로 해서 사실상 취학 전 아동들이 보육위주에서 보육과 교육의 통합적 또는 융합적 서비스 패러다임으로 전환됨으로써 관리·감독부처도 교육부와 시·도교육청으로 일원화돼야 함이 더욱 절실해졌다.

최근 국책연구기관인 육아정책연구소의 조사연구에 의하면 설문에 참여한 학계인사, 어린이집과 유치원 원장, 학부모, 교육공무원의 72%가 통합에 찬성하고 그중 62.5%가 교육부로, 11.4%가 복지부로 통합하라고 답했다.

최근 선진국의 영유아교육정책은 소외계층에 대한 배려, 유치원과 보육기관의 기능적 통합, 국가수준의 교육과정 구성, 유아교육 대상자 연령의 하향화, 행·재정적 지원 강화, 교사교육 강화 등의 방향으로 변모하고 있다. 우리도 영유아교육 제도와 정책 개혁을 서둘러 현재 영유아교육이 안고 있는 문제점들을 개선하고 미래세대 교육에 대한 비전을 제시해야 한다.

유보통합의 미래지향적 모델을 창조하고 시행착오와 정책적 오류로 인한 국가경쟁력 소실과 사회적 비용을 치루지 않기 위하여 몇 가지 핵심적 과제를 고려해야 한다.

첫째, 영유아들의 연령과 발달수준에 적합한 생애주기별 보육과 교육 정책을 설계하되 유초중고 교육과 연계·통합적 차원에서 접근하고 예방적이고 발달중심적인 시각으로 추진해야 한다.

둘째, 영유아 가정의 사회경제적 지위와 개인 특성에 맞도록 아동중심의 맞춤형 유보통합 교육서비스를 지향해야 한다.

셋째, 3~5세 유아 대상 유보통합 교육과정인 누리과정을 앞으로 0~2세 영아들에게까지 확대 적용하여 연령에 따른 보육과 교육의 연계성과 위계성을 담보하고, 관리·감독부처를 교육부로 일원화하여 정보공시, 평가체계, 결재카드, 예산지원, 운영시간, 재무회계규칙 등도 통합 관리되도록 해야 한다.

넷째, 교사의 양성, 자격, 수급, 임용, 승진, 처우, 근무여건 등을 초·중등 교사에 준하여 점진적으로 현실화시켜야 하며, 영유아 보육·교육 기관의 균형배치와 환경개선으로 교육 수혜의 평등화를 추구해나가야 한다.

다섯째, 영유아기부터 교육기회불평등 해소를 위해 소외계층 자녀와 사회적 배려대상 학생 우선 정책을 펴야 하며, 0~5세 영유아 교육·보육과정 통합의 성공적 모델 창출을 뒷받침하기 위하여 관계법령들을 재정비·개정해야 할 것이다.

영유아교육의 중요성은 아무리 강조해도 지나치지 않다. 교육대상 아동이 어릴수록 교사의 영향력이 심대하고, 교육내용에 대한 무비판적 수용도가 높으며, 모든 교육적 경험에 대해 민감하므로 잘못되었을 경우 그 폐해가 더 크기 때문이다. 미래 국가경쟁력 제고와 사회적 비용 절감 그리고 교육기회 불평등 해소를 위해서도 설정된 유보통합과 영유아교육의 개편 방향과 로드맵에 따라 제도와 정책 개혁에 박차를 가해야 할 것이다.

ENDNOTE

1 > 유보통합(교육 · 보육과정 통합): 0~5세 영유아 대상(어린이집 + 유치원) — 교육부.

2 > 영유아보육법(0~2세): 영유아 및 가정의 복지증진을 위하여 영유아 보호 및 교육에 관하여 규정한 법률로 1991년 1월 14일 제정.

3 > 유아교육법(3~5세): 유아교육을 공교육 체제로 발전시키고, 평생교육 체제를 구축하며, 유아교육의 기회균등을 보장하고, 유아교육의 전문성 보장과 질적 향상을 도모하기 위하여 2004년 1월 9일 제정.

4 > 교육기본법은 유아교육법, 초 · 중등교육법, 고등교육법, 평생교육법의 체계로 이루어짐.

2006년 수립된 제1차 저출산고령화사회 5개년계획(2006~2010)에서 저출산의 해법으로 시작된 보육은 저소득층을 중심으로 점차 확대하여 2012년에는 영아 무상보육(0~2세), 유아 무상보육은 2012년에 만 5세 그리고 2013년부터는 만 3~4세로 확대 시행했고, 유아(3~5세)에 대한 보육과 교육을 통합한 공통의 교육·보육과정을 '누리과정'이라 칭했다. 또 초등학교에서는 방과 후 돌봄교실(초등학교의 보육 서비스)을 열어 2014년부터 초등 1·2학년을 대상으로 부모의 소득여부와 관계없이 희망자는 무료로 돌봐주며, 2015년에는 3·4학년, 2016에는 5·6학년까지 확대 실시하였다.

한마디로 무상보육은 영아 무상보육(만 0~2세)과 유아 무상보육(만 3~5세) 그리고 초등 돌봄교실(초등 1~6학년)로 설명된다. 영아 무상보육의 재원은 중앙정부 국고보조금과 지자체 일반회계예산으로 조달하고, 유아 무상보육 (누리과정 만 3~5세)과 초등 돌봄교실(초등 1~6학년)의 재원은 지방 교육재정교부금으로 부담하도록 했다.

무상보육정책 도입의 취지는 첫째, 저출산으로 인한 미래 국가 경쟁력 저하에 대한 우려, 둘째, 가정의 사회경제적 지위 차이에서 오는 교육기회 불균등 해소를 위한 보상교육 차원, 셋째, 잘 교육된 우먼파워의 국가·사회 기여 기회 제공을 위하여 맞벌이 부부, 다자 녀 가구, 저소득층, 장애·질병 등 육아문제 해결 등으로 정리될 수 있다. 한겨레신문과 한국리서치 공동 여론조사(2016. 7. 20.)에서 '개 헌을 할 경우 반드시 포함해야 한다'는 응답이 가장 높게 나온 조항 은 '복지·출산·양육에 대한 국가의 의무 강화'였다. '반드시 필요하 다'는 응답이 75.3%에 달했다. 출산·양육 부담이 큰 30대(83.4%)와 40대(81.9%), 연애·결혼·출산을 포기한 '삼포세대'로 불리는 20대 (78.1%)에서 요구가 높았다. 무상보육 도입의 시급성과 절실함을 반증하는 국민의식의 보편적 표현이다.

우리나라는 2015년 합계출산율(여성 1명이 평생 동안 낳을 수 있는 평균 자녀 수)이 1.24명으로 15년째 초저출산 상태를 기록하고 있으 며, 출산율과 밀접한 상관관계가 있는 국내총생산 대비 가족정책 관련 예산 비중은 아직도 OECD 회원국 중 최저다. 저출산으로 인 한 인구 감소와 생산인력 감소는 선진국 진입을 위한 필수조건인 안정적 내수시장 확보와 국가의 글로벌 경쟁력 제고를 위하여 국가 안보적 차원에서 다루어야 할 과제다.

'Equality of educational opportunity(교육기회의 평등)'이란 제목 으로 출간된 제임스 사무엘 콜맨의『콜맨 보고서(Coleman Report)』

(1966)는 학생의 학업성취에 절대적 영향을 미치는 변인은 학생 가정의 사회경제적 지위(socioeconomic status)라고 보고한다. 가정의 사회경제적 환경이 초래하는 교육기회 불균등이 학생의 학업성취도를 좌우하고 추후 그의 학력, 직업과 빈부에 결정적 영향을 미칠 수 있음을 시사한 것이다. 그러므로 학생에게 평등한 교육기회 제공으로 '공정한 룰' 속에서 같이 경쟁하면서 국가의 중요한 인적자원으로 길러지고, 언제든 신분상승의 기회와 계층 간 이동과 순환이 가능하도록 보장하는 것이 오늘날 우리 보육과 교육이 해야 할 일이다.

한 나라의 국가경쟁력을 가늠할 수 있는 중요한 바로미터 중 하나는 전체 인구의 절반을 넘는 잘 교육된 여성파워를 국가와 사회의 성장과 발전을 위해 어떻게 얼마나 참여시키고 있는가이다. 국가의 장래를 책임지고 이끌어갈 미래세대의 육아와 교육이 얼마나 중요한가를 우리 모두가 잘 알고 있듯이, 이 시대를 살아가는 학부모들에게는 이 과제가 포기할 수 없는 절대적 권리이자 책임이기 때문에, 취업 여성 또는 필요로 하는 여성들에게 국가가 공적 투자를 통해 양질의 보육과 교육 서비스를 복지 차원에서 제공해야 한다.

정부 발표에 따르면 2016년도 무상보육에 투자되는 예산은 0~2세 영유아 맞춤형 보육에 3조 1,066억 원, 3~5세 누리과정에 4조 원(어린이집 약 2.1조 원과 유치원 약 1.9조 원), 초등 1~6학년 돌봄교실 3,922억 원으로 총 7조 4,988억 원에 이른다. 무상보육에 막대한 정부 예산이 소요된다. 정부의 무상보육 제공이 바람직한 방향이라 할지라도 시작부터 엉성한 설계와 준비 없이 졸속으로 추진하여 효율적 예산 투자 여부, 실질적 보육 수요 예측, 보육환경과 여건 조성, 보육교사의 전문성 확보와 처우 개선 등에 많은 문제점을 노정시켰다. 앞으로 정부의 무상보육정책이 성공적으로 안착하여 도입 취지와 국민의 기대에 부응하고 국가경쟁력 제고에 기여할 수 있도록 지적된 문제점들을 개선하고 보완하는 노력이 절실히 필요하다.

영유아 맞춤형 보육은 2016년 7월부터 새로 시행된 어린이집 0~2세(2013년 1월 1일 이후 출생) 영아 대상 보육제도를 말하며, 종전까지는 모든 영아가 어린이집 종일반(하루 12시간)을 이용할 수 있었지만 앞으로는 맞벌이 등 장시간 보육이 필요한 경우에만 종일반 이용 자격을 갖도록 개편되었다. 전업주부의 자녀는 맞춤반(6시간 + 긴급 바우처 월 15시간)으로 편성돼 오전 9시부터 오후 3시까지 6시간만 어린이집을 이용할 수 있다. 필요한 경우를 대비해 긴급 보육바우처 월 15시간 분을 추가로 지급하도록 했다. 다만 전업주부라도 다자녀 가정이거나 장애·질병 등 피치 못할 사유가 있으면 오전 7시 30분부터 오후 7시 30분까지 12시간 종일반을 이용할 수 있다.

경제협력개발기구(OECD) 발표에 따르면 어머

니의 취업 여부나 소득에 관계없이 모든 대상자에게 무상보육을 제공하는 나라는 전 세계에서 우리나라밖에 없다. 일본은 맞벌이 부부 자녀가 아니면 어린이집을 이용할 수 없다. 프랑스는 일하는 여성에게만 국가가 보육서비스 이용료를 지원한다. 호주는 부모가 맞벌이 사유가 있어야 1주일에 24시간 이상 보육시설을 이용할 수 있다. 대표적 복지국가인 스웨덴도 워킹맘에게는 일주일 40시간의 위탁보육을 제공하지만 전업맘에게는 15시간만 보장한다. 비용부담도 소득에 따라 다르다. 미국에서도 '헤드스타트' 같은 저소득층을 위해 제공되는 무상 프로그램 외에는 대부분 부모가 비싼 보육료를 부담한다. 거기다가 조금만 늦게 데려가면 과태료를 부과한다.

우리나라는 OECD 국가 중 취업모 비율보다 어린이집 이용률이 더 높은 유일한 나라다. 2015년 육아정책연구소의 어린이집 실태조사에 의하면 전업주부 자녀의 어린이집 평균 이용시간이 6시간 23분이고, 12시간 종일반에 다니는 영아의 90.8%가 9시간도 채 이용하지 않는다. 정부가 이제라도 영아들의 발달을 고려하고 부모의 실질적 수요를 반영해 맞춤형 보육으로 개편한 것은 정말 잘한 일이다. 불필요한 예산을 절감하고 사회적 비용을 줄일 수 있게 되어 다행이다. 영유아기 자녀들에게는 부모와의 상호작용이 매우 중요한데 공짜라는 이유로 또는 힘들다는 이유로 하루 종일 보육기관에 맡긴다는 것은 바람직하지 않다.

0~2세 무상보육은 2011년 12월 31일 국회 예산결산위원회에서 여야가 전격 합의하면서 시작되었다. 정부나 국회 보건복지위원회 논의도 거의 없었던 시기다. 그러자 집에서 키우던 아이 13만 명이 어린이집으로 쏟아져 나왔다. 어린이집에 안 보내면 손해라는 인식이 확산되면서다. 무상보육이 시행되면서 너도 나도 어린이집을 열

었다. 2011년 3만 9,842개에서 2012년 4만 2,528개로, 2013년에는 4만 3,770개로 급증했다. 준비 없이 졸속으로 추진되다보니 어린이 집 사고가 잇따랐고 교사 처우가 열악해서 부모가 믿고 맡길 정도 로 잘 준비된 어린이집이 없어 불만도 커졌다.

정부는 엉성한 설계와 준비 없이 졸속으로 추진한 무상보육의 문제점을 개선하기 위해 '맞춤형 보육'으로의 개편을 시작하였다. 안상훈 서울대 사회복지학과 교수는 "맞춤형 보육은 필요한 만큼만 지원하고 절감된 예산으로 더 절실한 분야에 투자하겠다는 건 올바 른 방향이다. 예산이 한정된 상황에서 증세를 하거나 어느 한 쪽을 줄이지 않으면서 늘리기만 하자는 것은 정치적 포퓰리즘일 뿐"이라 고 비판했다. 서문희 한국보육진흥원장도 "세계적으로 3~5세 유아 는 사회성 발달을 위해 어린이집 또는 유치원 이용을 권장하지만, 0~2세 영아는 가급적 가정에서 부모가 양육하는 권리를 보장한다" 고 했다. 학부모들도 긍정적이다. 2015년 보육실태조사에서 영유 아 자녀를 둔 2,593가구의 76.2%가 '장시간 보육 서비스가 필요한 경우에만 종일반을 지원하는 방안'에 찬성했다.

한편 박춘자 가정어린이집연합회장은 "맞춤반 아이의 비율이 45%만 돼도 손실이 발생한다. 가정어린이집이 줄줄이 문을 닫을 것"이라고 주장했다. 이에 대해 방문규 보건복지부 차관은 "맞춤형 보육으로 어린이집 수입이 20% 감소해 운영이 불가능하다는 주장 은 사실과 다르다. 종일반 보육료 지원금이 6% 증가하고 맞춤반은 3%만 감액돼 보육료 수입이 늘어난다. 맞춤반 아이 비율이 50%만 돼도 보육료 수입은 줄지 않는다"고 설명했다.

정부는 또 보육료 지원총액이 맞춤형 보육 시행에 따라 2015년 보다 1,083억 원이 늘어난다고 했다. 맞춤반 운영으로 깎이는 예산

375억 원을 감안하더라도, 보육료 단가를 2015년보다 6%올리기 때문에 결과적으로 증액되는 셈이고, 맞춤반에 대해 1인당 월 15시간의 긴급보육바우처가 지원되기 때문에 실제로 2015년 종일반 단가의 3%만 깎인다고 설명했다. 정부는 어린이집 경영이 어려워진 데는 전년보다 영유아 수가 4만 6천명이 줄었고, 무상보육 시행 이후 어린이집 수가 급증한 탓이 크다고 진단했다.

정부는 앞으로 어린이집 보육료 지원 금액 82만 5천 원(종일반 기준) 중 고정경비인 기본보육료는 맞춤반이라도 동일하게 지원하고, 종일반의 다자녀 기준도 3자녀에서 2자녀로 낮추는 방안을 검토하고 있다.

맞춤형 보육 시행 이후 몇 가지 보완해야 할 문제점이 드러났다. 첫째, 맞춤반은 오전 9시~오후 3시라는 기준시간이 있지만, 학부모의 의사에 따라 앞뒤로 1시간은 탄력적으로 운영할 수 있도록 되어 있다. 그런데 기준시간을 넘으면 긴급보육바우처 사용을 종용하는 어린이집이 많다. 15시간의 긴급보육바우처를 다 사용하면 보육료가 종일반의 97~99% 수준으로 차이가 나지 않기 때문이다. 또 기본 보육료를 종일반 수준으로 맞춰 주면서 맞춤반 아동에게도 오후 간식을 제공하도록 했지만 일부 어린이집에서 바우처를 사용해야 오후 간식을 주는 사례들도 발견되었다.

둘째, 종일반은 오후 7시 30분까지 운영하는데, 오후 5시만 되면 다 집에 가는 분위기여서 자기 아이 혼자 있을까 봐 불안하고 어린이집의 눈치도 보여 오후 4~5시면 종일반 아이들도 떠밀리듯 하원하는 사례가 많다.

셋째, 보육교사의 처우가 열악하여 이를 개선하기 위한 대안으로 맞춤반 기본 보육료를 종일반 수준으로 하는 대신 이 돈을 보육

교사 처우개선에 사용하도록 권고하지만, 현장에선 제대로 실행되지 않고 있다. 강제사항이 아니고 어린이집 원장의 재량에 맡긴 탓이 크기 때문에 이참에 법으로 규정해 놓는 것이 바람직하다.

넷째, 일부 어린이집들이 학부모에게 맞춤반 대신 종일반 신청을 강요하며 종일반 이용이 가능하도록 편법을 알려주는 사례도 있다.

다섯째, 현행 맞춤형 보육제도는 '영유아는 자신이나 보호자의 성, 연령, 종교, 사회적 신분, 재산, 장애, 인종 및 출생지역 등에 따른 어떠한 종류의 차별도 받지 아니하고 보육되어야 한다'라는 영유아보육법의 보육이념에 반할 소지가 있으므로 법령의 정비가 뒤따라야 할 것이다.

정부의 영유아 무상보육을 맞춤형 보육으로 개편한 것은 바람직하다. 무상보육의 폐해는 이루 말할 수 없다. 이윤을 노린 어린이집이 급증했고 교사에 대한 처우도 엉망이다. 보육교사의 질이 검증되지 않았을 뿐더러 질 낮은 보육으로 끔찍한 아동학대 사건이 빈발했다. 학부모들 사이에서는 어린이집에 안 보내면 손해라는 잘못된 인식이 확산되면서 0~2세 아동의 어린이집 이용률도 급증했다. 경제협력개발기구(OECD)는 영유아의 시설 이용 시간과 이용률이 지나치지 않을 것을 권고하고 있다. 0~2세의 영유아시기에는 부모 특히 엄마와 사랑스럽고, 안전하고, 포근하고, 평온한 교호작용(interaction)이 꼭 필요하다. 이러한 경험은 아이의 정서발달, 성격발달, 인지발달 등에 지대한 영향을 미친다. 발달이론에서는 가정의 사회경제적 지위(socioeconomic Status)가 높으면 부모가 직접 보육하는 것이 가장 바람직하다고 말한다. 만약 사회경제적 지위가 낮은 가정이거나 부모가 직접 보육하기 어려운 영아의 경우는 수준과 질이 높은 보육기관에 아이를 맡기도록 권하고 있다. 앞에 제기된 문제점들을 조속히 보완하여 박근혜 정부의 핵심 정책사업인 영유아 맞춤형 보육이 성공적으로 정착하여 국가경쟁력 제고와 교육복지 차원에서 기대하는 소기의 성과를 달성해야 할 것이다.

누리과정
도입 취지와
성격

누리과정은 박근혜 정부의 국책사업으로서 모든 유아에게 생애 출발선부터 균등한 교육기회를 부여하고, 학부모의 육아와 교육 부담을 경감하여 유아교육·보육의 공공성을 강화하고자 도입된 정책이다. 만 3~5세 유아에 적용되는 누리과정은 정부의 유보통합 정책의 일환으로 유치원의 교육과정과 어린이집의 표준보육과정 내용을 하나로 통합한 '공통의 교육·보육과정'이다. 따라서 누리과정은 유치원이나 어린이집에 다니는 만 3~5세 모든 유아에게 공통으로 적용된다.

누리과정의 재원은 정부 부처 간 합의와 '유아교육법' '영유아보육법' 지방교육재정교부금법 시행령 등 개정된 관계법령을 통해 2012년부터 단계적으로 지방교육 재정교부금으로 부담해오고 있으며, 2016년 누리과정 예산총액은 약 4조 원으로 유치원 분이 약 1.9조 원이고 어린이집 분이 약 2.1조 원이다.

누리과정 보육료와 유아학비는 학부모의 소득수준과 상관없이 유치원과 어린이집에 다니는 만 3~5세 자녀를 둔 학부모들에게 직접 지원하고 있으며, 국·공립유치원의 경우 매월 유아학비 6만원, 방과후과정비 5만 원을, 사립유치원과 어린이집의 경우 매월 유아학비 또는 보육료 22만 원, 방과후과정비 7만 원을 지원하고 있다.

단계적 유보통합에 따른
연도별 누리과정
예산 부담

누리과정 재원은 정부 내 부처 간 합의와 '유아교육법' 등 관계법령 개정을 통해 2012년부터 단계적 으로 지방교육재정교부금에서 부담해오다가 2015년부터는 만 3~5세 누리과정 예산 전액을 지원하고 있다.

2012년도에는 국·공·사립유치원 5세 전체와 3~4세 소득 하위 70%, 어린이집 5세 전체를 지방교육재정교부금에서 부담하고 (4,457억 원), 어린이집 3~4세 소득 하위 70%는 국고와 지방비에서 부담하였다. 2013년도에는 국·공·사립유치원의 3~5세, 어린이집 5세 전체와 3~4세 소득 상위 30%, 단가 인상분은 지방교육재정교 부금에서 부담하고(1조 1,760억 원), 어린이집 3~4세 소득 하위 70% 는 국고와 지방비에서 부담하였다. 2014년도에는 국·공·사립유치 원 3~5세 전체와 어린이집 4~5세 전체, 3세 소득 상위 30%, 순증

액을 지방교육재정교부금에서 부담하고(1조 6,312억 원), 3세 소득
하위 70%는 국고와 지방비에서 부담하였다.

그리고 2015년부터는 국·공·사립유치원과 어린이집 만 3~5세
누리과정 소요예산 전액(3조 9,000억 원)을 지방교육재정교부금으
로 지원하기 시작하여, 2016년도에는 약 4조 원(유치원분 약 1.9조
원과 어린이집 분 약 2.1조 원)을 지원하게 되었다.

2015년
누리과정
예산 갈등

정부와 시·도교육청 간의 누리과
정 예산 갈등은 정부가 2015년 누
리과정 예산 편성 계획을 수립하
던 2014년 하반기부터 시작되었다. 유보통합 2단계인 예산부처 통
합 과정에서 누리과정 예산 주무부처를 교육부로 일원화하면서
2015년 누리과정 예산 총액 3조 9,000억 원 중 정부와 지자체가 부
담하던 어린이집 누리과정 예산 약 2조 2,000억 원을 별도의 예산
증액 없이 떠안게 된 것이 시발점이다.

시·도교육감들은 "누리과정은 대통령 공약사업으로 국가정책인
무상교육·보육비용을 지방재정에 전가하는 것은 부당하다"며 강력
반발하고, 누리과정 예산을 중앙정부 의무지출경비로 지정할 것을
장관에게 요구하였다.

시·도교육감들은 2015년 3~5세 누리과정 예산 3조 9,000억 원
중 어린이집 보육료에 해당하는 2조 1,329억 원은 예산 편성할 수
없다고 반발하며, 어린이집 보육료는 본시 보건복지부 관할이고,
박근혜 대통령과 새누리당의 주요 대선과 총선 공약이었으며, 국가

정책사업으로서 출산율과 여성의 사회참여를 높이기 위한 사업임으로 정부가 부담해야 한다고 주장하였다. 교육감들은 또 원래 교육부가 담당하는 유치원비는 교육교부금에서 지원하는 반면 복지부가 담당하는 어린이집 보육비는 중앙정부와 지자체가 절반씩 지원하기로 했고 이를 총괄해서 집행하는 업무는 시·도교육청이 하도록 했다면서, 정부가 나서서 지방교육재정교부금 비율을 상향 조정하든지 증세를 하든지 근본대책을 세워야 한다고 목소리를 높였다. 이에 대해 새정치민주연합 박홍근 의원은 "국회 예산정책처 자료를 분석한 결과, 인건비 등 경직성 경비를 제외한 지방교육재정은 2014년 13조 1,346억 원에서 2015년 9조 412억 원으로 4조 934억 원(31.2%)이나 줄어든다"고 밝히면서 시·도교육청의 재정여건이 어려운 상황에서 별도 지원 없이 정부에서 누리과정 예산 어린이집 분을 떠넘기는 것은 무리라고 비판하였다.

결국 시·도교육청은 2015년 누리과정 예산 3조 9,000억 원 중 2조 2,000억 원만 편성하면서 저항하였고, 이로 인해 누리과정 보육대란을 예고하였다. 문제의 심각성을 인지하고 시·도교육청의 누리과정 예산 미편성분 1조 7,000억 원을 해결하기 위해 2014년 12월 정부와 국회는 우선 정부가 목적예비비로 5,064억 원(이자 지원비 333억 원과 대체사업비 등)을 투입하고, 정부보증 지방채 8,000억 원을 발행하되 그래도 모자라는 4,000억 원은 지방교육채권을 발행해 해결하기로 합의했다. 그 후속조치로 지방채 발행한도를 늘리는 지방재정법 개정을 위해 2015년 4월 28일 국회 안전행정위원회가 개정안을 의결하면서 누리과정 보육대란은 한숨 돌렸다. 지방채 발행은 2017년 현 정부 임기 말까지 한시적 조치로 묶어 놓았다.

그 후 교육부는 교육감들이 지방재정법시행령 개정이 상위법에 어긋난다고 위헌소송 제기 경고에도 불구하고, 2015년 9월 15일 입법예고와 함께 아예 지방재정법시행령을 개정하여 2016년부터 누리과정 예산을 교육청 의무지출경비로 못박았다.

**누리과정의
태동과
경위**

이명박 정부는 2011년 5월 '만 5세 유아 무상교육(누리과정)'을 2012년 3월부터 시행한다고 발표했다. 2011년 당시만 해도 누리과정의 몸집은 그리 크지 않았다. 대상 연령을 만 5세로 한정하였고 소요재원도 1조 1,388억 원으로 2016년 누리과정 예산 4조 원의 25% 정도였다. 만 5세로 국한되었을 뿐 아니라 이미 소득 하위 70% 이하는 유치원 교육비를 지원하고 있었기 때문에 추가 부담 요인이 많지 않았다.

문제는 이명박 정부가 만 5세 누리과정 도입을 확정한 지 불과 7개월 만인 2012년 1월, 누리과정을 만 3~5세로 확대한다고 전격 발표하면서 생겼다. 2012년에 있을 총선과 대선을 앞두고 전면 무상보육을 선거공약으로 삼은 것이다. 진수희 전 보건복지부 장관은 "2011년 5월 '만 5세 누리과정'을 도입할 때만 해도 이명박 대통령 생각은 일단 5세 먼저 하고 재정상황을 봐가며 4세와 3세까지 단계적으로 확대하자는 것이었다"고 회고했다(한겨레, 2016.1.29.).

누리과정이 선거용으로 급조되면서 수조원에 달하는 재원 조달에 대해서는 심각하게 생각하지 않았다. 2013~2014년에는 일부, 2015년에는 전액을 지방교육재정교부금으로 충당하기로 당시 기획재정부 장관과 교육부 장관이 담합한 것이다. 당시는 세수가 잘 걷히는 상황이라 교육교부금에 여유가 있었고, 학생 수가 줄고 있어 교부금을 줄여야 한다는 의견들이 있어 가볍게 생각한 것이다. 이 과정에서 정부는 교육교부금이 연평균 8.2%, 해마다 3조 원 정도 증가해 2015년에는 49조 3,954억 원에 이를 것으로 예측했다. 그러나 실제 2015년 교육교부금은 39조 4,000억 원에 그쳐 무려 10조 원 차이가 났다. 사업예산 소요액 예측도 엉터리였다. 당시 정부는 2015년 누리과정 예산 소요액을 3조 1천억 원으로 추산했으나, 실제 소요액은 3조 9천억 원으로 8천억 원을 적게 추산하였다.

누리과정 예산을 교육교부금에서 충당한다고 확정하면서 정작 교육교부금에 대한 예산편성권을 가진 시·도교육감들과는 논의조차 제대로 하지 않았다. 전국시·도교육감협의회라는 공식기구를 통해 의견 수렴도 없었다. 당시 보수교육감이 다수였던 전국시·도교육감협의회는 누리과정 예산을 교부금으로 충당하는 방안에 대해 반대 성명을 낸 바 있다.

정부와 여당은 2012년 개정한 유아교육법령과 2015년 10월 개정한 지방교육재정교부금법 시행령 등을 근거로 누리과정 예산을 교부금으로 편성해야 한다고 주장한다. 그러나 상위법인 교육기본법, 초중등교육법, 영유아보호법 등 어디에도 어린이집을 교육기관으로 지정하지 않아 법적 다툼의 소지가 있다.

2016년
누리과정
예산 갈등

2016년 누리과정 예산 중 어린이집 분 예산은 2조 1,000억 원에 달했다(한겨레, 2015.10.3.). 이와 관련해 여야는 2015년 12월 2일 2016년 목적예비비 3,000억 원을 어린이집 누리과정 예산으로 우회 지원하고 나머지 2조 1,000억 원은 교육청이 지방채를 발행하는 등 자체 충당하도록 합의했다.

전국 17개 시·도교육청은 2015년 누리과정 예산을 포함해 6조 원의 지방채를 발행하면서 세입예산 대비 채무비율이 평균 18% 수준으로 급등했다. 교육청이 여야 합의대로 2016년 누리과정 예산을 떠안을 경우 채무비율은 25%에 육박한다. 민간자금으로 학교시설을 확충한 임대형 민자사업(BTL) 채무(2019년부터 채무비율에 포함 예정)까지 합하면 35% 이상이 될 것이다. 교육청이 누리과정 예산을 떠안기 전인 2012년에는 17.7%였다. 전국시·도교육감협의회는 2016년 17개 시·도교육청 세출 총액은 61조 원이고 세입총액은 55조 원으로 6조 원이 부족한 상황이며, 2015년 17개 시·도교육청 지방채 총액은 11조 원으로 세출의 19% 수준이어서 더 이상 빚내기도 어려운 상황이라고 분석했다. 정부는 시·도교육청에 2016년도 누리과정 예산 4조 원을 교부했는데 교육청이 누리과정 예산을 편성하지 않았다고 말하지만, 교육교부금 총액은 누리과정이 있기 전부터 내국세의 20.27%로 고정돼 있었고, 정부가 2016년 누리과정 예산으로 추가 지원한 돈은 고작 3,000억 원(전년 5,064억 원) 밖에 되지 않아 누리과정 예산 총액 4조 원에 한참 못 미쳤다. 정부의 추가지원이 없을 경우 시·도교육청은 초·중·고 교육비 등 다른 항목의 예산에서 빼내 누리과정 예산을 충당해야 할 판이라고 반박했다.

그러나 정부는 정부대로 재정상태가 녹록지 않았다. 2016년도에는 390조 '슈퍼예산'을 편성하였고, 그중 복지, 보건, 노동 등 3개 분야를 아우르는 복지예산 규모는 120조 원에 달했다. 전체 12개 국가 사업 분야 중 '범 복지 분야'에만 총 예산의 40% 이상이 투입되는 셈이며, 복지와 교육에만 총 예산의 45%인 175조 원 투입되었다. 설상가상 2016년도 국가채무는 총 600조 원에 육박하였다.

정부는 누리과정 예산 갈등을 종지부 짓고, 갈등 재발 방지에 쐐기를 박기 위해 네 가지 차원의 조치를 강행했다. 먼저, 정부는 지방재정법시행령 등을 개정해 2016년부터 누리과정 예산을 교육청이 교부금에서 지출하도록 '의무지출경비'로 지정하였다. 시행령이 개정되면 교육청이 누리과정 예산 편성을 거부할 경우 교육부는 고발할 수 있고 이듬해 그 예산만큼 지원을 하지 않을 수 있게 된다.

둘째, 박근혜 대통령은 2016년 1월 25일 교육청의 누리과정 미편성과 관련해 지방교육재정교부금 관련법 개정과 목적예비비 차등지원이라는 강경카드를 꺼내들어 교육감들을 압박했다. 박 대통령은 이날 수석비서관회의에서 "법을 고쳐서라도 중앙정부가 누리과정과 같은 특정한 용도에 교부금을 투입할 수 있도록 하라"고 법 개정을 지시했다. 교육부는 이와 관련해 '보통교부금 96%, 특별교부금 4%'로 규정돼 있는 교부금법 제3조를 개정해, 누리과정용 '목적교부금'을 신설하는 방안이라고 설명했다. 산술적으로 누리과정 예산 4조 원을 목적교부금으로 지원하려면 보통교부금 85%, 목적교부금 11%, 특별교부금 4%정도로 조정해야 한다. 이에 대해 교육감들은 지방교육재정교부금법 개정은 교육감의 예산편성권을 무시하고 교육자치를 훼손하는 처사라며 반발했다.

셋째, 박 대통령은 또 누리과정 지원을 위한 목적예비비 3,000억 원과 관련하여 비협조적인 교육청에 대해 차등지원 할 것을 지시했다. 이에 대해 시·도교육감들은 목적예비비를 정부 임의로 차등 지원한다는 것은 '교육청 길들이기'에 불과하다고 반발하면서, 우선 지원에서 배제된 교육청의 유치원과 어린이집에 다니는 영유아, 학부모, 교사가 입을 피해에 대해 크게 우려하였다.

넷째, 감사원은 17개 시·도교육청의 누리과정 예산편성 실태와 지방교육재정운용 상황에 대한 감사를 실시했다. 실제로 누리과정 예산편성이 어려운 재정상황인지 아니면 방만하고 비효율적 재정운용으로 인한 예산 낭비 때문인지 스크린해보는 목적도 있었지만, 누리과정 예산 편성 독려를 위한 시·도교육청에 대한 압박이었다. 감사원은 2016년 5월 24일 누리과정 예산편성 실태 감사 결과를 발표하면서, 시·도교육청이 누리과정 예산을 편성하도록 한 현행 영유아보육법 시행령은 유효하며, 시행령이 위헌이냐 위법이냐를 판단하는 기관은 헌법재판소나 대법원이지만 법률자문 결과와 대법원 판례를 근거로 "교육청은 누리과정 예산을 우선 편성할 의무가 있다"고 결론지었다. 또 교육비 특별회계에 반영되지 않은 잉여금, 추가적인 교부금 그리고 인건비나 시설비로 과다 편성된 예산을 계산해 보니 1조 9,737억 원에 달해 11개 교육청의 누리과정 미편성 예산 1조 6,605억 원 보다 3,132억 원이 많았다고 지적했다.

누리과정
예산 갈등에 대한
진단과 분석

첫째, 전국 시·도교육청들이 2015년 들어 재정여건이 급격히 악화되었다. 2013년 세수결손 정산 분 2.7조 원 반영으로 교부금이 1.4조 원 감소하였고 자치단체 전입금 0.4조 원, 교육청 자체수입 1.2조 원, 국고보조금 0.1조 원

등 1.7조 원이 감소하였다.

공무원 인건비 처우개선 1.9조 원, 어린이집 누리과정 2015년 증가분 0.5조 원, 채무상환 0.2조 원 등 2.6조 원의 의무지출경비가 증가하였고, 학교 신설 수요도 계속 증가하고 있을 뿐 아니라 학급당 학생 수는 26.3명(초등학교)으로 여전히 OECD 평균 21.2명 보다 많아 교육의 질 향상을 위해 지속적 투자가 필요한 상황이었다. 시·도교육청 재정여건의 악화 원인을 크게 보면 무분별한 무상복지와 국책사업예산 떠넘기기가 주원인이라고 볼 수 있는데 이런 예산이 대부분 경직성인 의무지출예산이기 때문에 순수 교육활동 지원 예산과 사업예산 비율이 급격히 감소하여 어려움을 호소하였다.

둘째, 정부(기획재정부)의 시·도교육청 교육재정 상황과 수요 예측에 심각한 착오가 있었다. 당시 전국 시·도교육청의 예산 상황은 매우 어려운 상황이었다. 시·도교육청의 의무지출예산(경직성)과 재량지출예산(유연성: 사업성)의 비율이 약 86대 14정도였고 점점 악화일로에 있었다. 비교적 효율적이고 건전한 예산행정을 해온 대전시교육청을 포함한 몇몇 교육청들이 예산문제로 상당한 고통을 받고 있었다면 여타의 교육청은 볼 것도 없이 파산 직전이라 해도 과언이 아니었다.

당시 기획재정부는 학생 수가 감소하여 예산에 여유가 있을 것이라고 주장했으나 초·중·고 학생 수가 준 것일 뿐, 누리과정 도입에 따라 포함된 교육지원 대상인 유치원과 어린이집 어린이 128만 명(2014년 기준)을 추가하면 지원 대상 학생 수가 오히려 대폭 증가한 셈이었다. 오히려 교육재정 수요에 직접 영향을 주는 학교 수(15.0%), 학급 수(12.3%) 및 교원 수(27.8%)는 증가하였고, 도시개발에 따른 학교 신설, 기존 학교 교사 개보수 등 교육환경개선 수요도 급증하였다.

기획재정부는 또 2015년 교육부 예산이 1.6% 증가했다고 주장하였으나, 국립대학 기성회비 1조 3,142억 원은 기성회비 세입 대체예산으로서 예산증가로 볼 수 없으므로 이를 제외한다면 실질적으로 전년도 대비 0.8% 감소했다고 볼 수 있다.

셋째, 시·도교육감들이 국정과제인 어린이집 누리과정 예산 편성을 거부하고 나섰다. 주된 이유 중 하나는 시·도교육청의 2015년 예산편성 계획을 조회해 볼 때, 약 7.6조 원이 부족하고 전국 17개 시·도교육청의 부채가 2조 7,000억에 이르는 등 지방교육재정이 극도로 악화된 때문이었다. 게다가 시·도교육감들은 지방교육재정 악화의 핵심요인이 국정과제인 어린이집 누리과정 예산 2조 2,000억 원(2015년도 3~5세 누리과정 예산 총액 3조 9,000억 원)을 중앙정부와 지자체가 시·도교육청에 떠넘긴 것으로 보고 있었다. 사실상 교육부가 담당하는 유치원 교육비는 교육교부금에서, 복지부가 담당하는 어린이집 보육비는 중앙정부와 지자체가 절반씩 지원하기로 했고, 이를 총괄해서 집행하는 업무는 시·도교육청이 담당하기로 되어 있었다.

시·도교육감들은 복지부가 관할하던 어린이집 보육료 예산은 교육청이 부담하기로 합의한 적이 없었고, 정부 협의과정에서 배제된 채 책임만 떠안았다고 주장했다.

이명박 정부 때인 2012년 1월 당시 국무총리실, 기획재정부, 교육과학기술부, 행정안전부, 보건복지부 등 5개 부처 장관은 재원부담 방안을 포함한 '3~4세 누리과정 도입 계획'에 합의하고, 학생 수 감소로 상대적으로 여유가 있는 지방교육재정교부금으로 복지부 관할 어린이집 보육료를 연차적으로 충당하기로 한 것이라고 설명했다. 당시 감독, 책임, 재정지원 주체가 달라 위법 논란이 있었고 교육청들도 이의를 제기했지만, 5개 부처는 법 개정 없이 시행령만 고쳐 계획대로 밀어붙인 바 있다. 법제처 실무진과 국회 예산정책처와 입법조사처도 "유아교육법시행령에 어린이집 유아의 무상보육 및 비용 지원을 규정하는 것은 상위법 위반"이라는 의견을 냈다 (경향신문, 2014. 10. 10.).

시·도교육감들은 누리과정 사업은 국정과제이며 국책사업인 만큼 예산은 정부 몫이며, 이 사업은 박근혜 대통령과 새누리당의 대선과 총선의 대표공약이었고, 또 박 대통령의 당선인 시절 "보육사업과 같은 전국단위 사업은 중앙정부가 책임지는 게 맞다"고 공언한 바 있다고 성토하면서, 이 문제는 정부가 나서서 지방교육재정교부금 비율을 상향조정하든지 증세를 하든지 근본대책을 마련해야 한다고 목소리를 높였다.

누리과정 갈등 해결 및 발전 방안

첫째, 누리과정 예산은 현행 법적 근거에 비추어보나, 단계적 유보통합 과정에서 필연적으로 이루어져야 할 관리부처와 재원 통합 차원에서 고려해보나 지방교육재정교부금에서 부담하는 것이 타당하다.

둘째, 누리과정 예산갈등의 근본적 해결은 그렇잖아도 재정여건이 급격히 악화된 시·도교육청이 떠안아야 할 누리과정 예산 중 어린이집 분만큼 교부금을 증액·보전해 줘야 하며, 차제에 지방재정교부금법을 개정하여 현행 교부금 비율 '내국세 총액의 20.27%'를 상향 조정하든지, 교육세 세원 확대 또는 세율을 인상하든지, 아니면 일부는 내국세 교부금을 조정하고 일부는 교육세 세수를 확대하여 재원을 확보하는 방안을 고려해 볼 수 있다.

셋째, 국책사업이나 정부 정책사업을 계획·추진할 경우에는 먼저 사업의 성격이 미래지향적이고 발전적이며 지속가능한지를 평가해보고, 사업의 필요성과 목적을 분명히 밝히고 공감을 얻어야 하며, 소요될 재원 조달계획과 법적 근거를 확실하게 마련한 후 시작해야 한다. 이러한 사전준비 없이 졸속으로 강행 추진하기 때문에 편법과 땜질 행정이 난무하고, 상위법 위반 사례가 빈발하여 '시행령공화국'이란 냉소적 표현이 회자될 뿐 아니라 추진과정에서의 엇박자와 갈등이 초래되는 것이다.

넷째, 현대 행정은 합법적이며, 민주적이고, 투명·공정해야 할 뿐만 아니라 소통과 공감을 바탕으로 이루어져야 갈등 없이 세련되고 성숙된 결과를 도출해낼 수 있다. 행정행위에 있어 강압적 밀어붙이기로 관철시키거나, 예산 또는 감사를 무기로 하부기관 길들이기를 시도하거나, 과잉입법으로 쐐기를 박거나, 편법을 자주 사용하는 것은 필연적으로 심각한 부작용을 낳을 수 있다.

다섯째, 시·도교육청은 효과적이고 효율적 예산행정을 펼쳐야 하며 건전재정 구현을 위한 구조조정과 자구노력에 진력해야 한다. 또 선거를 의식한 무분별한 무상 포퓰리즘이나 선심성 예산행정은 과감히 배격하고, 교육투자의 우선순위에 따라 합리적이고 과학적인 예산행정을 펼쳐야 할 것이다. 교육부는 시·도교육청의 예산행정과 재정운용상황 분석을 통해 행정지도와 함께 적정 예산을 지원할 수 있도록 해야 한다.

ENDNOTE

1 > 이 글은 2014년 10월 청와대 경제수석실, 교육부 차관 및 담당국장, 기재부 2차관 및 담당국장이 참여하는 청와대 서별관회의에서 현재 교육부와 시·도교육청이 처하고 있는 현실상황을 가감 없이 보고하여 국정운영에 도움이 되고자 교육부 차관이 직접 작성한 자료를 바탕으로 작성한 것임.

2 > 무상교육 지원 관계 법령: '유아교육법' 제24조 및 동법 시행령 제29조, '영유아보육법' 제34조 및 동법 시행령 제23조, '지방교육재정교부금법' 제6조 및 동법 시행령 4조, 시행규칙 제7조.

3 > '영유아보육법' 제34조 및 동법 시행령 제23조에 어린이집 누리과정에 드는 비용은 '지방교육재정교부금법'에 따라 보통교부금으로 부담하도록 규정.

4 > 국가가 지자체에 교부하는 교부금: 보통교부금 = (교육세 전액 + 내국세 총액의 20.27%) x 96/100. 특별교부금 = (교육세 전액 + 내국세 총액의 20.27%) x 4/100.

5 > 2016년 11월 현재 상당수 시·도교육청들이 2017년도 예산안에 누리과정 예산을 편성하지 않은 것으로 드러났다. 경기도교육청은 12조 3,656억 원 규모의 2017년도 예산안을 도의회에 제출하면서 누리과정 예산 9,900억 원 중 유치원 예산 4718억 원만 반영하고 어린이집 예산 5,272억 원은 편성하지 않았다. 광주교육청(658억 원)과 전남교육청(911억 원)도 어린이집 누리과정 예산을 편성하지 않았다. 충북교육청(835억 원), 충남교육청(1,094억 원), 제주교육청(456억 원) 등도 어린이집 누리과정 예산을 편성하지 않을 계획이다. 정부는 내년 예산안에 '지방교육정책지원 특별회계'를 신설해 지방교육재정 교부금으로 들어가던 교육세를 특별회계로 떼어내 누리과정과 초등 돌봄교실 예산 등으로만 사용하도록 한다는 계획이다. 이에 대해 시·도교육청들은 누리과정 예산편성을 특별회계로 강제하는 것은 편법이라고 반발하고 있다(동아일보, 2016.11.8.).

전국 17개 시·도교육청 중 2017년도 어린이집 누리과정 예산을 전액 편성한 교육청은 대구, 대전, 울산, 경북뿐이고, 인천교육청은 7개월분만 편성했으며, 나머지 교육청들은 편성하지 않았다. 경기 악화로 전국 시·도 교육청의 부채가 2016년 21조 원대로 크게 늘어 재정적 여유가 없다고 울상이다. 현재 내국세 총액의 20.27%인 교부금 비율을 3%포인트 정도 높여 어린이집분 무상보육 예산을 지원해달라는 것이다. 이에 기재부는 "앞으로 학생 수가 줄기 때문에 교부금 비율을 올리기 어렵다"는 입장이다.

초
등

돌
봄
교
실

초등 돌봄교실은 초등학교 내에 별도로 마련된 교
실에서 방과 후 아이들을 돌봐주는 제도다. 맞벌
이, 저소득층, 한부모가정 등 학교수업이 끝난 후
돌봐줄 사람이 필요한 아이들을 위한 프로그램이
다. 방과 후 오후 5시까지 운영하는 프로그램과
밤 10시까지 운영하는 프로그램이 있다. 학교의
교육기능뿐만 아니라 보육기능까지 확대하여 소
외계층이나 보호를 필요로 하는 학생들에게 교육
적 서비스를 제공하기 위한 제도다.

　돌봄교실에서는 정규수업 이후에도 아이들을
편하고 안전하게 돌보며, 맞춤식 과제 지도와 특
기적성 교육을 운영하여 학생들의 소질과 적성을
계발하는데 중점을 두고 있다. 2014년에는 초등
학교 1·2학년을 대상으로 부모의 소득 여부와 관
계없이 희망자는 무료로 돌봐주기 시작했고,

2015년에는 3·4학년, 2016년에는 5·6학년까지 확대 실시하게 되었다.

초등 돌봄교실은 오후 5시까지 운영되는 오후 돌봄교실과 오후 10시까지 운영되는 저녁 돌봄교실이 있다. 오후 돌봄교실의 경우 반드시 돌봄 전담교사가 교문 앞까지 동행한 뒤 귀가하고, 오후 5시 이전에는 반드시 부모님이 귀갓길에 동행해야 한다. 저녁 돌봄교실은 반드시 부모님이 동행하고 귀가 확인서를 작성하도록 했다.

교육부는 처음 2014년도에는 희망하는 모든 1~2학년 학생을 대상으로 시행했으나, 맞벌이, 저소득층, 한부모 학생을 대상으로 내실 있는 운영이 필요하다는 현장의 의견을 반영해 소외계층 또는 보호를 필요로 하는 학생을 대상으로 수요자 중심 맞춤형 서비스로 개선하였다. 저녁 돌봄교실의 경우 참여하는 학생 수가 적어 운영이 어려운 학교는 인근 지역아동센터에서 돌봄교실과 연계해 이용할 수 있도록 함으로써 학교와 지역사회 돌봄기관과의 유기적 연계를 강화해 돌봄 서비스를 활성화할 방침이다.

초등 돌봄교실 사업은 보통교부금에 수요를 반영해서 교부하면, 시·도교육청이 이를 편성해 집행한다. 교육부는 2016년 3월 초등 돌봄교실 예산으로 교실 당 운영비 약 3,000만 원씩 계상하여 보통교부금 3,922억 원을 일선 교육청에 교부했다. 2016년 현재 초등 돌봄교실 1만 1,698실을 운영하며, 참여 학생 수는 약 24만 4,000명으로 집계되었다. 교육부는 2016년 3월 초등 돌봄교실 예산으로 보통교부금 3,922억 원을 일선 교육청에 교부했다.

2016년부터는 평일 방과 후 아이들을 돌볼 수 없는 가정을 중심으로 초등 돌봄교실이 운영되고 있다. 지난 정부 정책 중 가장 높은 평가를 받은 만큼 국민의 체감도가 좋았던 정책이다. 초등학교 방과 후에도 돌봄 서비스가 필요한 학부모들을 위하여 공교육 기관이 아이들을 돌봐주고 교육해 주니 안심하고 자녀를 맡길 수 있고 사교육 부담도 덜어주니 금상첨화다.

올해부터는 초등 돌봄교실이 전 학년으로 확대되고, 수요자 중심의 맞춤형 서비스로 운영된다. 돌봄교실에서는 놀이 및 안전교육 프로그램 중심으로 운영되며, 간식을 제공하고, 돌봄 전담사 원격교육 강화 및 대체인력풀 구축·활용을 통해 방학 중에도 학부모의 수요에 따라 학기 중 운영시간과 동일하게 운영할 수 있도록 했다. 또 학년의 특성과 발달단계에 맞게 3학년부터 6학년까지는 방과 후 학교 연계형 돌봄교실을 운영해 전 학년 대상의 맞춤형 돌봄을 완성할 계획으로 있다.

초등 돌봄교실은 박근혜 정부의 핵심 공약사업으로서 성공적인 평가를 받고 있고 교육수요자들에게도 호응도가 높지만, 성공적인 보육·교육정책으로 뿌리내리기 위해서는 앞으로 몇 가지 문제점을 보완·개선해야 한다.

첫째, 운영관리 측면에서 돌봄교실을 직영할 것인가 아니면 위탁운영할 것인가에 대하여 운영의 안정성과 전문성 제고 차원에서 SWOT 분석(어떤 조직체가 그 자체의 장단점과 문제점들, 기회들을 파악하기 위해 하는 연구)을 토대로 심사숙고해 봐야 한다. 돌봄 전담사의 고용을 위탁업체에 의존하고 비정규직인 단기프로그램 강사로 채워지고 있다니 걱정스럽다. 또 돌봄 전담사에 대한 처우 개선, 운영평가체계 구축, 법적 근거를 기초한 지도·감독 체계 마련 등도 시급히 뒤따라야 한다.

둘째, 프로그램 운영 측면에서 제기되는 교육프로그램의 부실문제를 해결하기 위해 초등 돌봄교실을 위한 표준교육프로그램 또는 지침이나 매뉴얼 구성이 필요하고, 돌봄 기능뿐만 아니라 가정교육과 학교교육의 복합적 기능이 요구된다.

셋째, 인력관리 측면에서 지역별 또는 학교별 돌봄 전담사 자격기준의 편차가 존재하므로 공통된 자격기준 명시와 자격관리제도 마련이 필요하다. 돌봄 전담사들의 전문성과 자질이 검증되지 않아 아이들을 맡긴 부모들은 불안할 수밖에 없다. 교육부는 학부모, 퇴직교원, 대학생 등을 보조교사로 활용하도록 가이드라인을 제시하고 있지만 실효성이 적다. 인력수급이 쉽지 않고 보조교사의 자질 검증이 쉽지 않기 때문이다. 또 인력관리를 위한 법적 근거 마련도 시급하다.

넷째, 운영지원 측면에서 한정된 교부금 예산으로 진행 중인 교육청 사업과 갖가지 정부정책사업을 감당하기에 어려움이 있어 한시적 국고지원 등 별도의 예산확보가 필요하다.

Part 4

초 · 중등 교과서 질과 수준 심각하다

Part 4

초 · 중등 교과서
질과 수준
심각하다

2016년 12월 6일 경제협력개발기구(OECD)가 발
표한 '2015 국제학업성취평가(PISA)' 결과에 의하
면 항상 최상위권을 자랑했던 우리 한국 중·고생
들의 순위가 많이 하락했다. PISA가 시작된
2000년 이래 읽기·수학·과학 세 영역 모두 전 세
계 72개 참여국(OECD 회원국 35개국·비회원국
37개국) 중 3위 내에 들지 못한 것은 이번이 처음
이다. 우리 한국은 읽기 4~9위, 수학 6~9위, 과
학 9~14위로 평가됐다(PISA는 2006년부터 오차범
위 내의 최고·최하 순위를 제공한다). OECD 국가
중 읽기 영역은 캐나다·핀란드, 수학과 과학은 일
본이 가장 순위가 높았다. 우리 한국 학생의 공부
에 대한 흥미와 즐거움은 OECD 평균보다 낮았지
만 공부에 대한 자신감은 상승했다. PISA는 지난
2000년부터 전 세계 만 15세 중·고생을 대상으로

3년마다 실시하는 국제학업성취평가다.

　2015 국제학업성취평가(PISA)에서 나타난 한국의 성적은 역대 최저 순위라는 기록을 넘어 나쁜 추세와 하락 폭이 예사롭지 않다. 매 3년마다 발표되는 순위의 하락세가 지속적이고 하락 폭은 OECD 평균보다 훨씬 컸다. OECD 회원국 학생들의 평균 하락 폭은 읽기 3점, 수학 4점, 과학 8점인 반면, 한국 학생들은 읽기 19점, 수학 30점, 과학 22점이었다(동아일보, 2016.12.7.). 한국학생들의 두드러진 경향은 상위권 학생 비율은 감소하고 하위권 학생의 비율은 대폭 증가했으며, 남학생의 수학·과학 성적이 큰 폭으로 하락하고 여학생에 비해 수학은 7점, 과학은 10점이 더 낮았다(OECD 국가 평균은 남학생이 여학생보다 수학은 8점, 과학은 4점 높다). 2016년 11월 29일 교육부가 발표한 '2016 국가수준학업성취도평가'에서 우리 중·고생들의 '기초학력 미달 학생' 비율 증가 현상과 비슷한 추세를 보였다.

　우리 한국 학생들의 학업성취도 하락세의 원인은 도대체 무엇일까? 첫째, 과도한 성적 경쟁이 초래하는 부작용에 대한 여론이 확산되면서 평가를 줄이거나 실시하지 않는 학교가 많이 늘었다. 진보 성향 교육감이 이끄는 시도가 '기초학력 미달 비율'에서 1~6위(서울·강원·전북·경기·전남·세종)를 차지한 것을 보면, 시험횟수를 줄이고 학력신장을 중시하지 않는 정책 영향일 가능성이 크다(조선일보, 2016.12.8.).

　둘째, 중학교 내신성적 산출에 있어 성취평가제(절대평가제)를 적용하면서 중학교 시험이 비교적 쉬워졌고, 대학입시를 위해 수학이나 과학을 열심히 하지 않아도 대학진학에 어려움이 없게 되면서 학력이 떨어지고 있다.

셋째, 정부가 '쉬운 수능정책'을 펴고 수시전형이 늘면서 수능은 최저학력 기준만 맞추면 되기 때문에 교과공부를 열심히 하면 오히려 손해 볼 수 있다는 분위기가 확산되었다.

넷째, 일선학교에서 문제해결 중심의 수업이 줄고 토론수업·발표수업·현장체험학습이 늘면서 지필고사 형태의 시험성적이 떨어지는 경향이 있다.

우리 한국 중·고생의 학력수준이 하향 추세 일로에 있다면 국가 차원의 비상한 문제로 인식하고 특단의 대책을 강구해야 한다. PISA에서 우리에게 항상 뒤졌던 일본이 이번에 수학·과학에서 OECD 1위로 급상승한 것을 참고할 필요가 있다. 일본은 2002년부터 창의성과 자율성을 중시한다는 취지로 수업시간은 10%, 학습내용은 30% 줄이고 체험학습을 늘리는 유토리(여유)교육을 했다가 2006년 PISA 성적이 10위권 밖으로 떨어진 'PISA 쇼크'를 경험한 이후, 2007년부터 국가차원의 기초학력 향상 프로그램을 추진한 성과라고 할 수 있다.

미국 교육사를 보면, 1957년 구소련과의 우주경쟁에서 패배한 미국의 스푸트니크 쇼크(Sputnik Shock)는 특히 수학과 과학을 강조하는 교과중심 교육정책을 낳은 바 있고, 1970년대를 풍미한 열린교육운동이 초래한 기초학력 저하가 전통적 주지교과인 3R's(읽기, 쓰기, 셈하기)를 강조하는 'Back to Basics(기초교육을 충실히 하는)' 운동에 불을 댕긴 바 있다. 부시 미국 대통령이 2002년 서명하여 발효된 광범위한 공립학교 개혁 법안 'No Child Left Behind(NCLB)'도 '어떤 아이도 뒤쳐져 있게 하지 않겠다'는 미국의 기초학력 보장에 대한 강한 의지가 반영된 법안이었고, 오바마 미국 대통령이 추진한 'Race to the Top' Initiative 역시 미국 공립학교의 기초학력 신장을 위한 강력한 교육제도 혁신정책이었다. "어떤 나라의 국가경쟁력도 그 나라 교육경쟁력을 능가할 수 없다"는 피터 드러커 교수의 말을 잊어선 안 된다.

교육부는 지난 2013년 4월 23일 '2013 국가수준학업성취도평가 기본계획'을 발표한 바 있다. 2008년 이명박 정부에서 시행한 '기초학력 미달 제로 플랜' 중 일부를 수정하여 초등학교 6학년 대상 국어, 영어, 수학 전수평가와 사회, 과학 표집평가는 폐지하였고, 중학교 3학년과 고등학교 2학년은 계속 실시하되 기존에 실시하던 국어, 수학, 영어, 사회, 과학 중 평가과목을 줄여 국어, 수학, 영어만 평가하기로 하여 현재에 이르고 있다. 앞으로 정부의 '국가수준학업성취도평가' 정책의 수립과 추진에 있어 깊이 유의해야 할 점이 있다.

첫째, 정부가 '기초학력 미달 제로 플랜'의 일환으로 국가수준학업성취도평가를 전집으로 시행하여 그 결과에 따라 학생 개개인의 학업진보 상황을 모니터링하고, 효과적 교육방법과 지원정책을 수립·추진하여 교육당국의 책무성을 강화하는 정책을 지향하는 것은 매우 바람직하다. 유·초·중·고의 보통교육은 기초기본교육이자 민주시민교육이기 때문에 학생들이 성인이 되었을 때 민주시민으로 잘 살아갈 수 있도록 최소한의 능력을 보유하고, 상위학습을 성공적으로 수행하기 위해서 기초학력 보장은 필수적이다. 특히, 교육기회불균등으로 인한 기초학력 미달은 우리 정부와 교육당국이 책임지고 해결해야 할 중대한 과제다.

둘째, 학업성취도 평가는 학생 개개인의 학업성취 수준과 진보 상황을 확인하고 피드백하기 위해 정보를 수집하는 수단이고 필수적인 학습의 한 과정이기 때문에 평가를 하지 않고 진보를 기대할 수는 없다. 일부 교육감이나 교원단체는 교육청 간, 학교 간, 개인 간 서열화와 과잉경쟁을 부추기고, 교육과정 비정상 운영과 과열과 외를 유발할 수 있다고 우려하지만, 어떤 평가라도 다소의 경쟁과 서열의식이 생길 수 있다. 평가의 목적에 충실하고 평가의 실행과 결과 활용방법에 있어 비교육적 부작용이 초래되지 않도록 유의하면 된다.

서울시교육청과 인천시교육청은 각각 2011년과 2014년에 초등학교 중간·기말고사까지도 폐지했다. 2017년부터는 세종시교육청, 전남교육청, 경기교육청, 충북교육청도 폐지한단다. 학생들을 괴롭히고 부담을 주는 획일적·줄 세우기식 평가로부터 자유롭게 한다는 게 이유다. 그러나 학계와 학부모들의 우려하는 시각과 여론도 많다. 아이들의 기초학력 저하, 교사가 개발한 상시평가의 타당도·신뢰도, 상시평가로 인한 교사의 업무 폭증 등 부작용이 불 보듯 뻔하기 때문이다. 미국이나 영국이 수업과 평가에 대한 재량권을 학교와 담임에게 전적으로 위임하고, 핀란드는 시험이 전혀 없다는 일부의 주장은 무책임한 어불성설이며 그 나라들의 교육정책에 대한 무지의 소치다. 미국이나 영국은 정부수준과 학교수준에서 평가를 우리보다 더 많이 하며, 핀란드는 '한 명의 낙오자도 용납하지 않는다'는 정책 하에 학습부진 학생을 나머지 공부시키는 것이 보편적이다.

셋째, 국가수준학업성취도평가를 전집으로 실시해야 하는 것은 당연하다. 평가는 '어떤 상태나 수행결과에 대한 가치판단이나 의사결정을 위한 정보수집의 과정'이기 때문에, 전집평가가 학생 개개인뿐만 아니라 집단에 대해 표집평가보다 온전하고 확실한 정보를 더 많이 제공해 주기 때문이다. 표집평가는 한정된 정보만 제공하기 때문에 전체적 경향을 파악하는 경우에만 활용된다.

넷째, 학업성취도 평가 결과를 공시하는 방법에 대하여는 심사숙고할 필요가 있다. 공개의 방법과 범위는 '학습자의 학업진보와 학습목표 달성정도를 확인하고, 학습자에게 동기를 부여하며 학습활동을 안내하는' 학업성취도평가의 기능에 충실하면 된다. 그러므로 학습자인 학생과 가르치는 교사와 보호자인 학부모에게만 원점수(목표도달)와 백분위 점수(개인차)를 공지하고 정책 개선에 필요한 판단자료로만 활용해야 한다. 불필요하고 과도한 공개는 과잉경쟁, 편법, 부정, 인성발달 저해, 좌절 등 부작용을 초래할 수 있다.

다섯째, 우리 한국은 2013년부터 중3과 고2를 대상으로 국어·영어·수학을 평가하고 초등학교 학생 대상 평가는 폐지했다. 미국은 우리와 달리 3학년부터 8학년까지 모든 학생들을 평가한다. 미국은 우리와 달리 매 학년마다 평가하기 때문에 3학년부터 매 학년 진보발전에 대한 모니터링이 가능하고, 진단평가를 따로 실시할 필요가 없으며, 아직 학교생활에 미숙한 1, 2학년에 대해서는 평가를 유보하고 있다.

우리 교육부가 초등학생 대상 국가수준 학업성취도평가를 폐지한 것은 아주 잘못된 일이다. 국가수준에서의 타당도와 신뢰도가 검증되고 표준화된 평가 없이 어떻게 학생 개개인의 학업성취도를 정확하게 확인하고 피드백하며 학업의 진보·발전을 모니터링 할 수 있나. 평가는 학습과정의 일부이기 때문에 평가 없이는 진보·발전을 기대할 수 없다. 미국처럼 초등 3학년부터 고등 1학년까지 모든 학생을 대상으로 실시하는 것이 바람직하다고 생각한다.

여섯째, 이명박 정부가 기초학력보장정책의 강력한 추진으로 기초학력 미달 비율이 상당히 감소한 것이 사실이다. 중앙정부에서 강력하게 추진하고, 결과를 공개하여 경쟁을 유도하며, 책임을 묻기 때문에 가능했을 것이다. 실제로 많은 부작용도 초래했다. 문제는 중앙정부에서 강한 추진을 멈추면 언제 과거의 결과로 회귀할지 모른다. 학력향상중점학교에서 감소율이 높았다는 것은 크게 새로운 결과가 아니다. 어떤 정책을 써도 정도 차이는 있으나 감소할 수 있다. 앞으로의 과제는 중앙정부의 강력한 개입 없이도 기초학력 신장을 가장 효과적으로 기대할 수 있는 기초학력보장정책을 찾아내야 하며, 모든 학교가 균등한 감소효과를 얻어야 하고, 이런 노력들이 자발적으로 이루어져 획기적인 효과를 지속적으로 산출해내야 한다는 것이다. 그러기 위해서는 기초학력보장체제를 체계화, 제도화하는 것이 필요하다.

일곱째, 기초학력 향상도를 객관적으로 측정·비교 가능한 표준화된 평가도구와 문제은행의 개발이 필요하다(참고: DTBS: Daejeon Test of Basic Skills). 기초학력보장정책의 효과성을 주기적으로 평가하고 그 결과에 따른 개선 노력이 필요하며, 기초학력 신장에 대한 자발적이고 지속적인 책무성 제고를 위한 보상 및 제재 체제를 확립해야 한다. 학생 개개인의 소질, 적성, 능력수준에 따라 펼치는 수월성 교육과 교육기회불균등 해소를 위한 보상적 평등교육을 균형적으로 추구해야 한다.

여덟째, 영유아 보육과 유·초·중·고 교육을 연계한 예방적이고 발달적 접근방법으로 기초학력 보장정책을 수립해야 하며, 학습을 저해하는 외적 요인들, 예를 들면 빈곤, 가정결손, 정서 신체장애 등을 찾아 종합 치유하는 학생중심의 '맞춤형 통합서비스' 정책을 도입해야 한다.

아홉째, 한국교육과정평가원 또는 법인화된 평가전문기관이 모든 영역, 예를 들면 item development, item pool, standardization, administration, report, interpretation, counseling, evaluation research 등과 관련하여 완전하게 표준화된 종합적 평가서비스 체제를 구축하여 관리할 수 있도록 개선해야 한다.

ENDNOTE

1 > 이 글은 필자가 2011년 11월에 열린 '글로벌 인재 포럼 2011'의 전문가 세션2에서 '모든 학생을 위한 기초학력보장체제 구축 방안'이라는 주제발표의 토론자로 참여하여 발표한 내용을 바탕으로 썼다.

2 > 2008년 이명박 정부의 '기초학력 미달 제로 플랜'은 국가수준의 학업성취도 평가를 전집으로 시행하고 그 결과에 따라 효과적 교육방법과 지원정책을 수립·추진하고 책무성을 강화하는 플랜이다.

3 > DTBS(Daejeon Test of Basic Skills)는 필자가 2013년 11월 20일 특허등록(특허 제10–1333129호)을 받은 '기초학력 향상도 평가 시스템'의 공동발명자로서 그 방법과 내용을 바탕으로 구축한 대전광역시교육청의 기초학력 미달을 조기 예방하기 위해 진단, 지도, 관리 체제를 스마트화한 기초학력보장체제이다.

4 > Related educational evaluation theory.

* 평가는 사물이나 현상의 현재 상태나 수행에 대한 가치판단행위이자 정보수집행위이다. 정보 수집을 해서 미래의 상태나 수행을 진보·발전시키는 것이 목적이다. 그러므로 평가 없이는 진보·발전이 없다. 평가의 기능은 학습준비도 진단, 성취도확인, 환류(Feedback), 선발(Selection), 학습조절과 안내 등이다.

* 국가수준의 진단평가나 학업성취도 평가도 필요하고, 교사가 직접 출제한 평가도 필요하다. 학생 개인의 발달, 교사의 수업전문성 신장, 교육당국의 정책결정을 위해서 필요하다. 개인과 집단의 정확한 정보 수집을 위해서는 전집이 표집보다 좋다. 표집은 집단의 전체적 경향성만 파악할 수 있다. 국가수준의 평가를 객관식 위주로 하는 이유는 타당도, 신뢰도, 객관성, 공정성이 확보되고 신속하고 효율적으로 기초학력을 측정할 수 있기 때문

이다.

* 교육평가는 학습자의 학습을 안내하고 조절하기 때문에 평가내용과 방법은 매우 중요하다. 블룸(Bloom)의 분류처럼 지식, 이해, 적용, 분석, 종합, 평가 영역을 다 포함해야 한다. 사실적 지식의 습득도 중요하지만 창의적 사고와 비판적 사고 그리고 문제해결 능력을 측정하고 기르는 평가는 더 중요하다. 앞으로는 비교, 대조, 비판, 창조할 수 있는 서술식, 논술식 평가와 수행평가가 강조돼야 한다. 그러나 선택형이나 단답형이라고 꼭 나쁜 것은 아니다. 필요한 경우가 따로 있을 뿐이다.

* 절대평가 방법과 상대평가 방법은 평가결과를 해석하고 활용하는 방법이 서로 다를 뿐 문항개발 방법에는 다른 점이 없다. 그리고 어떤 평가방법이 더 나은 것이라고 말할 수 없다. 단지 사용목적이 다를 뿐이다.

5 > 'No Child Left Behind' 법안은 2002년 부시 대통령이 서명하여 발효된 광범위한 공립학교 개혁 법안이다. '어떤 아이도 뒤쳐져 있게 하지 않겠다'는 미국의 강한 교육의지가 반영된 법안이다. 이 법안은 크게 4가지 기본원칙을 제시하고 있다. 첫째, 결과에 대한 강한 책무성: 각 과목별로 학생들이 도달해야 할 기준을 정하고 그 기준에 도달했는지를 매년 평가한다. 둘째, 유연성과 지역자치의 확대: 초·중등 학생 교육을 위해 연방정부는 각 주에 예산을 지원하지만, 이 예산을 어떻게 쓸 것인지는 각 주정부의 재량이다. 그러나 지원된 예산은 가급적 학생들의 학력신장 프로그램에 집중 투자해야 한다. 셋째, 효과성이 검증된 교육방법 강조: 예를 들면, 아이들의 읽기 조기교육을 위한 'Early Reading First' 프로그램 활용. 넷째, 학부모의 교육 선택권 확대: 학부모는 자녀의 교육 프로그램에 대해 자유롭게 선택할 수 있다.

The 'No Child Left Behind' Act of 2001 has the basis of American public school education system. It mainly helps disadvantaged students not to fall behind. It is based on four principles: (1) stronger accountability for results, (2) increased flexibility and local control, (3) emphasis on teaching methods that have been proven to work, and (4) expanded options for parents. However, due to some criticism, it is about to change in several aspects. First, not only students' score on the test but also academic progress will be evaluated. Second, schools will be rewarded for helping every student who has shown academic progress no matter how far behind he was. Last but not least, the new system will monitor each and every school based on five criteria: Priority, focus, reward, rising, and developing.

6 > Obama's 'Race to the Top' Initiative

'Race to the Top' marks a historic moment in American education. This initiative offers bold incentives to states willing to spur systemic reform to improve teaching and learning in America's schools. 'Race to the Top' has ushered in significant change in our education system, particularly in raising standards and aligning policies and structures to the goal of college and career readiness. 'Race th the Top' has helped drive states nationwide to pursue higher standards, improve teacher effectiveness, use data effectively in the classroom, and adopt new strategies to help struggling schools.

To date, President Obama's 'Race to the Top' initiative has dedicated over $4 billion to 19 states that have created robust plans that address the four key areas of K–12 education reform as described below. These states serve 22 million students and employ 1.5 million teachers in 42,000 schools, representing 45 percent of all K–12 students and 42 percent of all low–income students nationwide. The four key areas of reform include: (1) Development of rigorous standards and better assessments, (2) adoption of better data systems to provide schools, teachers, and parents with information about student progress, (3) support for teachers and school leaders to become more effective, and (4) increased emphasis and resources for the rigorous interventions needed to turn around the lowest–performing schools.

Forty–six states and the District of Columbia submitted comprehensive reform plans to compete in the 'Race to the Top' competition. While 19 states have received funding so far, 34 states modified state education laws or policies to facilitate needed change, and 48 states worked together to create a voluntary set of rigorous college- and career-ready standards.

'Race to the Top-District Competition'

In 2012, the Obama Administration launched a 'Race to the Top' competition at the school district level. Known as 'Race to the Top-District' this program will invest nearly $400 million in 2012 in schools to create new models to personaize learning for students, so that they can engage their interests and take responsibility for their success.

Inspired by the education reform taking place in state K-12 systems nationwide, this next phase of RTT will build on the four core principles of reform at the classroom level, supplying teachers with the strategies and tools they need to help every student learn and succeed. The 'Race to the Top-District' competition will encourage transformative change within schools, targeted toward leveraging, enhancing, and improving classroom practices and resources.

* DTBS (Daejeon Test of Basic Skills): '기초학력 향상도 평가 시스템'을 이용한 대전광역시교육청의 '체계적 기초학력보장체제'

Ⅰ. 기초학력 미달 조기예방을 위한 진단-지도-관리 체제 구축(평가-학습-관리체제의 스마트화)

(1단계) 진단: 단계형 기초학력 향상도 평가(DTBS) 개발: 단계형 평가문항 개발, 검사 동등화(표준화), 인터넷 기반 평가(Internet Based Test) 체제 구축으로 DTBS 향상도 상시 평가, 대상 학년은 4-9학년, 국, 영, 수, 사, 과, 5과목.

(2단계) 보정학습지도: 학생맞춤형 학습클리닉 운영을 위하여 단계별 보정학습지도자료 '늘품이' 개발 · 지도하고, IT활용 보정학습용 컨텐츠를 개발하여 대전교육포털 e-Book에 탑재 활용 (예: 사이버가정학습).

(3단계) 관리체제의 스마트화(IBT 활용): 평가, 학습, 재평가, 피드백 등 일련의 관리를 위하여 성적자동산출 프로그램 개발, 학력진단 결과 보고를 위

국가수준학업성취도평가

197

한 성적표개발, 학생개별이력관리시스템(학력통합관리시스템) 개발.

II. 지원체제 구축

‐ 교사를 위한 맞춤형 교원연수프로그램, 학생을 위한 학습상담프로그램, 학습보조 인턴교사 활용, 온라인학습클리닉 센터 구축으로 화상상담(대전교육정보원).
‐ 학교와 교육청에 기초학력 다중지원 컨트롤 타워(담임, 교과담당교사, 상담교사, 컴퓨터 교사, 생활지도 교사) 구축.
‐ 부진학생지도 우수학교 교사에 인센티브제 등 지원제도 정비.
‐ 학교, 가정, 지역사회(대학, 지자체, 대덕연구개발특구, 국책연구소와 산업시설, 종교기관 등)간 다중적 협력체제 구축
‐ 교육기부운동(재능, 작품, 시설 및 설비자원 포함) 활성화.

* DTBS(Daejeon Test of Basic Skills): 기초학력미달을 조기 예방하기 위해 진단, 지도, 관리 체제를 스마트화한 기초학력보장체제.

서울 일반고의 수학시간 수업에 집중하는 학생은 소수에 불과하고 수업에 관심이 없거나 자는 아이들이 태반이다. 상위권 아이들은 선행학습해서 안 듣고, 하위권 아이들은 기초학력 부족으로 못 알아듣고, 중위권 아이들은 수학 실력이 중요한 일류대학은 못 가니 수학시간에 흥미와 의욕이 없다. 수학을 잘하는 아이들마저 "이렇게 어렵고 재미없는 수학을 왜 해야 하는지 모르겠다"고 한숨이다.

최근 고등학생 10명 중 6명이 수포자라는 충격적 조사결과가 나왔다. 초등학생 36.5%, 중학생 46.2%, 고등학생 59.7%가 스스로 수포자라고 대답했다(사교육걱정없는세상과 박홍근 의원 공동조사, 2015). 상급학교로 갈수록 수포자가 늘어나는 추세다. 학생들은 '수학이 어렵고 학습량이 너무 많기 때문'이라고 답했다. 한국 수학교육의 위기를 여실히 보여 주는 사례다. 수학이 중요한 것은 주요 기초학력이기도 하지만, 개념과 원리를 이해하고 해법을 찾아가는 과정에서 창의적 사고, 논리적 사고, 반성적 사고 등 고등정신능력과 문제해결능력을 길러주기 때문이다. 그러나 교육현실에서 수학은 이미 어렵고 지루한 과목이 돼버렸다. 안타까운 일이다.

수포자 양산의 원인

첫째, 한국의 초·중학생은 한마디로 이른 시기에 배우고, 수업량이 많으며, 수업시수는 OECD 평균보다 낮다. 미국·유럽·일본 등 여타의 선진국들과 비교해 수학을 적은 시간에 많이 배우고 같은 내용을 배우는 시기도 이들 나라보다 빨랐다. 학생과 학부모들은 수학교육의 문제가 학습량 과다에서 비롯된다고 입을 모은다.

둘째, 학교 수업은 원리와 기본 개념 학습을 지향하지만, 평가는 응용과 고난도를 추구하기 때문에 사교육을 받지 못하는 학생들은 문제풀이식 평가에 적용하기 어려워 결국 수포자로 전락하게 된다. 학교 시험에서는 교육과정을 벗어나 난이도 높은 문제가 두어 개 출제되는데, 이는 학생 간 서열을 매기기 위함이다. 수포자(수학을 포기한 자)가 되지 않기 위해서는 문제 푸는 요령과 문제 유형 파악이 중요한데, 이런 것들을 학교에서는 가르쳐주지 않기 때문에 높은 점수를 얻기 위해서는 학원에 갈 수밖에 없다. 현재 사교육 시장에서 가장 큰 비중을 차지하는 과목이 수학이고, 2015년 통계청 자료에 의하면 전체 가구의 42.5%가 자녀에게 수학 사교육을 시키고 있다.

"아무리 수학영재라고 해도 '생각하는 수학만 해서는 성적이 안 나와요. 초등학교 5학년부터는 선행과 연산, 문제 반복풀이가 핵심입니다. 제대로 된 영재교육이라 할 수 없죠. 학교평가를 잘 받으려면 빠른 시간에 정확한 답을 구하는 것이 중요한데, 사고력 신장을 위한 수학은 이런 능력을 타깃으로 삼지 않죠. 결국 5학년부터는 선행학습, 반복풀이, 연산연습 등 평가를 대비한 수학을 합니다. 이런 과정이 반복되다 보니 수학에 뛰어난 아이들까지 수학에 대한 흥미를 잃고 점점 자신감을 상실해 갑니다." 서울 시내 유명학원 강사의 솔직한 고백이다.

또 강남지역 수학영재학원에서 특별반 이이들은 대개 초등 5학년 때 중학교 과정을 다루고, 중학 2학년 때 고교과정을 끝낸다고 말한다. 잘하는 학생일수록 학업부담에 더 시달리고 문제풀이 분량이 지나치게 많아 아이들을 괴롭히는 현실이다.

셋째, 대입수능시험의 내용과 방법에 종속된 초·중등학교 수학 교육방법과 평가방법이 수포자 양산을 부추기고 있다. 수능시험 수리영역 고득점 학생들의 공통적인 소감은 '고득점을 받는 것은 원리의 이해나 응용능력이 좋아서가 아니라 평소 문제유형 파악과 빠른 계산을 수없이 연습했기 때문'이라는 것이다. 한국식 수학 평가는 짧은 시간 안에 많은 문제를 빠르게 풀어야 하며, 답을 구하기만 하면 되지 풀이과정은 평가하지 않는다.

대입 수학에 대비하는 최고의 비법은 '제한된 시간에 많은 문제를 실수 없이 푸는 것'이다. 유명 학원강사들이 설명회에서 강조하는 비법은 '무한 반복 학습법'이다. 문제를 보는 순간 그 유형을 파악하고 풀이법이 저절로 떠오를 정도로 기출문제를 무한 반복해서 풀라는 것이다. 수학이 사고력을 길러주는 학문인데 적어도 대입준비에서는 통하지 않는다.

대부분의 학생들에게 수학은 어려운 과목이다. 상위권 학생들에게 수학은 다른 학생들과 격차를 벌일 수 있는 효자 과목이다. 당연히 좋은 대학에 가기 위해서는 필수적으로 수학을 잘 해야 한다. 일찍부터 수학 전문학원에 다니며 문제풀이 선행학습을 하지 않을 수 없는 현실이다. 그러므로 사교육을 받을 경제적 여건이 안 되는 아이들은 수포자가 될 가능성이 상대적으로 높다.

교육부의 개선방안

교육부는 2015년 7월 31일 '2015 개정 수학교육과정 시안'을 발표하였다. 시안에는 초·중·고 수학 학습내용을 감축하고(현재의 약 20%), 실생활 중심 내용으로 재구성하며, 창의·융합적 사고와 정보처리 역량을 강화할 뿐 아니라 계산기 및 공학적 도구 활용을 권장하여 수학에 대한 흥미와 자신감을 제고시킨다는 내용이 담겼다. 이 시안은 세계적 추세에 맞춰 '사고력 수학'으로 패러다임을 전환하고, 학생들이 수학에 흥미를 갖게 하여 더 이상 수포자로 전락하는 것을 막자는 취지에서 마련됐으며, 그 핵심내용은 학습량을 줄이고 지나치게 어려운 내용은 빼거나 상급학교 교육과정으로 넘기자는 것이다. 교육부는 또 2018년부터 초·중·고 수학 시험문제의 범위와 수준을 제한하는 가이드라인을 마련해 수포자 양산을 막겠다는 복안이다.

**교육부
개선방안의 부작용과
문제점**

교육강국 대한민국의 신화가 무너지고 있다. OECD의 국제학업성취도평가(PISA: The Program for International Student Assessment)의 국어, 수학 과학 전 영역에서 줄곧 수위를 달려오던 우리 한국이 2015년 PISA 결과에서 전 영역의 점수와 순위가 급락하면서 충격을 안겨주고 있다. 특히 수학 점수의 큰 폭 하락은 심각할 정도여서 상위 수준 비율은 역대 최소이고 하위 수준 비율은 역대 최대를 기록했다.

한국 수학의 붕괴 원인은 사교육을 잡고 과도한 성적 경쟁을 완화하겠다며 수학 교육과정과 학교 수업수준을 하향 조정하고 평가를 줄이거나 하지 않는 학교가 많아진 탓이 크다. 특히 그동안 실시해오던 초등학교 6학년 대상 국가수준학업성취도평가를 폐지해버린 것은 치명적이다. 또 중학교 내신성적 산출에 있어 성취평가제(절대평가제)를 적용하면서 중학교 시험이 비교적 쉬워졌고, 대학입시를 위해 수학을 열심히 하지 않아도 대학진학에 어려움이 없게 되면서 학력이 떨어지고 있다. 이제 고등학교에서나 볼 수 있었던 수포자들이 중학교는 물론 초등학교에서도 늘어나고 있다.

교육부의 처방대로 학습내용을 줄이고 난이도를 낮추며 어려운 문제풀이에서 벗어나 실생활과 관련된 체험적 내용을 실어 학생들의 흥미를 끌어낼 수 있을까. 어려운 문제풀이 위주의 수능시험이 버티고 있는 한 공염불에 불과하다. 또 결과평가보다는 과정평가를 중시하고 이를 학교성적에 반영한다고 했는데, 과정평가가 평가의 생명인 변별력, 객관성, 공정성을 담보할 수 있을지 의문이다. 2015 교육과정 수학 시안에 나타난 고1~3 수학과목이 공통과목과 선택

과목을 합쳐 모두 13과목이나 되는데 이것은 괜찮은가.

잉그리드 도브시 국제수학연맹회장은 "수학에 대한 쉬운 접근법이 수학 기피현상의 근본적 해법이 아니다"라고 말한다. 교수·학습방법이 문제지 내용이 어렵다고 흥미가 없어지는 것이 아니라는 뜻이다. 이웃나라 일본의 경우도 우리에 앞서 유도리(여유) 교육을 내세우며 수학의 내용을 줄이고 쉽게 개선했지만 국제학업성취도평가(PISA)에서 순위가 줄곧 하락하자 종전대로 회귀했다.

학습수준과 학습량이 수포자를 만드는 것이 아니라 학습내용에 대한 흥미 여부, 수업방법, 평가방법이 수포자를 만든다. 특히 선행학습, 연산연습, 반복적 문제풀이 등 반복적인 기계적 학습 강요가 학습흥미를 떨어뜨리고, 대입 사정방법과 경쟁풍토가 초·중등 수학교육과 평가방법을 왜곡시키며 수포자 양산을 조장한다. 원래 학생들의 알고자 하는 학습동기는 본능적이고 내재적(innate and intrinsic)이다. 잘못된 교육방법과 평가방법이 그들의 내재적 학습동기를 말살하고 있다. 그러므로 수학의 학습량 감축과 쉬운 학습내용이 수포자를 막을 수 있다고 보는 것은 진단도 처방도 다 잘못된 미봉책일 뿐이다. 수학이 얼마나 재미있는 공부인지 학생들이 느끼게 하는 것이 진정한 수학교육이다.

수포자 양산의 해결방안

첫째, 학생들의 적성과 전공에 맞게 적용될 수 있도록 대학 입학 사정방법을 합리적으로 개선해야 한다. 주요 대학들이 입시사정에서 인문·사회계열까지 수학에 가

중치를 부여하고 있어 모든 전공의 당락 여부를 수학이 쥐고 있다. 대입수능은 대학과정에서 학업을 수행할 수 있는 최소한의 능력(minimum competency)을 평가하는 것이다. 이 정의는 전공의 성격에 따라 요구되는 수학의 범위와 능력이 다를 수 있다는 의미다. 수능에서 최고점인 4점짜리 문제 중에 미적분이 많은데, 이를 풀려면 배워야 할 내용이 너무 많고 어렵다. 수능 수학 시험범위를 대학 전공계열에 따라 재조정할 필요가 있다. 박경미 홍익대 교수는 "수능의 과다한 수학시험 범위는 수학교육의 모든 문제의 핵심적 원인을 제공한다"고 밝혔다.

둘째, 고등학교 수학 교육과정을 교육이론에 비추어 합리적으로 개선해야 한다. 고등학교 문과에선 수학 I, 수학 II, 미적분 I, 확률과 통계를 배우고 수능시험 범위에선 수학 I만 빠진다. 그러나 수학 I을 모르면 후속학습을 하지 못하므로 사실상 배우는 과목 모두 시험범위인 셈이다. 이과는 문과에서 배우는 4과목에 더해 미적분II, 기하와 벡터까지 배우고 수능시험 범위는 미적분 II, 확률과 통계, 기하와 벡터 등이다. 그러나 앞서 배운 수학 I, 수학 II, 미적분 I을 모르면, 시험은커녕 진도도 못 나가기 때문에, 사실상 고교 수학 전 과목이 이과의 수학 수능시험 범위라고 볼 수 있다. 과다하고 획일적인 수능 수학시험 범위가 고교 교육과정 정상 운영을 불가능하게 만들고 있다.

시민단체 '사교육걱정없는세상'이 일반 시민을 대상으로 한 설문조사에서 응답자의 91%가 최소한 문과에서 미적분 I을, 이과에서 미적분 II를 선택과목으로 바꾸자는 데 찬성했다. "대입이 끝나면 쓸 일도 없는데 왜 미적분 I이 필수인가. 대학에 가면 어차피 다시 배우는데 이과에서 왜 미적분 II가 필수인가." 학생과 학부모들이 이해할 수 없는 수학교육 정책에 대해 불만이 높다(한겨레, 2015.8.17.).

박제남 인하대 교수는 "공대는 미적분이 필수지만 고교 때 미적분 II를 배우지 않아도 아무런 지장이 없다"며 "고교 이과에서 미적분 II를 없애자"고 제안했다. 수학 전문가들은 미적분 I이 개념(최적화)교과라 수학적 사고력을 길러주는 효과가 크지만, 미적분 II는 일종의 계산 기능(계산을 위한 미분법과 적분법) 과목이라 고교생에게 꼭 가르칠 이유가 없다고 주장한다. 이공계 대학 교육과정을 보면, 미적분이 공학인증 필수과목이어서 대학 1학년 때 미적분학 I·II를 이수해야 한다. 그러므로 고교에서의 미적분 II는 대학 1학년 수업의 선행학습에 불과하며, 결과적으로 공대에서 미적분 II를 고교 교육과정에 떠넘기는 꼴이라고 지적한다. 다른 나라에서도 미적분이 공학인증 필수과목인 것은 마찬가지여서 대학과정에서 제대로 가르치므로 고교에서는 선택과목으로 둔다. 대신 고교과정에서 미적분 과목을 이수한 학생은 대학에서 학점을 인정받을 수 있는 '선이수제도(AP)'를 활용할 수 있다(한겨레, 2015.8.17.). 언제쯤이나 우리 학생들이 여유를 갖고 어려운 수학문제를 즐기며 깊은 생각에 몰입하는 모습을 볼 수 있을까.

ENDNOTE

1 > 교육과정 성취기준은 '교수·학습·평가의 실질적인 근거로, 각 교과에서 학생이 실제로 성취할 지식과 능력을 제시한 것'이다.

2 > 수능 수학 가형(이과) 범위: 미적분 II, 확률과 통계, 기하와 벡터.
나형(문과) 범위: 수학 II, 미적분 I, 확률과 통계
공통과목: 수학, 일반선택: 수학 I/수학 II/미적분/확률과 통계, 진로선

택: 실용 수학/기하/경제수학/수학과제 탐구.

3 > 유 · 초 · 중 · 고의 보통교육은 기초 기본교육이자 민주시민교육이고 고등교육을 하기 위한 준비 교육이기도 하다.

4 > 발달수준에 맞는 학습내용과 교수 · 수업방법(암기 + 사고력 신장), 평가 방법(연산 + 문제해결: calculation and problem solving).

초 · 중등 교과서 질과 수준 심각하다

교육부는 현재 2015 개정교육과정에 따라 새 교과서를 제작하고 있다. 2017년부터 초등학교 1, 2학년을 시작으로 개정 교과서가 적용되며 초등 3, 4학년은 2018년에, 초등 5, 6학년은 2019년에 적용된다.

교과서는 교육과정이 개정될 때마다 그에 맞춰 다시 제작·편찬한다. 과거에는 7~8년 주기로 바뀌었지만, 최근 교육과정이 수시 개정 체제로 바뀌면서 교과서도 자주 바뀌고 있다. 교육부는 교과서 개정 때마다 과목별 공모를 통해 교과서 집필진을 구성하는데, 대학교수와 교사들이 팀을 이뤄 집필공모를 하고 심사를 통해 선정한다. 집필진은 먼저 새 교과서 초안인 '현장검토본'을 만들어 10여 개 연구학교에 실험 적용하여 그 결과를 바탕으로 1차 수정본을 완성하고 추가 수정·보완을 거쳐 감수본을 완성한다. 감수본 심의를 거쳐 확정되면 새 교과서를 인쇄·출판하여 새 학기부터 학생들에게 적용한다.

2016년 11월 4일 한국교총 주최 '새교육 개혁 창립포럼'에서 참여한 다수 교사들은 교과서의 내용이 너무 부실하여 그 질과 수준이 심각할 정도라고 비판했다. 교사들이 지적한 교육과정 주요 문제점들은 난이도가 해당 학년의 발달수준에 맞지 않는 단원들이 수두룩하고, 학습의 양이 지나치게 많으며, 과목 간 중복되거나 난이도가 다른 내용이 많다는 것이다. 이순형 서울대 교수는 "시간에 쫓겨 만든 현행 교과서는 아이들의 발달단계를 전혀 고려하지 못한 어렵고 불친절한 교과서라며, 학년 간, 과목 간 연계를 고려하고 아이들의 눈높이에 맞춰 쉽고 재미있게 공부할 수 있도록 만들어야 한다"고 충고했다.

교과서는 국가가 정하는 교육과정을 구현하는 학습교재로서 학생들이 사용하는 책인 만큼 완벽하게 만들어야 마땅하다. 그러나 최근 교과서 수정 사례를 조회해본 결과, 사실관계 오류를 포함한 보완 건수가 매년 1,800여 건씩 발생했다. 그 내용을 보면 '어떻게 이런 내용까지 틀릴 수 있을까' 하는 개탄스러운 경우도 허다했다. 예를 들면, 초등학교 음악 교과서는 '잉글리시호른'의 사진에 '오보에'라고 써놓거나, '경극은 우아하면서도 슬프고 서정적'이라고 서술하고 '가부키는 음악이 대체로 화려하고 경쾌하다'고 경극과 가부키를 바꿔 설명하기도 했다. 또 중학교 역사부도에는 '대승불교는 석가를 신으로 숭배한다'고 기술하고, 고등학교 기술·가정 교과서에는 세종대왕 승하 연도를 1405년이라고 잘못 쓰기도 했다.

2017년 초등 1, 2학년 학생들에게 적용될 개정판 수학 교과서도 심각한 수준이다. '개정 수학 교과서 현장 검토본' 분석 결과, 문장과

초·중등 교과서 질과 수준 심각하다

209

용어가 어려운 데다 수학적 기본개념 이해를 위한 설명이 생략돼 있어 한글과 수학을 선행학습하지 않으면 따라가기 힘들다는 지적이 많다. 수학 교과서에는 전혀 사용하지 않는 용어와 수학 전문용어, '연결큐브' '우즐카드' '퀴즈네어 막대' '속성블록' 등 어렵고 생소한 교구개념들도 많이 등장한다. 또 초등 1학년 때 1시간 동안 두 쪽에 걸쳐 가르치는 '0'에 대한 개념 설명도 4분의 1쪽 분량으로 줄었고, 숫자 1~5를 설명하는 데 단 두 쪽을 할애해 1시간 안에 끝내도록 했다. 이는 동일한 내용을 12쪽을 할애해 가르치는 일본이나 16쪽에 걸쳐 천천히 가르치는 핀란드와 대조된다(동아일보, 2016.8.24.). 현재 교육부는 한국과학창의재단과 함께 2017년부터 초등 1, 2학년이 사용할 개정 수학 교과서를 개발해 전국의 실험학교 10곳에서 수업을 진행하고 있다.

개정 국어 교과서도 1, 2학년 국어 수준에 맞지 않는 어려운 설명과 지나치게 긴 문장이 허다하고, 그림과 삽화의 크기도 너무 작다고 지적한다. 초등학교 저학년일수록 글에 대한 이해도가 낮아 교과서의 삽화나 그림은 내용만큼이나 중요한데, 그 크기가 매우 작고 구성도 복잡하여 오히려 내용을 이해하는 데 방해가 된다는 비판이다. 문제는 교육부의 교과서 규정에 삽화와 관련된 명확한 지침이나 구체적 심의 기준이 없고, '삽화나 사진을 제시할 때 교수학습 내용이 잘 드러나도록 하고 지나치게 복잡하지 않도록 한다' 정도의 유의점만 제시하고 있다는 점이다.

중학교 체육 교과서를 보면 거의 모든 스포츠 종목에 대한 내용을 다 담고 있다. 주요 인기 종목은 물론 세팍타크로, 우슈 등 아시안 게임에서도 때로 빼놓는 종목은 물론 제기차기, 쌍검대무까지 포함돼 있다. 종목도 너무 많고 설명도 불필요하게 세세하고 어려우며 용어도 지나치게 생소하다. 교과서에 담은 학습내용을 어렵게 서술한 것을 보면 집필자가 자신도 모르고 베낀 것은 아닌지 의심하게 한다. 체육교과는 신체활동을 통해 체력과 운동능력을 기르며, 바람직한 품성과 사회성을 갖춰 건강하고 활기찬 삶에 필요한 능력을 함양하는 교과다. 미술 교과서도 예외가 아니다. 관련 분야를 전공한 사람조차도 잘 모르고, 알 필요도 없는 내용들로 가득하다. 정말 한심한 일이다.

미국이나 유럽 등 OECD 국가 대부분의 초·중등 교과서를 접한 사람들은 그 내용의 질과 분량, 사진과 그래픽 등의 풍부함과 우수성을 보면서 놀란다. 학자와 전문가 그룹에서 학생들이 배워야 할 내용을 정하고, 부단한 토론을 통해 그 내용을 정선하는 과정이 수년 동안 이어지는 선진국의 사례를 보면서, 우리나라의 부실한 교과서 개발정책과 과정에 대해 매우 걱정스럽고 부끄럽기 짝이 없다. 학생과 학부모의 절실한 관심은 제발 우리도 다른 나라처럼 질 좋은 교과서를 보고 싶다는 것이다.

그러면 우리는 왜 이렇게 부실한 교과서를 만들 수밖에 없는가. 현재 우리 현실은 부실한 교과서가 제작될 수밖에 없는 구조적 문제가 있다.

첫째, 교과서 제작기간이 너무 짧다. 통상적으로 정부가 새 교육과정을 발표한 뒤 '교과서 검정 실시 공고'를 내면 출판사들은 그때부터 교과서를 만드는데, 제작기간은 보통 공고일로부터 1년 6개월이 주어지는데 실제 집필기간은 1년도 안 된다. 일부 교과서는 6개월 만에 속성으로 만들기도 하기 때문에 사실 여부를 꼼꼼히 확인할 여유도 없다.

둘째, 집필자의 역량이 부족한 탓이 크다. 교과서 집필에 학계에서 인정받는 학자들보다는 경륜이 적은 소장학자나 교사들이 대부분 참여하는 풍토가 문제다. 대개 교과서 집필 시 출판사는 교수 1인을 대표 집필자로 정하고 대표 집필자의 추천으로 친분 있는 교수나 제자 교사들로 팀을 꾸린다. 교육부 관계자들의 말에 의하면 "교수는 이름만 걸어 놓고 집필은 거의 현직 교사들이 한다"고 증언한다. 교과서 검정위원으로 참여했던 교수는 "앞뒤 말이 안 맞고 내용도 부실한 이런 교과서를 왜 우리가 다 고쳐줘야 하는지 한심스럽다'고 고백한다.

셋째, 정부가 교과서 개발을 민간 출판사에 전적으로 맡겨 놓고, 예산지원 한 푼 없이 정부가 정한 가격에 맞춰 교과서 제작을 요구한다. 이렇듯 교과서 개발기간이 짧은 데다 출판사는 교과서를 팔아 개발비용을 뽑아야 하니 질 좋은 교과서가 나올 리 만무하다.

넷째, 과거에 비해 정부가 교육과정을 너무 자주 개정하고 있다. 과거에는 7~8년 주기로 바뀌었지만, 최근 교육과정이 수시 개정 체제로 바뀌면서 교과서도 자주 바뀌고 있어, 교과서 개발을 위한 준비, 연구, 검토·수정할 충분한 시간적 여유가 적다.

다섯째, 교육계에서는 집필진이 자신의 전공 영역 또는 내용을 교과서에 꼭 그리고 많이 집어넣으려는 이른바 '전공 이기주의' 때문에 교과서 분량이 폭증하는 문제점을 지적한다. 2015 개정교육과정부터는 교과서 분량을 줄인다지만, 실제 배우는 내용은 그대로인 채 교과서 양만 줄이려 하다 보니 서술의 축약과 생략이 많아 이해하기가 더 힘들어지는 졸속 교과서가 생산되고 있다.

국가교육과정은 국가의 미래를 책임질 학생들에게 무엇을, 얼마만큼, 어떻게 가르치고 평가할 것인지의 기준이고, 그것을 구현하는 도구가 교과서다. 교과서 부실문제는 초·중·고의 전 교과서에 공히 해당된다. 학습내용 분량이 지나치게 많고, 학습내용의 수준이 학교 급별, 학년별 발달단계와 맞지 않으며, 타 교과의 학습내용과 연계성이 부족할 뿐더러 과목 간 내용의 중복도 많다. 또 내용의 사실적 오류도 많고, 제시된 삽화와 사진이 부적절하며, 전문용어와 개념설명이 부실하다. 인정도서의 부실문제는 더 심각하다. 인정도서는 교과서의 개발, 심의, 인정 권한을 시·도교육감이 교육부 장관으로부터 위임받아 직접 개발·심의 하든지 아니면 출판사가 개발하여 시·도교육감의 심의와 인정을 받는데, 교과서 개발위원과 심의위원의 전문성이 취약하고 교육청의 업무 폭주로 인해 교과서 부실이 걱정스러울 수준이다.

차제에 모든 교과의 국가교육과정과 교과서 개발정책을 전면 손질해야 한다. 학계 전문가들은 오류 없고 저렴한 교과서를 빠른 시일 내에 제작한다는 것은 어불성설이라면서 교과서 제작 시스템을 전향적으로 개선할 것을 권고한다.

교과서의 질과 수준을 개선하기 위해서는 먼저 교과서의 집필, 검토·수정보완, 검정·심의를 포함한 교과서 개발·제작기간을 대폭 늘이고, 각 교과 교과서 집필자 풀을 구성할 뿐 아니라 교과서연구회를 만들어 그들로 하여금 상시 교과서 개발을 위한 연구와 토론이 이루어질 수 있는 풍토를 조성해야 한다. 또 정부가 교과서 개발을 위한 예산 지원을 검토하고 교과서 가격도 적정가로 현실화할 필요가 있으며, 교과서 집필자 풀에 전공별 석학들이 많이 참여할 수 있도록 교과서 개발이 논문 게재나 저서 출간 이상의 업적과 명예를 인정받을 수 있도록 해야 한다.

근자에 교육과정 개정 체제가 '수시 개정 체제'로 바뀌면서 교과서도 자주 바뀌고 있는데, '수시 개정 체제'를 유지한다 할지라도 세계 교육 트렌드에 비추어 꼭 필요한 내용만 일부 수정·보완하는 방향으로 접근해야 한다. '수시 개정 체제'를 채택하고 있다 하여 정권이 바뀔 때마다 심층적 연구·검토 없이 교육과정과 교과서를 전면적으로 개정하여 시행착오를 양산하는 풍토는 개선돼야 한다.

교육부의 교과서 규정에 학습내용 진술, 사진과 삽화 제시 요령 등에 대해 명확한 지침 또는 구체적 심의기준을 제시해 줘야 한다. 그리고 교과서 집필에 참여하는 교수와 교사들은 교과서에 담을 내용이나 분량과 관련하여 전공 이기주의적 욕심을 버리고 교육자적 양심에 서서 오로지 미래세대 교육을 위하는 마음으로 임해야 한다. 가급적 중·고등학교의 교과서 중 모든 인정도서는 검정도서로 환원하고, 그 외 교과용 보조도서는 인정도서로 하되 인정도서의 개발과 심의도 공신력이 있는 총리실 산하의 교육개발원이나 교육과정평가원에 위탁하는 것이 바람직하다.

최근 논란이 뜨거운 역사 교과서의 근현대사 왜곡·편향 문제와 청소년들의 역사 몰이해에 대한 충격적 보고는 우리나라 역사교육 전반에 대한 면밀한 재평가를 요구하고 있다. 역사교육이 우리 민족의 장래를 책임질 주역들에게 올바른 민족의식과 국가정체성을 심어주기 위해 진정 소중하다고 한다면, 역사교육의 내용과 가르침의 과정은 공동체의 가장 보편적 정신과 가치를 담아야 하며 후대에 전수할 검증된 사실과 경험의 진수여야 한다. 그러나 작금 교육현장에서 벌어지고 있는 우리 역사교육의 현실은 온 국민이 개탄스러워할 정도로 심각하게 일그러져 있다.

오늘날 우리나라 역사교육 문제의 핵심은 역사 교과서, 역사 교사, 역사 교과서 개발정책에 있다. 첫째, 역사 교과서 문제는 교과서의 한정된 분량에 어떤 내용을 담을 것인지, 담을 내용들은 검증된 사실인지, 각 내용에 지면을 얼마나 할애할 것인지, 사실을 어떻게 기술할 것인지가 핵심이다. 이 핵심요소가 소홀히 되면 교과서 내용의 부실, 이념적 편향, 기술상의 오류로 이어지고 이것은 전적으로 집필자의 학문적 역량과 이념적 성향 그리고 교과서 검정시스템에 달려있다.

작금의 역사 교과서 논쟁은 현재 검정을 통과하여 학교현장에서 사용되고 있는 역사 교과서의 내용 중에서 특히 근현대사(대부분 1945년 이후) 서술에 있어 왜곡과 편향의 정도가 우려할 수준이라는 점에 집중되어 있다. 자라나는 세대에게 잘못된 역사의식을 심어주고, 국가정체성에 혼란을 주며, 열등의식과 패배주의를 심어줄까 걱정하고 있는 것이다.

현재 출판된 8종의 고교 역사 교과서의 수준은 내용, 기술, 표현 측면에서 가히 창피한 수준이다. 예를 들면, '을사조약을 성공적으로 마무리한 이토 히로부미', 일제의 의병 탄압에 대해서는 '소탕'으로, 쌀의 수탈에 대해서는 '수출'이라고 표현하고 있다. 북한이 김일성의 항일무장전투로 선전하는 '보천보 전투'는 박스로 돋보이게 서술해 놓고, 6·25전쟁이 처음부터 북한과 소련·중국에 의해 기획된 전쟁이었다는 사실은 기술하지 않은 채, '유엔군 참전으로 전쟁은 국제전으로 확대되었다'고 기술하고 있다. 북한 토지개혁의 부작용에 대해서 말하지 않고, 북한에서 마치 자유·비밀선거가 이뤄진 것처럼 오도하는 서술도 있다. '싸이'나 '소녀시대' 같은 K-Pop 스타는 기술하고, 유관순 열사나 '천안함' 폭침사건에 대한 서술은 없다. 위안부 관련 내용도 부실하게 취급하고 어떤 교과서는 '대한민국이 1948년 유엔의 승인을 받은 한반도의 유일 합법정부'라는 사실도 제대로 밝히지 않고 있다. 이런 역사 교과서로 어떻게 우리 아이들을 교육할 수 있을지 걱정스럽다. 최근 역사 교과서의 편향성과 오류 논란으로 교육부가 '수정심의위원회'를 급조하여 내용 수정명령을 내린 것도 임박한 교과서 채택 시한 때문에 내린 응급조치에 불과하다.

역사 해석을 위한 사관은 사람에 따라 다를 수 있다. 따라서 개인적 연구논문이라면 얼마든지 자신의 역사관과 학문적 소신을 자유롭게 펼칠 수 있다. 그러나 국가와 민족의 장래를 책임질 자라나는 학생들이 보고 배울 교과서를 자의적 소신만으로 쓸 수는 없다. 역사 교과서의 집필자와 검정자는 역사적 사명감과 학자적, 교육자적 양심을 가지고 가치중립적 입장에서 임해야 하며, 검증된 사실만 담아야 하고, 검증되지 않았거나 이론이 있는 내용은 유보하거나 병기해야 한다.

둘째, 교육현장에서 역사교사 또한 올바른 역사교육을 위해 가장 중요한 변수 중 하나다. 교실에서 교사는 교육행위에 관한 제왕적 권위를 가지며 치외법권적 보호를 받는다 해도 과언이 아니다. 교사가 교실에서 교과서 내용 중 무엇을 가르치고, 무엇을 특히 강조하며, 무엇을 더하고 빼서 가르치는지 누구도 알 수 없다. 실제로 교과서 외의 검증되지 않은 교육자료를 가지고 계기교육 시간에 왜곡·편향교육이 이루어지는 사례들이 종종 보고되고 있다. 역사교사가 만일 자신의 편향된 이념과 가치에 매몰되어 순수한 영혼들에게 왜곡된 역사교육을 한다면 이것은 예사로운 일이 아니다. 신성한 교단에서 역사교사는 교육자적 양심을 가지고 가치중립적 입장에서 검증된 사실만 가르쳐야 하며 검증되지 않은 내용은 유보해야 한다.

셋째, 역사 교과서 개발정책을 획기적으로 개선해야 한다. 중·고 등학교 역사 교과서의 교육과정기준, 집필기준, 심사(검정)기준을 보다 엄격하고 상세하게 재정비하여 대한민국의 정통성과 국가정 체성 강조뿐 아니라 여타의 불필요한 이념대립과 논란 및 갈등의 소지를 원천적으로 해소해야 한다. 역사 교과서의 한정된 볼륨 안에 어떤 내용을 담을 것인지, 담을 내용들이 검증된 사실인지, 각 내용들에 대하여 지면을 얼마나 할애할 것인지, 같은 사실일지라도 어떻게 서술할 것인지 등에 대하여 명확하게 규정해야 한다.

역사 교과서의 집필과 편찬에 대한 심사권, 검정권, 관리감독권과 책임은 분명히 국가에 있으므로(서울고법 2011년 8월 판결) 교육부가 책임지고 철저히 관리·감독해야 한다. 역사 교과서 개발과 검정에는 역사학자들뿐만 아니라 교육철학자, 교육과정학자, 교육심리학자, 발달심리학자, 일선학교 역사교사, 교과서 정책 전문가들이 공동으로 참여해야 한다. 역사 교과서 검정위원회 산하에도 '역사 교과서 내용선정위원회'와 '역사 교과서 기술검증위원회'를 두어 업무전문성을 높여야 한다. 또 검정을 통과한 어떤 역사 교과서라도 추후 내용이나 기술상 오류가 발견되어 교육부의 수정권고를 받으면 하시라도 즉각 수정해야 하며, 이는 우리의 미래를 책임질 동량들의 교육과 관련된 중차대한 문제이기 때문이다.

교육부에 국가교육과정을 관리하고 교과서의 발행, 심사, 검정을 전담할 전문적인 편수 조직을 강화하고 편수 인력도 대폭 보강해야 한다. 일부 업무와 권한을 타 기관에 위임할 경우라도 전 과정에 직접 참여하여 관리감독을 철저히 해야 한다. 현재 교육부에는 국가교육과정을 관리하고 교과서의 발행과 검증을 전담할 전문적 편수 조직이 취약하다. 교과서 편수를 담당하는 인력이 10여 명 내외 있지만 그들이 2,000여 종의 교과서 감수를 감당하기에는 업무 폭주와 편수 전문성 차원에서 역부족이다.

현재 교과서의 개발, 심사, 검정 등 모든 업무와 권한은 국사편찬위원회(국사), 과학창의재단(수학, 과학), 한국교육과정평가원(영어, 사회)에 분담 위임되어 있고 교육부는 책임만 지게 되어 있다. 이런 구조 하에서는 국가가 책임지고 교과서의 집필과 편찬에 대한 심사, 검정, 관리감독을 내실 있고 일사불란하게 수행할 수 없다. 국사편찬위원회나 과학창의재단은 교과서 편찬과 검정 업무에 전문성이 있는 기관이라고 볼 수 없다. 혹자들은 별도의 독립된 교과서 검정기구 설치를 제안하지만 정부가 국가교육과정과 교과서 개발의 관리·감독을 하지 않는다는 것은 교육의 품질관리 차원에서 직무유기 행위다.

넷째, 일선학교에서는 역사 교과서 채택과정에서 관련 법규와 절차를 준수하고 모든 국민들은 일선학교 교육수요자들의 자율선택권 행사와 민주적 결정을 존중해야 한다. 요즈음 일선학교에서 역사 교과서 채택과정에서 빚어진 참담한 갈등은 이런 민주적 기본절차와 상식을 무시하고 존중하지 않는 데서 초래된 사태다. 국가와 국민이 부여한 교육권을 교육감이나 교사나 학자가 편향적으로 남용할 권리가 없다. 이것은 헌법정신이다. 또 진실과 사실에 입각한 올바른 교육을 받을 학생의 권리(학습권)를 침해하고 순수한 영혼을 오염시킬 수 없다. 교육감이 지방교육의 수장이라 할지라도 중앙정부가 정한 교육정책의 범위 내에서 법령이 허용하는 집행권만을 행사해야 함을 유념해야 한다. 국가와 민족의 장래를 책임질 교육에 어설픈 실험이나 시행착오는 용납될 수 없다.

역사교육을 실질적으로 강화하기 위해서 한국사 과목을 수능 필수로 지정한 것은 잘한 듯 싶다. 나아가 한국사 과목을 대학의 교양 과정과 각종 국가고시에서 필수로 지정하는 것도 고려해 볼 필요가 있다.

오늘날 역사 교과서 집필과정에서의 내용선정과 서술, 그리고 검정과 채택 과정에서 빚어지는 모든 논란과 갈등은 다름 아닌 양심의 문제로 귀결된다. 자라나는 미래세대의 순수한 영혼들을 교육하는 성스러운 문제라고 생각하면 머리를 맞대고 명답을 찾기 위해 서로 협력할 일이지, 자신의 독선적 이념이나 가치에 매몰되어 교육자적 또는 학자적 양심을 저버린다면 그것은 죄악과 다름없다.

대한민국의 자랑스러운 역사를 잘못된 내용으로 잘못 가르칠 바엔 차라리 안 가르침만 못하다. 이웃나라 일본과 중국의 역사왜곡을 비난하고 조소하면서 우리가 그들과 다를 바 없는 역사교육을 한다면 참으로 부끄러운 일이 아닐 수 없다. 우리 역사교육은 적어도 대한민국의 역사적 정통성과 국가정체성을 정립하고, 가난을 딛고 산업화와 민주화를 동시에 성취한 '성공적 역사'임을 가르쳐 미래세대에게 자부심을 심어주어야 한다. 이제 미래세대 교육의 국가 백년대계를 위하여 모두가 마음을 열고 중지를 모을 때다.

ENDNOTE

1 > 이 글은 2013년 7월 20일자 중앙일보 33면 '기고'에 실린 필자의 칼럼을 바탕으로 정리하였다.

2 > 국정 역사 교과서를 둘러싼 논란은 대부분 현대사(1945년 이후) 부분에 집중돼 있다. 특히 대한민국의 '건국시기'와 관련된 내용이 어떻게 쓰였는지가 최대 관심사다. 대한민국의 건국이 언제인지, 어떤 과정을 거쳐서 이뤄졌는지는 국가 정통성 논란의 출발점이기 때문이다.

1948년 5월 10일 총선거가 실시되고, 그해 7월 17일 헌법 제정에 이어 8월 15일 정부수립이 선포되는 과정을 보는 시각이 좌우 진영에서 크게 다르다는 게 문제다. 보수진영은 국제사회에서 인정받는 합법적인 정부를 세운 과정으로 보고 있다. 이 때문에 1948년 8월 15일이 단순히 정부수립일로서만 의미를 갖는 것이 아니라 국민, 영토, 주권 등 국가의 3요소가 완전히 갖춰져 진정한 국가로 출발한 건국일로 보고 있다. 따라서 1948년을 '정부수립'으로만 표현하는 것은 대한민국이 국제사회에서 인정받은 명백한 국가라는 의미를 축소하는 것으로 여긴다. 또 일부 진보진영에서 헌법 전문에 '우리 대한민국은 3 · 1운동으로 건립된 대한민국 임시정부의 법통과 불의에 항거한 4 · 19 민주이념을 계승하고'라고 표현된 선언적 내용을 들어 1919년 임시정부 수립일을 건국일로 봐야 한다는 주장은 지나친 비약이라고 보고 있다.

반면 진보진영에서는 1948년을 외세가 개입해 민족이 분단된 불완전한 출발로 보는 시각이 강하다. 1919년 임시정부가 수립될 때 대한민국이 이미 건국된 것이며 1948년은 대한민국 정부가 수립된 것 이상의 의미를 부여하지 않는다. 1948년을 건국으로 보는 것은 임시정부와 항일운동의 의미를 폄훼하는 것이고, 이는 일제강점기 친일파의 행적을 감추려는 의도가 있는 것이라고 비판하고 있다. 진보진영은 1948년을 '대한민국 수립'으로 표현하는 것은 1948년 8월 15일을 건국일로 삼자고 주장하는 뉴라이트의 사관을 드러내는 것이라고 주장하고 있다.

3 > 초중등교육법 29조: 교과용 도서는 교육부 장관이 검정하도록 되어 있다.

4 > 서울고법 2011년 8월 판결: 국정이든 검정이든 교과서의 심사권, 검정권, 관리감독권과 책임은 국가에 있다.

5 > 서울행정법원 행정5부 2015년 4월 2일 판결: 교육부의 교과서 내용 수정 요구는 '청소년 교육에 바람직하며 적절하다'고 '교과서 수정명령 적법' 판결을 내렸다.

6 > 대법원 2016년 1월 29일 판결: 좌편향 논란을 불러온 고등학교 한국사 교과서에 대해 교육부가 내린 수정명령은 정당했다는 판결이 확정했다. 2013년 8월 교육부가 8개 출판사에 수정명령한 건수가 2,250건이었다.

7 > 초등 도덕, 국어, 사회(국사)는 국정이다. 그 취지는 이념적 편향성과 왜곡 기술 그리고 부적절한 내용선정을 막고, 민족의식과 국가정체성을 올바로 심어주기 위해서다.

8 > 교과서(textbook)는 수업교재로서 전부가 아니다. 다양한 수업교재는 얼마든지 있다. 단지 교과서는 최소 기준(minimum standard)을 제시하는 것일 뿐이다.

9 > 역사학과 역사교육은 구분해야 한다. 역사학에서는 다양한 역사적 해석과 담론이 존재할 수 있으나, 한국사 교육은 균형 잡힌 사관과 이념 그리고 가치를 제시해야 한다.

10 > 역사 교과서들이 동일한 사실을 제각기 다르게 쓴다는 것은 문제다. 어떤 역사적 사실을 놓고 역사적 의미와 가치를 다른 관점에서 논하는 것은 있을 수 있다. 그러나 역사적 의미나 가치도 이분법적으로 긍정과 부정으로 부여하는 것은 잘못이다.

11 > 학계와 국민들의 총의가 모아지지 않고 논란이 첨예한 현재진행형의 역사적 사실을 교과서에 담는 것은 유보하는 것이 바람직하다. 상당 기간 수행된 심층적이고 객관적인 연구결과를 토대로 검증된 사실을 싣는 것이 옳다.

12 > 교육감이 지방교육의 수장이라 할지라도 중앙정부가 정한 교육정책의 범위 내에서 법령이 허용하는 집행권만을 행사해야 함을 유념해야 한다. 국가와 민족의 장래를 책임질 교육에 어설픈 실험이나 시행착오는 용납될 수 없다.

13 > 국정이나 검정은 진위문제가 아니라 선택의 문제다. 검정을 통과한 여러 역사 교과서가 한 가지 역사적 사실을 달리 해석하는 것이나, 한 가지 국정 역사 교과서가 한 가지 역사적 사실을 여러 가지 해석을 병기하나 다를 바 없다. 그러나 한 가지 역사적 사실을 여러 가지 시각으로 달리 해석할 수 있다는 것은 '세상에는 불변의 정답이 없다'는 소중한 가르침이다.

14 > 중 · 고등학교 국사교과서 국정 사용은 1974년 3월 1일부터 시행되어 2007년 3월 1일 검정체제 시행(2005년 1월 25일 검정체제 전환) 전까지 지속되었다.

15 > 국가는 영토, 국민, 주권이 보장된 하나의 통치조직을 가지고 있는 사회집단이며, 정부는 국가의 통치권을 행사하는 기구로서 넓은 의

미로는 입법, 사법, 행정 등 한 나라의 통치기구를 말하며, 좁은 의미로는 행정부와 그에 부속된 행정기구를 말한다(헌법 제4장에 규정).

16 〉 교과서는 학교에서 사용하는 학생용의 주 교재로 교육부가 저작권을 가진 도서(1종 교과서)와 교육부 장관의 검정을 받은 도서(2종 교과서)로 구분한다. 1종 도서가 곧 국정 교과서이고 2종 도서가 검정 교과서이다. 국정은 교육부가 편찬하되, 장관이 필요하다고 인정한 경우 연구기관이나 대학 등에 위탁하여 편찬할 수 있다. 검정 교과서는 교육부 장관의 검정 또는 인정을 받은 교과용 도서로서 편찬의 주체가 민간이라는 것이 국정 교과서와 차이가 있다. 국정 교과서는 국가가 직접 교과서의 내용에 관여하지만 검정 교과서는 교과용 도서로서 부적합한 부분을 저자에게 수정을 요구하여 국가가 간접적으로 관여할 수 있다는 것이다.

'인정도서'란 '교육부 장관의 인정을 받는 교과용 도서'란 의미인데, 사실상 교과서의 개발, 심의, 선정 권한을 시·도교육감에게 위임하고 있다. 인정도서의 경우, 수지타산에 따라 출판사가 개발하여 교육청의 심의와 인정을 받는 경우가 있고, 교육부의 특교금을 받아 시·도 교육청이 직접 개발·심의하는 경우도 있다. 그러므로 인정도서의 경우, 교과서 개발위원과 심의위원의 전문성 문제와 교육청의 업무 폭주 문제가 심각하게 대두되고, 이는 교과서의 질 문제와 직결되고 있다.

역사 교과서
발행체제
개선 논란

최근 중·고등학교 역사 교과서의 이념적 편향성과 왜곡 기술 그리고 부적절한 내용 선정에 대하여 많은 국민과 학부모들이 걱정하고 있다. 작금의 논란과 갈등은 특히 남북이 분단되어 있고 세계 어느 나라보다도 이념적 갈등이 아직도 첨예한 상황에서 현존하는 한국사 교과서의 이념적 편향성이 과도하고 교과서 내용의 부실이 불러온 것이다. 이 때문에 국민들은 올바른 국가관과 균형 잡힌 역사인식을 길러줄 수 있는 사실에 입각한 수준 높은 역사 교과서를 요구하며, 역사교육의 품질관리를 위하여 국가가 책임지고 나서서 국가 교육과정과 교과서 개발의 관리·감독을 철저히 해주기를 바라고 있다. 차제에 '2015 문·이과 통합형 교육과정 개정'에 맞추어 역사 교과서 발행체제 개선 방안에 대한 논의를 요구하고 있다.

그러나 역사 교과서 발행을 국정으로 할 것이냐 검정으로 할 것이냐는 충분한 공론화와 의견수렴 과정을 거쳐 다수 국민과 학부모가 원하는 방향으로 신중히 결정해야 함이 옳다. 역사학자들, 교사들, 정치인들, 언론들, 사회단체들은 역사에 책임진다는 자세로 양심에 서서 항구한 우리 조국의 미래를 책임질 순수한 영혼을 교육하는 중차대한 문제로 인식하고 개인적 아집과 경도된 이념에서 벗어나 이 문제에 임해야 한다.

국정체제
전환
주장

중·고등학교 역사 교과서의 국정 전환을 주장하는 사람들은 첫째, 국민통합과 국가정체성 확립 차원에서 국정이 바람직하다고 보고 있다. 둘째, 민주시민으로서의 기초·기본교육을 다루는 유·초·중·고의 보통교육은 발달과정에 있는 청소년들이 대상이기 때문에 직업생활과 학문추구를 위한 전문교육을 다루는 고등교육과 달리 학생들이 다양한 학설을 접하고 토론할 정도로 배경지식이 축적되어 있지 않다고 설명한다. 셋째, 전문교육을 하는 대학에서처럼 다양한 역사 서적과 자료를 놓고 분석, 연구, 조사, 토론할 수 있는 능력과 여건이 되어 있지도 않다. 넷째, 여러 가지 가치관과 분별능력이 성숙되어 있지 않기 때문에 사관과 학설이 분분한 검정 교과서들이 난립해 있다는 것은 미성년자의 균형 잡힌 역사관과 국가정체성 확립에 혼란을 초래할 수 있다. 다섯째, 지금처럼 여러 가지 검정 역사 교과서들이 난립해 있을 경우, 학력평가나 대입 수능시험 출제와 채점에 혼란이 상존할 수 있다. 여섯째, 역사 교과서 채택과정에서 일선학교에 야기될 수 있는 갈등과 혼란이 우려된다.

국정 전환에 대한 반론

그러나 국정으로 전환한다 할지라도 우려할 점이 많기는 마찬가지다. 우선, 정권이 바뀔 때마다 교과서 발행체제를 손볼 수 있다는 우려가 있다. 교과서 발행체제는 교육부 장관의 고시로 결정되기 때문에, 정부가 마음만 먹으면 언제든 역사 교과서의 발행체제를 바꿀 수 있다. 실제로 2005년 1월 25일 노무현 정부는 중·고등학교의 도덕, 국어, 국사 등의 교과에 대한 국정 교과서 발행체제를 검정체제로 전환하여 2007년부터 시행토록 법을 개정한 바 있고, 이명박 정부 들어서는 2011년 8월 16일 초·중등학교 교과용 도서를 국정, 검정, 인정 도서로 구분 고시한 바 있다(제2011-29호). 초등은 바른생활, 슬기로운 생활, 즐거운 생활, 국어, 사회/도덕, 수학, 과학은 국정이고, 실과, 체육, 예술(음악/미술), 영어는 검정이다. 중·고등학교에서는 국어, 사회(역사 포함), 도덕 교과서는 검정이고, 나머지 대부분의 교과서는 인정도서로 전환하였다.

둘째, 역사 교과서를 국정으로 전환하면 정권이 바뀔 때마다 정권의 입맛에 따라 교과서에 담는 내용과 기술이 달라질 수 있고, 그렇게 하기도 더 용이해진다. 특히, 교과서에 담은 내용과 기술이 잘 못 되었을 때는, 한 가지 교과서를 사용하는 국정의 경우가 다양한 시각에서 내용을 담고 기술한 검정보다 더 위험할 수 있다. 최근 크게 논란이 된 초등학교 사회 국정 교과서 실험본의 부적절한 설명과 350여 건의 오류(역사정의실천연대 지적)가 이를 증명한다. 예를 들면, '을사조약을 성공적으로 마무리한 이토 히로부미', 일제의 의병 탄압에 대해서는 '소탕'으로, 쌀의 수탈에 대해서는 '수출'이라고 표현하고 있다.

'싸이'나 '소녀시대' 같은 K-Pop 스타는 기술하고, 유관순 열사나 '천안함' 폭침사건에 대한 서술은 없다. 북한이 김일성의 항일무장 전투로 선전하는 '보천보 전투'는 박스로 돋보이게 서술해 놓고, 6·25전쟁이 처음부터 북한과 소련·중국에 의해 기획된 전쟁이었다는 사실은 기술하지 않은 채, '유엔군 참전으로 전쟁은 국제전으로 확대되었다'고 기술하고 있다. 북한 토지개혁의 부작용에 대해서 말하지 않고, 북한에서 마치 자유·비밀선거가 이뤄진 것처럼 오도하는 서술도 있다. 위안부 관련 내용을 부실하게 취급하고 어떤 교과서는 '대한민국이 1948년 유엔의 승인을 받은 한반도의 유일 합법정부'라는 사실을 여전히 제대로 밝히지 않고 있다.

셋째, 올바른 역사관과 국가정체성 확립 문제는 발행체제의 문제가 아니라, 역사 교과서에 무슨 내용을 담고 어떻게 기술하느냐의 문제이기 때문에 현행 검정체제를 유지한다 할지라도 교육과정 기준, 집필기준(내용준거안), 심사(검정)기준을 엄격하고 상세하게 정비한다면 전혀 문제될 것이 없다.

넷째, 정치권, 학계, 교육계, 문화·예술계, 사회단체는 물론 많은 국민들과 대부분의 한국사 관련 기관장들(예: 정옥자 전 국편위원장

등)까지 반대의견이 많다. 더욱 심각한 문제는 국정 전환을 시도할 경우, 정치권, 학계, 교육계, 문화예술계, 사회단체 등의 국정화 반대 운동으로 온 나라가 장기간 이념갈등의 소용돌이에 휘말려 국론 분열이 심화되고 국정동력을 상실할 뿐 아니라 통치권 누수를 앞당길 수 있다는 것이다. 더욱이 국정 전환 갈등으로 교육관련 국정과제 추진이 마비되고, 교육계와 학교현장이 혼란과 갈등의 도가니가 될까 걱정스럽다. 만일 진보교육감들이 인정도서로 역사 교과서를 공동 발행하여 대안 교과서로 사용한다면 교육현장의 혼란은 막대할 것이다.

다섯째, 국정으로 전환할 경우, 중국이나 일본 등 주변국과의 역사분쟁이나 영토분쟁에서 객관적 설득력을 잃게 되어 대응할 때 우위를 선점하기 어렵다. 국정은 국가가 주도하므로 역사를 의도적으로 왜곡할 수 있지만, 검정은 학계의 다양한 역사해석이 공존하도록 허용하므로 객관성이 높다고 보기 때문이다(참고: 국내 대표적 싱크탱크인 아산정책연구원, 국립외교원 외교안보연구소, 국가안보전략연구소, 통일연구원 등의 2015년 전망 보고서는 한·중·일 역사 갈등이 새해부터 더욱 심화될 것으로 내다봄).

여섯째, 역사 교과서의 국정 전환은 세계적 추세에 역행할 뿐만 아니라, OECD 국가 중 유일하게 국정체제를 채택해야 한다는 부담도 크다.

일곱째, 역사 교과서를 국정으로 전환할 경우, 또 하나의 심각한 난제는 집필진 구성이 어렵다는 것이다. 역사학계에서 존경받고 인정받는 학자들은 하나같이 집필진 참여를 사양하고 있다. 그렇다면 심사위원이나 검정위원 구성도 쉽지 않을 것이다.

여덟째, 학문적 시각으로 볼 때, 자연선택(natural selection)에 의한 적자생존(survival of the fittest) 법칙'은 자연생태계나 시장에만 적용되는 것이 아니다. 문화·예술·체육 생태계를 포함한 어느 학문영역 생태계에도 똑같이 적용된다. 항구한 역사 속에서 역사기술의 찰나적 왜곡과 편향을 너무 두려워할 필요 없다. 다양한 학설의 찰나적 존재를 허용하는 것은 열등한 학설들이 자연스럽게 정화되고 도태될 수 있도록 장을 펴주는 것일 뿐이다. 결국 학문세계에서는 정설과 정석만 살아남게 될 것이므로 역사 교과서 검정체제에 대해 크게 걱정하거나 조급할 이유가 없다.

바람직한 해결 방안

학문에서 진위(眞僞)를 여론조사로 가리는 것이 아니다. 여론조사 결과는 그저 참고사항일 뿐이다. 결코 역사의 시계 바늘을 거꾸로 돌릴 수는 없다. 한영우 서울대 명예교수는 "대한민국은 산업화와 민주화에 모두 성공한 나라다. 그런데 성공의 동인(動因)인 자유민주주의 체제를 교과서에서 지키기 위해 자유민주주의 원칙에 어긋나는 정책을 편다는 것은 자가당착 아닌가. 어느 자유민주주의 국가가 교과서를 하나로 만들어 가르치는가. 그건 전체주의 국가에서나 가능한 얘기다. 국론분열뿐 아니라 앞으로 국제관계에서도 어려움을 겪을 수 있다"고 충고한다(조선일보, 2015.10.24.).

현실적으로 현행 검정체제를 유지하되 국정체제 이상의 역사교육 효과를 낼 수 있는 현실적 방안을 모색하여 국정 전환으로 인한 혼란과 갈등 그리고 국론분열을 막고 사회통합을 이뤄 막대한 사회적 비용을 치르지 않는 접근방법이 가장 바람직하다. 최근 국정 전환 목소리가 높은 것은 반복적으로 드러나는 역사 교과서 내용의 편향적 기술과 심각한 오류 때문이지 다른 이유가 없다. 사실 교과서 검인정을 제대로 하지 못한 정부의 책임이 가장 크다. 이런 문제들은 역사 교과서 발행체제 개선과 정부의 관리·감독 강화로 대부분 해결될 수 있다. 단번에 좋은 역사 교과서를 만들 수 있다는 생각은 버려야 한다.

그러자면 첫째, 역사 교과서의 교육과정기준, 집필기준, 심사(검정)기준을 보다 엄격하고 상세하게 정비하여 논란과 갈등의 소지를 원천적으로 차단해야 한다. 둘째, 역사 교과서의 집필과 편찬에 대한 심사, 검정, 관리감독을 교육부가 직접 관장해야 한다. 셋째, 역사 교과서 개발과 검정에 역사학자들뿐만 아니라 교육철학자, 교육과정학자, 교육심리학자, 발달심리학자, 일선학교 역사교사, 교과서 정책 전문가들이 공동으로 참여해야 한다. 넷째, 역사 교과서 검정위원회 산하에 '역사 교과서 내용선정위원회'와 '역사 교과서 기술검증위원회' 등을 두어 업무전문성을 높여야 한다. 다섯째, 교육부에 국가교육과정을 관리하고 교과서의 발행과 검증을 전담할 전문적인 편수 조직을 강화해야 한다. 혹자들은 별도의 독립된 교과서 검정기구 설치를 제안하지만 정부가 국가교육과정과 교과서 개발의 관리·감독을 하지 않는다는 것은 교육의 품질관리 차원에서 직무유기 행위다.

역사학자들, 교사들, 정치인들, 언론들, 사회단체들은 역사에 책임진다는 자세로 양심에 서서 항구한 우리 조국의 미래를 책임질 순수한 영혼을 교육하는 중차대한 문제로 인식하고 개인적 아집과 경도된 이념에서 벗어나 이 문제에 임해야 한다.

ENDNOTE

1 > 이 글은 필자가 교육부 차관 재직 시, 역사 교과서 국정 전환과 관련한 학계와 언론의 찬반양론과 바람직한 해결 방안에 대한 필자의 소견을 서면으로 작성하여 청와대에 올린 내용이다.

2 > 원래 2015 교육과정은 2018년 3월부터 적용되도록 계획된 것인데, 정부가 중학교 역사와 고등학교 한국사 과목만 2017년 3월 1일부터 적용한다는 수정 고시를 강하게 밀어붙였다. 박근혜 대통령 임기 내에 새로 만들어진 국정 역사 교과서를 일선학교에 적용되는 것을 보여주고 싶다는 청와대의 의도다.

원래 필자가 2015년 2월 교육부 차관에서 물러난 후, 2015년 10월 12일 교육부는 역사 교과서 국정화를 확정 고시하고 국정 역사 교과서 편찬 · 개발 절차에 돌입했다. 그리고 정부는 새로 편찬될 국정 역사 교과서 내용뿐만 아니라 집필진, 집필기준, 편찬 심의위원 등 일체를 개발 완료 시까지 공개 금지시켰다. 국가와 국민을 위하여 떳떳하고 자신 있는 일이라면 왜 모든 것을 숨기고 밀실에서 역사 교과서 개발을 강행하는가. 국가경영 차원에서 볼 때 치졸한 짓이다.

교육부는 2016년 11월 28일 국정 한국사 교과서 현장 검토본과 집필진, 집필기준, 편찬 심의위원 등을 일괄 공개하고, 2016년 12월 31일까지 국민의견을 수렴한다고 발표했다. 그리고 2017년 3월부터 새 국정 교과서로 수업을 시작한다고 예고했다.

3 > 2017년 1월 15일 교육부는 전년도 12월 29일부터 2015 개정 교육과정 고시내용 가운데 '중 · 고교 역사 및 한국사 과목은 2017년 3월 1일부터 적용한다'는 단서조항을 삭제하고 행정예고 한 바 있다. 교육부는 중 · 고교 국정 역사 교과서의 현장 적용을 2017년 3월 1일로 고시했던 당초 계획을 바꿔 2018년 3월 1일로 확정 고시하기로 했다. 역사 교과서 국정 전환 논란을 다음 정권에 떠넘기자는 발상이다(중도일보, 2017.1.16.).

4 > 교육부는 2017년 2월 20일 국정 역사 교과서 연구학교 지정 결과를 발표했다. 전국 5,566개 중 · 고등학교 가운데 경북 문명고 단 1개교만 연구학교로 최종 지정되어 올해 국정 교과서로 가르치게 됐다. 교육부는 국정 교과서를 보조교재로 사용하거나 도서실 비치를 희망하는 학교는 교과서를 보내겠다고 밝혔다. 참으로 창피한 일이다. 국정 교

과서를 쓰라고 구걸하는 꼴이니 대한민국 교육의 컨트롤 타워인 중앙 정부의 체면이 말이 아니다. 국정운영이 정도를 벗어난 탓이다.

5 > 국정 역사 교과서 편찬 · 개발 절차.

교육과정 고시(교육부) – 국정 교과서 개발계획 수립(교육부) – 편찬기관 선정: 공모 또는 지정(교육부) – 국정 교과서 편찬(편찬기관 및 발행사) – 편찬심의회 운영(교육부) – 현장검토(연구학교 1년) – 감수(국립국어원 · 국편) – 국정 교과서 신간본 승인(교육부) – 주문 및 공급(학교 · 발행사) – 적용(학교).

6 > 국정 역사 교과서 발행 로드맵.

개선방안 발표(2014.11.) – 교육과정 총론 · 각론 개발(2014.10.~2015.9.) – 교육과정 확정 발표(2015.9.) – 교과서 개발(2015.9.~2016.9.) – 교과서 적용(2017.3.).

7 > 문재인 대통령은 출범과 함께 국정 역사 교과서 폐기를 지시했다. 교육부는 2017년 5월 16일 이에 따른 행정예고를 하고, 2015 개정 교육과정 중 역사 교과서만 적용시점을 2018년에서 2019년 3월 1일로 연기하기 위한 행정예고도 준비 중이다. 교육부는 검정 역사 교과서 집필기준 수정 작업에 착수하고, 새 집필기준에선 '대한민국 수립'이 '대한민국 정부 수립'으로 바뀔 공산이 크다. 1차(1956년)~7차(2009) 교육과정까지 쓰였던 '대한민국 수립' 표현은 노무현 정부가 고시한 2007 개정 교육과정부터 '대한민국 정부 수립'으로 바뀌었다가 2015 개정 교육과정에서 다시 '대한민국 수립'으로 수정 고시한 바 있다. 교육과정 관련 행정예고는 교육부 차관, 최종 고시는 장관이 결재한다.

8 > 초 · 중 · 고 역사교육 현황과 교과서 발행체제.

초 · 중 · 고 학생의 발달수준에 따른 계열화 적용하고, 초등학교의 경우 아동발달단계 상 시대구분 등 역사적 사고력 형성에 이른 시기라는 학자들의 판단에 따라 일화 또는 인물 이야기 중심 접근.

* 초등학교 사회(한국사) 5~6학년: 〈국정〉 일화, 역사 인물이야기 중심(전 시대).

* 중학교 역사(한국사 · 세계사 2 : 1 비율): 〈검정〉 정치사와 문화사 중심 통사 (전 시대).

* 고등학교 한국사: 〈검정〉 사회경제사, 사상사, 대외 관계사 중심 통사(전 시대). 세계사는 선택.

2020년대 본격적 제4차 산업혁명시대에는 인공지능, 빅데이터, 로봇공학, 사물인터넷, 나노기술, 가상현실과 증강현실, 클라우딩, 3D 바이오 프린팅(3D Bio-Printing), 퀀텀 컴퓨팅, 유전공학, 항공우주공학 등 첨단 과학기술 분야의 획기적 발전과 이런 첨단 과학기술의 융합을 통해 사회 각 분야에 상상을 초월하는 대변혁을 예견하면서 인류 문명사에 획을 긋는 획기적 변화·발전을 기대하고 있다. 이제 말만 하면 우리가 상상할 수 있는 모든 것이 이루어지는 세상이 목전에 와 있다. 음성인식기술, 인공지능, 로봇공학, 빅데이터, 사물인터넷, 재료공학 등의 첨단 기술이 융합해서 만들어진 스마트 로봇이 집집마다 비서 노릇을 하면서 주인이 해야 할 모든 일을 척척 해낼 세상이 머지않았다.

제4차 산업혁명은 인공지능, 로봇공학, 사물인터넷, 빅데이터, 지능형 CPS(사이버 세계와 물리적 세계를 네트워크로 연결하는 하나의 통합 시스템) 기술의 발전과 그 상호작용으로 촉발되는 '수확 가속화'를 이루는 만물 초지능 통신혁명이며 인류 역사 최대의 산업혁명을 일컫는다. 제4차 산업혁명은 피할 수 없는 변화이며 우리에게 무궁무진한 기회를 가져다 줄 것이다. 현존하는 많은 직업들이 사라지고 일자리 구하기도 어려워질 텐데 어떤 직업을 가져야 하는지 물을 것이 아니라, 어떤 직업을 갖든 융합적이고 포괄적인 이해 능력을 갖는 것이 필요하다. 제4차 산업혁명시대는 모든 일이 창의성에서 시작되므로 창의성을 발휘할 수 있는 환경을 마련해 주는 것이 중요하다.

버락 오바마 전 미국 대통령의 싱크탱크 '알렉 로스'는 이런 Big Bang에서 살아남을 방법은 교육밖에 없다고 단언한다. 또 제4차 산업혁명 이후에는 모든 기계문명이 코드화하므로 프로그램 코딩이 지식세계에서 대화의 기본수단이 될 것이며, 학교에서는 컴퓨터 프로그래밍과 수학교육을 필수적으로 강화해야 한다고 경고한다. 이런 차원에서 소프트웨어는 제4차 산업혁명시대를 이끌어 갈 핵심 동력이자 언어와 같은 기본 소양이므로 소프트웨어 조기교육은 매우 시급하다.

코딩(Coding: 컴퓨터 프로그래밍)교육은 이제 세계 교육계의 뜨거운 화두가 되었다. 코딩은 컴퓨터의 명령어를 조합해서 소프트웨어를 만드는 것이다. 디지털 혁명으로 머지않아 모든 사물이 소프트웨어로 연결된다. 소프트웨어가 어떻게 만들어지는지를 알아야 제4차 산업혁명시대에 적응 가능하고 새로운 것을 창조할 수 있는 기본적 능력을 보유한다. 소프트웨어는 자동차, 항공, 금융, 영화 등 모든 분야에 사용되는 인류 역사상 최고의 '범용기술'이다. 코딩은 '디지털 시대의 언어'라 할 수 있다. 미국은 2016년초 코딩교육에 40억 달러(약 4조 4,000억 원)의 예산을 투자하고, 영국은 2014년 9월 초·중·고 교육과정에 코딩교육을 필수과목으로 지정하고 매주 1시간 이상 가르친다. 이스라엘은 1994년부터 고등학교 이과생을 대상으로 3년간 소프트웨어 수업에 270시간을 할애하고 있다. 심화과정을 선택하면 졸업까지 총 450시간을 공부할 수 있다. 일본은 중학교의 경우 연간 55시간, 중국은 초등학교 3학년부터 연간 70시간 이상 소프트웨어 교육을 한다.

우리나라 코딩교육은 2018학년도 교육과정부터 도입될 예정인데 타 선진국들보다 훨씬 늦게 도입되는 편이다. 정부 발표에 의하면 2018년부터 중학교는 현재 선택인 정보과목을 필수(34시간)로 지정하고, 고등학교는 현재처럼 선택으로 하되 코딩교육과정을 보강하기로 했다. 초등학교는 2019년부터 5~6학년 실과시간에 소프트웨어 기초교육을 17시간 이상 실시하게 된다. 이에 대해 전문가들과 학부모들은 코딩 공교육이 타 선진국들에 비해 너무 늦은 데다 정규 교육과정에서 필수로 지정돼 있지도 않고, 수업시수도 충분히 배정돼 있지 않아 정부차원에서의 대처가 너무 안이한 것 아닌가 걱정하고 있다. 이래가지고 학교에서 코딩교육이 제대로 이루어질 거라고 기대하는 사람도 별로 없다. 컴퓨터 교육시설이 열악하고 코딩교육을 담당할 수 있는 실력 있는 교사가 턱없이 부족한 것도 간단히 해결될 문제가 아니다. 2015년 교육부 실태조사에 따르면, 초등학교의 경우 소프트웨어 교육경험을 가진 교사는 4.7% 뿐이며, 중학교의 경우 컴퓨터 가르치는 교사가 따로 있지만 전국 2,934학교에 1,217명밖에 없어 학교당 0.4명꼴인 셈이다. 교육부는

2018년까지 초등교사의 30%(약 6만 명)에게 소프트웨어 직무연수를 계획하고 있지만 땜질식 처방이 아닌가 우려하고 있다.

　교육부와 미래부가 2015년 'SW중심사회를 위한 인재양성추진계획'을 발표한 후 서울 강남 지역을 중심으로 코딩 사교육 시장이 뜨겁게 달아오르고 있다. 코딩능력이 미래사회의 핵심 경쟁력이 될 것이라는 전문가들의 지배적 시각 때문이다. 정부가 '스크래치' 같은 '블록형 코딩 프로그램 개발'을 밝히자 영유아 사교육 시장에서는 게임형 코딩교육이 유행이다. '스크래치'는 미국 매사추세츠 공대(MIT)에서 2006년 개발한 유아용 코딩 프로그램으로 명령어가 적힌 블록을 끼워 맞추며 놀이하듯 공부하는 도구다. '스크래치' 말고도 '키즈코딩'과 같은 다양한 코딩 프로그램도 개발되고 있다. 특히 서울 강남과 서초 지역을 중심으로 유치원과 어린이집은 물론 학원가에 코딩교육 바람이 더욱 거세다. 요즈음 코딩교육에 대한 학부모들의 관심이 많아 영유아 및 초등학생을 대상으로 학원가에서는 '코딩 영재스쿨'이 성행하고 방학을 이용한 '코딩캠프'를 여는 학원도 많이 생겼다.

　컴퓨터 교육학자들은 코딩교육이 중요하지만 진짜 중요한 것은 코딩교육과정을 통해 아이들이 체득하는 컴퓨터 프로그래밍 능력 뿐 아니라 기획력, 탐구력, 창의적 사고력, 논리적 사고력, 분석적 사고력, 토론능력, 협업능력, 문제해결능력, 업무관리능력, 시장조사능력 등 다양한 고등정신능력을 종합적으로 계발할 수 있다고 강조한다.

　영국 아이들은 이미 유치원생부터 시작하여 초등학교에 이르기까지 250시간 이상의 코딩교육을 받고, 6학년이 되면 모든 아이들이 모바일 앱을 만들기 시작한다. 모바일 앱 교육과정에서는 어떤 앱을 만들며 왜 만드는지, 프로젝트팀 내에서 누가 어떤 역할을 맡을 것인지, 어떻게 유사한 앱들과 차별화할 것인지, 앱의 메뉴는 어떻게 디자인할 것인지, 어떻게 프로그래밍하여 앱을 완성할 것인지, 어떻게 마케팅하여 시장을 점유할 것인지 등을 토론하며 배운다. 이런 과정에서 인터넷 탐색을 통해 자료를 수집하는 법과 소프트웨어를 활용해 발표하는 법 그리고 사회 역학구조와 시장원리도 배운다. 제4차 산업혁명시대는 온 세상이 소프트웨어로 연결되고 소프트웨어를 통해 모든 것을 움직이는 디지털 혁명의 시대다. 영국의 초등학생들은 이렇게 다음 세상을 착실히 준비하고 있다.

제4차 산업혁명시대라는 대 변혁기를 맞아 선진국들이 앞 다투어 교육 패러다임을 바꾸고 있다. 낡은 교육시스템에 안주하면 디지털시대를 이끌어갈 창의·융합형 인재를 키워낼 수 없다는 위기의식 때문이다. 인공지능, 빅데이터, 사물인터넷, 로봇공학, 나노기술 등 과학기술의 혁명적 진보는 직업세계도 뒤흔들 것이다. '현재 초등학생이 직업세계에 진입할 때면 현존하는 직업의 65% 정도가 사라질 것'이라는 학자들의 전망도 그런 맥락에서다. 이런 혁명적 변화를 주도하기 위해 선진국들이 경쟁적으로 착안한 것이 코딩(coding) 조기교육이다. 단순한 컴퓨터 활용교육에서 벗어나 컴퓨터적 사고력(computational thinking)을 통해 직접 프로그램을 짤 수 있도록 가르치자는 것이다. 창의·융합적 사고, 논리적 사고, 분석적 사고, 문제해결능력을 길러주는 교육만이 돌파구라는 충고다.

전 애플 CEO 스티브 잡스는 "모든 사람들이 코딩을 배워야 한다. 생각하는 방법을 가르쳐주기 때문이다"라고 충고했고, 마이크로소프트 창업자 빌 게이츠도 "코딩은 모든 문제에 대해 새로운 해결책을 도출할 수 있는 힘을 길러준다"고 역설했다.

제4차 산업혁명시대를 대비하여 우리 한국 코딩교육의 문제점을 해결하고 선진화를 꾀하기 위한 몇 가지 대안을 제시한다. 첫째, 영국 등 주요 선진국들처럼 초·중·고 교육과정에 교과명을 무엇으로 하든 코딩교육을 필수과목으로 지정하고 적어도 매주 1시간 이상 배우도록 개편하되 실시 연도를 가급적 앞당겨야 한다. 우리 한국은 코딩교육을 초등학교에서는 2019년부터 5~6학년 실과시간에 소프트웨어 기초교육을 17시간 이상 실시할 계획이고, 중학교는 2018년부터 현재 선택인 정보과목을 필수(34시간)로 지정하고, 고등학교는 현재처럼 선택으로 하되 코딩교육과정을 보강하기로 했다. 코딩교육과 관련한 정부의 교육과정 개편을 둘러싸고 교과 이기주의가 작용하는 것을 용납해서는 안 된다.

둘째, 초·중·고 코딩교육(소프트웨어 교육)을 위한 인프라 구축이 시급하다. 중학교의 경우, 코딩교육에 필수적인 컴퓨터의 노후화율이 42%이고 중학교 3,089곳 중 153곳은 컴퓨터실조차 없다. 더불어민주당 박경미 의원의 보고자료에 의하면, 2017년 교육부 예산 60조 6,572억 원 중 노후 컴퓨터 교체와 실험실 구축 예산은 전무하다. 참으로 걱정스러운 일이다.

셋째, 턱없이 부족한 코딩교육을 담당할 컴퓨터교육 전공교사 확보를 위하여 전국의 대학에 컴퓨터교육학과를 늘리고(현재 컴퓨터교육학과는 전국에 8곳뿐), 교육대학원에서 컴퓨터교육 전공학과를 개설하며, 컴퓨터교육 전공 또는 담당 현직교사들에 대해서는 직무연수 기회를 확대해야 할 것이다. 2015년 교육부 실태조사에 따르면, 초등학교는 소프트웨어 교육경험을 가진 교사가 4.7%뿐이며, 중학교는 컴퓨터 담당 교사가 따로 있지만 전국 2,934학교에 1,217명밖에 없어 학교당 0.4명꼴밖에 없다. 컴퓨터 교육에 가장 심하게 찬물을 끼얹은 것은 2008년 이명박 정부가 발표한 '정보교육 의무화 폐지' 정책이다. 그래도 다행스러운 것은 ICT 산업의 급격한 성장과 코딩 공교육 도입으로 교육계와 취업시장이 빠르게 바뀌고 있어, 컴퓨터공학 전공학생과 컴퓨터를 교양으로 선택하는 학생들이 늘고 있다는 점이다.

넷째, 초·중·고 코딩 공교육의 부족한 부분을 메워줄 대안으로 대기업과 민간단체들이 온·오프라인을 통해 무료교육에 나섰다는 점이다. 국가의 장래와 미래세대를 위해 참으로 다행스럽고 고마운 일이다. 기업이나 기관 및 단체들의 참여가 교육기부 차원에서 더 활성화된다면 더없이 바람직할 것이다.

세계의 이목을 집중시켰던 이세돌 9단과 인공지능 '알파고'의 대국 이후, 정부와 기업, 민간단체를 중심으로 무료 코딩교육이 확산되고 있다. 코딩 조기교육에 기여하자는 차원에서 초·중등학생들에게 무료교육을 제공하는 것이다. 삼성전자는 초·중·고생들이 방학이나 방과후 교실 또는 자유학기제 수업을 통해 코딩을 배울 수 있도록 '주니어 소프트웨어 아카데미'를 운영하고 있다. 최근 3년간 이 프로그램에 참여한 학생 수가 2만 4,000여 명에 이른다. SK텔레콤이 운영하는 '티움 모바일 스마트 스쿨'과 KT의 '놀이중심 소프트웨어 체험교실'도 전국 주요 권역별 학교와 아동센터를 중심으로 무료 코딩교육을 제공하고 있다.

온라인 코딩교육 프로그램은 더 활성화돼 있다. 네이버가 운영하는 '소프트웨어야 놀자' 홈페이지에는 EBS, BBC 등 여러 곳에서 만든 교육용 영상을 볼 수 있다. 네이버의 커넥트재단이 만든 엔트리교육연구소도 무료 코딩교육 사이트를 운영하고 있다. 정보통신기술진흥센터와 미래인재연구소가 운영하는 '코리아 SW'와 미래창조과학부와 정보통신산업진흥원이 운영하는 'SW 중심사회'에서도 온라인 코딩강의와 교재를 제공하고 오프라인에서도 교육정보를 얻을 수 있다.

이용 가능한 컴퓨터가 없어 코딩교육에 접하지 못하는 학생들을 위해 국내 연구진이 일명 '손가락 PC' 개발에 나선 사례도 있다. 어른 손가락 크기의 초소형 PC로 가로 1.5cm, 세로 5cm, 무게 13g 정도의 라이터 크기 수준이다. 손가락 PC는 모니터와 키보드에 연결해 컴퓨터처럼 쓸 수 있고, 일반 TV에 연결하면 스마트 TV로도 활용할 수도 있다.

그러나 하나 아쉬운 점은 초·중·고생들을 위한 무료 코딩교육 프로그램은 늘고 있지만 대기업의 소프트웨어 전문가 양성 프로그램은 없어지거나 축소되고 있다. 네이버의 'NHN넥스트인스티튜트'는 최근 소수의 전문가를 길러내기 위해 집중 투자하는 방식보다는 다수에게 현장 실무형 교육을 제공하는 방식으로 방향을 전환하기로 했다. NHN넥스트는 이미 대폭 축소된 상태다. NHN넥스트는 원래 네이버가 10년간 1,000억을 투자해 고도의 실무형 인재를 양성하기 위해 출범한 비영리 소프트웨어 교육기관이다. 삼성전자는 이미 자사의 소프트웨어 인재 양성 프로그램인 '삼성소프트웨어멤버십'의 정기 공채를 25년 만에 폐지한 바 있다. 미래세대와 국가경쟁력 제고를 위하여 앞으로 대기업들이 그동안 제공해 주던 '소프트웨어 전문가 양성 프로그램'을 더욱 활성화시켰으면 한다.

Part 5

주요 교육정책 다시 짚어 본다

Part 5

주요 교육정책
다시
짚어본다

2014년 지방선거에서 대거 등장한 진보교육감들이 가장 적극적으로 추진한 교육정책은 혁신학교 확대와 자율형 사립고 폐지였다. 진보교육감들은 당시 공통공약을 통해 2010년 경기도교육청을 필두로 도입된 혁신학교를 확대하겠다고 예고했다. 혁신학교는 2010년 1대 민선 교육감 선거에서 김상곤 전 경기도교육감의 핵심공약으로 등장했다. 초기 혁신학교는 암기위주의 주입식 교육이 아니라 학생들의 다양한 역량을 키워주는 교육과 협력적 학교운영으로 '모두를 위한 질 높은 학교교육'을 하자는 기치 아래 등장했다. 5년이 지난 2015년 3월 현재 전국에 816개의 혁신학교가 운영 중이다(한겨레, 2015.7.7.).

혁신학교는 학교교육의 혁신을 위하여 공모를 통해 대상학교를 선정하고 재정지원과 컨설팅을 통하여 교육력을 높이고자 하는 경기도교육청의 공교육 모델학교를 말한다. 혁신학교의 유형은 교과교실제 학교, 학력향상 중점학교, 전원학교 등 세 가지 유형이 있고, 학급당 학생 수는 25명으로 제한하고 있다. 학교장은 공모제로 임용하고, 교사는 교사정원의 30%까지 추천전보에 의해 임용한다. 혁신학교는 연간 1억~1억 5천만 원씩 4년간 특별 지원을 받으며, 교무보조 인력과 상담전문교사를 별도로 배치받는다. 운영 중점은 교육과정 특성화 및 다양화, 교수학습 및 평가방법 개선, 교원 전문성 신장, 민주적 학교운영, 대외협력 및 참여 확대 등 5개 영역이다.

혁신학교는 토론을 통한 창의성 교육과 인성교육을 강조한다. 2010년 전국교직원노동조합의 전폭적인 지지를 업고 당선된 김상곤 교육감이 그들의 교육관을 반영해 만들었다. 당연히 혁신학교에는 전교조 교사 비율이 높다. 혁신학교에서는 교장이 교사를 발탁해 초청할 수 있다. 전교조 서울지부는 학생인권조례 제정 주민발의 서명운동에 혁신학교의 지원을 받은 바 있다. 그야말로 혁신학교가 '전교조 교육의 전초기지'가 아닌가 하는 의구심을 자아내고 있다.

혁신학교는 입시위주의 경쟁교육에서 벗어나 토론과 다채로운 체험활동으로 채워진 교육활동을 표방한다. 그러나 학부모들의 기대와는 달리 정작 학교와 교사들의 반응은 다르다. 도입 초기에는 혁신학교에 대해 긍정적 기대가 있던 교사들도 업무 부담과 교사 간 갈등만 늘어난다며 회의적이다. 학교장의 독려로 어쩔 수 없이 참여할 뿐 의욕을 상실한 교사가 속한 혁신학교는 아직도 정착하지 못하고 있다(중앙일보, 2016. 5. 23.). 학교현장은 지금 혁신학교와 비혁신학교로 편 가르기 하는 분위기라고 전한다. 혁신학교의 수가 늘어나다 보니 내용상 별 차이가 없는 '무늬만 혁신학교'가 많이 생겼다. 어느 일반계고 교장은 "부실 자사고를 양산한 것처럼 부실 혁신학교가 양산될까 걱정스럽다"고 말한다.

"학교가 미쳐가고 있다. 혁신학교로 지정됐다고 시험은 4과목만 치른다. 4명씩 짝지어서 학습지 한 장 주고 토론하라고 하니, 아이들은 하루 종일 수다 떨다 집에 온다." 경기도의 혁신학교 A중학교에 자녀를 보내는 학부모가 경기도교육청 홈페이지에 올린 글이다. 학부모들은 "학교수업을 가정에서 하게 생겼다"고 걱정하고, 학생들은 "뭘 배웠는지 모르겠다"면서 불만이다.

혁신학교의 한 교사는 "혁신학교라지만 여전히 수직적 권위를 내세워 교사들과 갈등을 빚거나, 전체 교원들이 혁신학교의 교육철학에 동의하지 않아 삐걱거리는 학교가 꽤 있다"고 말한다. 지원받은 예산을 시설이나 일회성 프로그램 운영에 쓰고 수업방법을 개선하고 학교풍토를 개선하는 데는 소홀하다. "혁신학교의 철학과 취지대로 운영되는 곳은 많지 않다"고 얘기하며 무조건 학교 수만 늘리다 보니 질 관리도 제대로 되지 않는다고 우려한다. 사실 혁신학교의 역할과 기능이 정립되기도 전에 학교 수가 급증한 데는 교육감들의 포퓰리즘적 공약도 한몫을 했다. 애시 당초 혁신학교를 전체 학교 중 5% 정도만 지정하여 실험학교를 운영하고 성공적일 때 점진적으로 확산시켜 나갔으면 더 좋았을 것이다.

일부 혁신학교 교사들은 "활동이나 토론 위주로 진행하니 수업에 흥미를 갖고 참여한다. 민주적이고 자율적인 학교문화에 익숙해져 교사는 물론 또래관계도 활발해지고 적극적이다"라고 주장한다. 하지만 비판의 목소리도 여전하다. 혁신학교가 성공적이라는 객관적인 증거도 아직은 빈약하다. 학부모들 사이에서는 초등학교나 중학교는 혁신학교에 보낼지라도 고등학교는 특목고나 자사고를 보내야 한다는 여론이 강하다. 입시가 중요한 상황에서 혁신학교에 가면 학업에 소홀할 수 있다는 인식이 팽배해 있다.

혁신학교는 운영상의 문제점도 많이 노출되고 있다. 혁신학교와 일반학교 간 예산지원의 격차 때문에 일반학교의 교사와 학부모들의 불만이 가득하다. 일선학교의 학급당 학생 수용능력 때문에 혁신학교의 학급당 학생 수를 25명으로 제한하는 것도 어렵다. 또 현행 대학입시체제 하에서 혁신학교 도입 확산이 중·고교까지 이어질 수 있을지 의문이다. 혁신학교는 아직도 실험 중이다.

혁신학교 관계자들은 "혁신학교가 성공하려면 일시적인 바람이 아니라 탄탄한 철학이 뒷받침된 지속가능한 교육개혁운동으로 정착되는 것이 중요하다"고 말한다. 결국 혁신학교가 안정적으로 발전하려면 교사의 내적 동기와 그것을 제대로 발휘할 수 있는 민주적 학교 시스템이 같이 가야 한다. 교사의 헌신만 강요하고 학교풍토와 조직문화는 그대로인 채, 지원된 예산으로 프로그램만 운영해서는 일회성 사업에 그치고 만다. 학교 안에서 수평적 의사결정과 자율성을 존중하며 학교와 교실을 혁신해 가는 문화의 정착이 중요하다. 그래야 사람이 바뀌어도 흔들림 없이 지속가능한 혁신학교로 발전할 수 있다. 혁신학교의 성패는 일반화와 지속가능성에 달려 있다. 이는 전적으로 교육수요자의 만족도와 교직원들의 호응도가 열쇠다.

교육은 탄탄한 기초학력을 갖추는 데서 시작된다. 학생들이 교과내용을 이해하지 못하고 토론에 임한다는 것은 어불성설이다. 토론학습을 시킨답시고 기초학력조차 등한시하며 학습 부담만 줄인 결과, 국가수준학업성취도평가에서 혁신학교 학생들의 기초학력 미달 비율이 일반학교보다 훨씬 높았다. 혁신학교들이 매년 1억 ~1억 5,000만 원의 특별예산을 지원받으면서 교육수요자들이 걱정하는 학교로 전락해 가고 있다면 이는 문제가 있다. 더구나 학교 선택권 없이 교육청이 학생들을 강제 배정하는 상황에서 혁신학교에 가고 싶지 않은 학생과 학부들에게는 악몽이 될 수 있다.

1995년 교육개혁 바람이 불면서 지식주입식 입시위주의 교육풍토로부터 탈피하고자 학교 안의 대안교육운동으로 열린교육 열풍이 거셌다. 대안교육운동은 전통적 교육제도가 갖는 강압적 학습과 지적 계급화를 조장하는 지나친 경쟁풍토와 교육방법의 획일화로 인한 병폐를 혁신하고, 제도교육이 제대로 소화해내지 못한 교육영역을 보완하여 경직되고 답답한 제도교육에 새 바람을 불어넣기 위해 등장했다. 당시에는 열린교육만이 한국교육의 병폐를 일거에 치유할 것처럼 선전되었다. 열린교육은 그 개념과 철학 그리고 학문적 배경이 화려하고 아름다움에도 불구하고 1930년대 존 듀이의 진보주의 교육이 그랬던 것처럼 실패한 교육 패러다임으로 결론 났다. 당시 열린교육에 대한 메타 분석(meta-analyses) 연구결과에 의하면 학생들의 학업성취 신장과 학습 잠재력 계발에 실패했다고 보고한다. 학생들의 학업성취도는 떨어지고, 교실은 무너졌으며, 교육주체들 간 신뢰는 사라지고, 문제행동은 더 늘어났다.

소위 진보교육감들이 도입한 혁신학교는 기존 학교 안의 대안적 교육을 추구하지만, 교육 프로그램과 교육방법은 영국의 서머힐 학교, 독일의 발도로프 학교와 자유학교, 미국의 헌장학교와 마그넷 학교 등 외국의 대안학교 모델들을 고찰해본 것으로 보인다. 혁신학교가 교육현장에 도입된 지 6년이 되어 가지만, 많은 문제점과 부작용만 들어날 뿐 그 어떤 획기적인 교육풍토 혁신을 피부로 느낄

수 없다. 겉만 화려한 타이틀(title)보다 실속 있는 콘텐츠(contents) 가 더 중요하다.

어떤 교육철학이나 교육제도 또는 교육정책이나 방법 등을 실험·검증 없이 일선 학교교육에 적용한다는 것은 위험한 모험이다. 우리가 꼭 기억해둬야 할 것은 이 시대에 현존하는 그 어떤 교육제도나 정책도 학문적으로나 경험적으로 대부분 검증돼 있다는 사실이다. 우리가 크게 시행착오를 할 이유가 전혀 없다는 말이다.

교육제도와 정책 그리고 교육내용과 방법의 도입·입안·추진과 개선은 교육의 본질과 궁극적 목표, 인간발달의 특성, 시대와 사회가 요구하는 인재상, 교육이론, 교육연구 결과 등을 토대로 교육 각 분야의 학자들과 교육현장의 교직원들에 의해 신중하게 검증되고 이루어져야 한다. 1970년대 초 당대 최고의 대표적 심리학자였던 행동주의 심리학자 B. F. 스키너, 인지주의 심리학자 로버트 L. 에벨, 인본주의 심리학자 칼 로저스 간 'Debate on the role and function of school(학교의 역할과 기능에 대한 논쟁)'이 있었다. 그들의 토론을 보면서 '교육은 이상을 추구하지만 현실을 외면할 수 없고 교육방법에는 왕도가 따로 없다'는 사실을 알 수 있다. 교육의 방법(method)은 시대 변화와 교육여건과 교육대상에 따라 얼마든지 달라질 수 있지만, 시간과 공간을 초월한 교육의 본질(essence)은 반드시 지켜져야 할 것이다.

임마누엘 페스트라이쉬 경희대 교수(2016)는 "한국교육의 혁신 모델을 다른 선진국에서 찾지 말고 한국 나름의 교육에서 찾으라"고 충고한다. 교육제도나 교육정책 그리고 교육방법은 시대와 환경과 교육대상에 따라 달라질 수 있기 때문에 외국의 성공사례라 할지라도 우리나라 교육현장에 검증 없이 적용하면 시행착오를 낳기 십상이다. 벤치마킹이란 아무리 잘해봐야 2등이다. 그러므로 벤치마킹이란 결국 죽는 길이다. 이 세상에 어떤 훌륭한 제도와 방법이 있다면 그것을 창조해 낸 사람도 있을 것 아닌가. 왜 우리는 훌륭한 제도나 정책을 스스로 창조해서 남들이 벤치마킹 할 수 있도록 하지 못하나. 우리는 훌륭한 한국교육의 글로벌 브랜드를 끊임없이 창조하여 세계교육의 트렌드를 주도해야 할 것 아닌가. 이것이 곧 한국교육의 자존심 아니겠는가.

ENDNOTE

1 > 이 시대에 현존하는 그 어떤 교육제도나 정책도 학문적으로나 경험적으로 대부분 검증돼 있다. 우리가 크게 시행착오를 할 이유가 전혀 없다는 말이다. 교육제도와 정책 그리고 교육내용과 방법의 입안 · 추진과 개선은 교육의 본질과 궁극적 목표, 인간발달의 특성, 시대와 사회가 요구하는 인재상, 교육이론, 교육연구 결과 등을 토대로 교육 각 분야의 학자들과 교육현장의 교직원들에 의해 신중하게 이루어지고 검증돼야 한다. 그리고 이러한 시스템의 운영은 초정권적 차원에서 안정적이고 일관성 있게 운용돼야 한다.

2 > 우리 한국교육은 PISA나 TIMSS 등 학업성취도의 국제비교평가에서 언제나 수위를 차지하고, 인터넷 상황에서 필요한 정보를 검색하여 문제를 해결하는 능력, 즉 디지털능력(DRA: Digital Reading Assessment)에서도 월등한 1위를 차지하고 있다. 반면 창의적 문제해결능력, 학습만족도, 학습흥미도 등에서는 평균 이하로 매우 낮다. 이는 우리 교육이 창의력, 문제해결능력, 글로벌 역량, 공동체 의식 등을 갖춘 21세기 스마트 인재 양성보다는 아직도 대학입시를 위한 주입식 교육에 머물러 있다는 현실을 보여 준다.

3 > 스마트교육이란 21세기 학습자 역량 강화를 위한 지능형 맞춤학습 체제로, 교육의 환경, 내용, 방법, 평가 등 교육체제를 혁신하는 동력이다. 스마트교육은 표준화된 지식이 아니라 개별화된 학습을 지원하고

함께 살아가는 방법을 배우는 교육이다. 개인의 학습을 유연하게 맞춤형으로 구현하고, 집단 지성과 사회적 학습(social learning) 등을 통한 협력학습을 중시한다.

4 ＞ 2013년 7월 5일 서울시의회 교육위원회가 교육감이 갖고 있는 혁신학교 지정 및 운영권한을 혁신학교위원회란 곳으로 이관하는 것을 내용으로 하는 서울 혁신학교 조례안을 통과시켰다. 그리고 7월 12일 본회의에서 조례안을 표결에 부치도록 한 바 있다. 초·중등교육법에 따르면 학교의 설립·지정 권한은 시·도 교육감에게 있다. 따라서 조례안은 상위법인 초·중등교육법을 명백히 위반하고 있다. 지방교육의 수장인 교육감에게 주어진 고유권한을 교육 관련 시민단체 구성원과 시의회가 추천하는 사람 등 15명으로 구성된 '혁신학교위원회'에 넘겼다는 것은 상식 이하의 초법적 결정이다. 만일 시의회가 다수의 힘을 바탕으로 조례를 통과시킨다면 시교육청이 재의를 요구해 조례가 시행되지 못하도록 막아야 한다.

5 ＞ 학교 밖의 대안교육 형태로서 외국의 대표적 대안학교는 영국의 서머힐 학교, 독일의 발도로프 학교와 자유학교, 미국의 헌장학교와 마그넷 학교 등이 유명했다.

6 ＞ 1970년대 초 당대 최고의 대표적 심리학자였던 행동주의 심리학자 B. F. 스키너, 인지주의 심리학자 로버트 L. 에벨, 인본주의 심리학자 칼 로저스 간 'Debate on the role and function of school'가 있었다. 그들의 토론을 보면서 '교육은 이상을 추구하지만 현실을 외면할 수 없고 교육방법에는 왕도가 따로 없다'는 사실을 알 수 있다. 교육방법의 효과성도 시대 변화와 교육여건과 교육대상에 따라 달라질 수밖에 없다.

7 ＞ "한국교육의 혁신모델을 다른 선진국에서 찾지 말고 전통교육에서 찾아라. 현재 한국교육의 가장 큰 문제는 공부를 수단으로 여긴다는 것이다. 공급자는 돈벌이 도구로, 수요자는 취업을 위한 자격으로 생각한다. 도덕적인 삶과 학문적 성취를 강조하는 선비정신은 한국의 교육체계를 다시 세우는 중요한 요소가 될 수 있다."(임마누엘 페스트라이쉬 경희대 교수, 2016).

이명박 정부의 고교 다양화 정책(일명 고교 다양화 300프로젝트: 자사고 100개, 기숙형고 150개, 마이스터고 50개)은 실패했다는 것이 교사, 학부모, 학생, 교육학자 등 교육일선의 중론이다. 고교 다양화로 수요자의 학교선택권을 확대하고 소질과 적성에 따른 수월성 교육을 추구한다는 취지와는 달리, 고교를 명문대 진학결과에 따라 수직적으로 서열화하여 일반고를 단기간에 몰락시켰다. 특목고, 자사고, 자공고, 마이스터고, 특성화고에서 먼저 학생들을 선발해 가고 남은 학생들을 일반고에 배치하는 현실이 이런 상황으로 몰고 갔다. 그중에서도 가장 심각한 주범이 자율형 사립고다. 오늘날 교육부와 시·도교육청 간 갈등, 일반고의 질적 저하, 학생과 학부모의 혼란과 불만, 교사들의 의욕상실 등을 초래한 자사고 문제는 이명박 정부가 박근혜 정부에 떠넘긴 교육정책 실패의 뼈아픈 유산이다.

일반고의 황폐화는 심각하다. 자사고가 25개나 생긴 서울은 더욱 그렇다. 우수학생들이 지원하지 않으므로 명문대 진학률이 떨어졌고, 학교의 면학 분위기도 떨어졌을 뿐 아니라 생활지도마저 어렵게 되었다. 물론 교사들의 의욕도 크게 상실되었다. 인위적 고교 서열화의 결과다. 중학생 학부모들은 자사고를 보내자니 등록금이 비싸고, 일반고를 보내자니 대학 못 갈 것 같아 고민하고 있다.

가장 큰 문제는 국민을 있는 자와 없는 자로 인위적으로 구별하여 교육한다는 것이다. 국가가 교육기회 불균등을 해소하고 빈부와 계층을 초월하여 인재를 양성함으로써 교육을 통해 개천에서 용이 나도록 하고 계층 간 빈부 간의 격차를 줄이는 사다리 역할을 해주는 것이 한국교육의 오랜 숙제였는데 이에 역행하는 것이다.

자사고의 설립 취지는 고교 다양화와 특성화를 통해 수요자의 학교 선택권을 확대하고 고교평준화 정책의 단점을 보완하여 부작용을 최소화하자는 것이다. 자율형 사립고는 현재 전국에 49개교(서울 25개교)가 있으며, 교육과정을 일반고보다 자유롭게 운영하고 수업료를 일반고의 거의 3배까지 받는 대신, 정부, 지자체, 교육청의 지원금은 거의 받지 않는다. 그러나 등록금 외 기숙사비와 특별활동비 등을 따로 받는다.

오늘날 자사고는 대학입시를 위한 학원이나 다름없이 변질되었다. 등록금은 일반고의 3배인 연 500만 원을 받고 있지만 교육내용은 일반고와 별로 다를 게 없다. 공부 잘하는 학생들이 들어가니 전체적으로 유명대학 진학률은 좋지만, 일반고에 비해 교육과정 편성과 운영의 자율권이 확대되었다는 것 외에 특별히 교육프로그램의 내용과 질이 달라진 게 없다는 뜻이다. 자율형 사립고 제도 도입 이후에 제기된 주요 문제점으로는 고교 서열화 심화, 입시위주의 학교 교육과정 운영, 고액의 학비 부담으로 인한 사회 양극화 현상, 고액의 학비에 비해 교육기대에 부응하지 못하는 데 따른 학생 정원 미달 등을 들 수 있다.

문제의 심각성을 파악한 교육부는 박근혜 정부 첫해인 2013년 자사고 신청 시 성적 상위 50% 규정을 없애고 완전 추첨제로 바꿈으로써 사실상 자사고 무력화 내지 점진적 폐지 유도에 들어갔으나, 자사고 학부모 등이 강하게 반발하자 학교별 면접을 넣는 걸로 타협하며 한 발 물러섰다. 진보교육감들도 2014년 6·4 지방선거에서 자사고 폐지를 공동 공약으로 내걸었고, 경기도교육청과 서울시교육청을 필두로 5년 단위로 이루어지는 자사고 재지정 평가를 통해 일부 자사고에 대해 재지정 취소를 추진하였다. 초·중등교육법 시행령에 따르면, 자사고 운영성과 평가 결과 60% 미만의 점수를 획득한 학교나 지정목적에 부합하지 않게 운영되는(법정 법인전입금 미납, 입시위주 교육 및 선행교육 실시, 입시전형 관련 비리 등) 학교는 지정 취소할 수 있도록 되어 있다.

박근혜 정부의 교육부와 진보교육감들은 이명박 정부의 자사고 정책의 문제점과 궁극적 폐지에는 기본적으로 공감하지만 문제해결의 접근방법에는 그 간극이 너무 컸고 이로 인해 두 진영 간 갈등이 첨예하였다. 진보교육감들은 자사고 재지정 평가를 통해 가급적 빨리 많은 자사고를 지정 취소하고자 하는 반면, 교육부는 법과 평가기준에 충실한지, 폐지 강행으로 더 큰 교육적 피해를 유발할 수 있는지, 일반고 전환으로 발생한 많은 예산 소요를 감당할 수 있는지, 교육수요자들에게 주는 혼란과 고통 그리고 교육당국 간 갈등으로 인한 사회적 비용은 어느 정도인지 등을 고려하며 교육부, 교육청, 학교, 학부모의 공감을 전제로 점진적 전환을 유도하고자 하였다.

결론적으로 이명박 정부의 고교다양화 정책은 잘못 입안된 정책이다. 자립형 사립고(하나고, 민사고, 상산고, 광양제철고, 포항제철고)와 일반 사립고가 엄연히 존재하는데 왜 자율형 사립고가 따로 존재해야 하며, 특성화고가 이미 존재하는데 왜 따로 마이스터고가 존재해야 하고, 왜 인위적으로 차별화를 시도했는지 이해할 수 없다. 자사고와 마이스터고의 교육정책 내용이 그렇게 좋은 것이라면 왜 모든 사립고와 모든 특성화고에 차별 없이 안내하고 권장할 수 없었는지 묻고 싶다. 당연히 위험한 수직적 고교 다양화보다는 고교 교육과정과 교육 프로그램의 다양화로 수평적 다양화를 추구해야 하며, 학교형태의 다양화보다는 교육과정 내용과 운영의 다양화를 지향해야 했다. 사립 고등학교의 일부를 인위적으로 서열화 또는 차별화하지 않을 지라도, 사립학교는 궁극적으로 영재교육을 추구하는 교육기관이기 때문에, 각기 건학이념에 따라 다양하게 특성화된 교육과정 및 학사를 자율적으로 운영할 수 있도록 도와주면 된다. 학생과 학부모들에게는 학교 선택권을 확대해 주고, 다양한 교육적 욕구를 충족시키며, 글로벌 시대가 요구하는 창의·융합적 인재를 양성하기 위하여 최선을 다하면 족하다.

앞으로 자율형 사립고는 아예 자립형 사립고로 전환해 주든지 아니면 학교 구성원의 동의와 평가결과에 따라 점진적인 일반고 환원을 유도하는 것이 어떤가 한다. 자율형 공립고는 즉시 일반고로 환원하고, 마이스터고와 특성화고는 특성화고로 일원화시켜 모든 일반고와 특성화고가 동일한 조건에서 교육과정 운영을 가지고 경쟁하고 차별화할 수 있는 '수평적 고교 다양화 정책'을 펴야 할 것이다.

ENDNOTE

1 > 교육수요자는 국가에 세금을 내고 자녀의 교육을 국가공공교육기관에 위탁한 것과 다름없으므로 학교를 포함한 공공 교육기관은 그들을 위해 존재한다.

2 > 교육부, 교육청, 학교가 교육수요자들을 설득과 이해로 공감을 얻어 선도할 역할도 하지만, 교육수요자들의 욕구를 반영해야 하는 역할도 해야 한다.

3 > 정부의 잘못된 교육정책 입안과 추진으로 국가교육 발전을 후퇴시키고 학교와 교육수요자들에게 고통과 피해를 줄 수는 없는 것이다. 인간을 다루는 교육은 한 치의 시행착오도 용납되지 않는다.

4 > 새로운 정책을 도입 또는 변경할 때는 (1) 왜 하려 하나? 목적과 목표는? (2) 방향이 미래지향적인가? 미래 100년을 보고 시작하나? (3) 국가발전을 위해 효과적이고 효율적 순기능을 하나? (4) 예상되는 부작용은 없나? 시행착오 가능성은? 등을 검증한 다음 결정해야 한다.

5 > 일반고의 위기에 대해 심각하게 보는 것이 교육계 안팎의 분석이다. 이명박 정부의 '고교다양화 정책'으로 우수학생과 우수교사를 자공고, 자사고, 특목고, 마이스터고, 특성화고로 다 빼앗기고, 교육과정 운영도 그 학교들처럼 탄력적으로 운영하지 못하기 때문이다. 학교선택권 확대와 수월성 교육 강화라는 미명하에 추진한 이명박 정부의 '고교다양화 정책'은 결국 실패한 정책이 되었다. 고등학교의 인위적인 능력별 그룹으로 서열화를 조장하고 일반고를 위기로 본 것이다.

6 > 자율형 사립고와 자립형 사립고의 차이점.

* 현재 자립형 사립고: 전주 상산고, 부산 해운대고, 울산 현대청운고, 포항제철고, 광양제철고, 민족사관고, 하나고.

* 자립형 사립고는 기존의 방식대로 학교별로 학생을 선발한다. 반면 자율형 사립고는 중학교 내신성적 석차 백분율 50~100% 안에서 각 학교가 정하는 최저기준을 충족하는 선(대부분 50%)에서 지원 가능하며, 추첨으로 학생들을 정원의 80%를 선발한다. 20%는 사회적 배려 대상자로 선발한다.

* 자립형 사립고는 전국에서 학생들을 모집하고, 자율형 사립고는 거주지 광역시 · 도에서만 지원 가능하다.

* 자립형 사립고에 지원한 자가 떨어지면 다른 특목고 지원을 할 수 없으며 일반고로 가야 한다.

256

* 자율형 사립고는 수업료를 일반고의 3배 정도(연간 약 600만 원)이며, 자립형 사립고는 연간 약 1,100만 원 이상 들며 이는 등록금 외에 기숙사비, 보충수업비, 자율학습비 등이 포함되기 때문이다.
* 외국어고, 과학고, 국제고, 체육고, 특성화고, 예술계고는 전기모집.

박근혜 정부의 교육 분야 핵심정책 중 하나인 '자
유학기제' 운영은 학생들의 꿈과 끼를 살려주는
행복교육 실현을 비전과 목표로 삼고, 중학교 과
정 중 어느 한 학기를 지정하여 시험위주의 강의
식, 주입식 교육에서 벗어나 토론, 실습, 체험 등
의 자기참여 교육활동을 통해 학생들의 자기주도
적 학습능력을 길러주고, 적성과 소질에 맞는 진
로탐색의 기회를 제공하자는 것이 기본 취지다.

　중학교 3년 중 한 학기를 학교자율로 자유학기
로 선택해 시험을 보지 않고 현장체험, 발표, 토론
중심의 체험·참여형 수업을 하며 적성과 진로 탐
색의 기회를 제공하는 제도이며, 외부 강사 초청
수업이나 외부기관 또는 기업에서 진로체험을 하
게 된다. 특히 다양한 직업분야의 마스터(대가)들
의 강의와 체험학습 현장 제공 등 미래세대를 위

한 재능기부는 학생들에게 진로탐색과 진로설정에 생생하고 정확한 정보를 제공하고 흥미와 동기를 부여하게 될 것으로 기대한다.

자유학기제는 2013년부터 전국 37곳의 연구학교에서 시범 실시하고, 2014년과 2015년에는 전국의 희망학교에서 실시하며, 2016년 3월부터는 전국 3,204개 중학교에서 전면 시행한다. 자유학기 동안에는 지필고사가 없고, 대신 학생의 조사, 발표, 체험, 실습 활동의 결과(수행평가)를 생활기록부에 기록하지만 이 내용을 토대로 입시에 반영하지 않는다. 시험부담을 줄이고 소질과 적성에 따른 진로체험을 한다는 취지다. 자유학기에는 통상 오전 수업은 정규 교과 수업을 하고 오후에는 다양한 체험학습 활동을 하게 된다.

자유학기제 도입에 대한 지대한 관심과 기대와는 달리 우려의 시각과 제기되는 문제점도 만만치 않다. 첫째, 우리 한국의 '자유학기제'는 1974년에 시행한 아일랜드의 '전환학기제(transition year)' 모델을 벤치마킹한 것으로 알려졌는데, 이 모델이 과연 시대에 맞는 모델인가라는 것과 이 모델의 찬반 양론(pros and cons)이 이미 드러나 있는데 면밀히 검증했는가.

둘째, 진로교육을 특정 연령의 학생들에게 특정 학기에만 적용하는 것이 발달이론, 교육과정이론, 교수학습이론에 타당하게 부합하는가.

셋째, 고입과 대입 전형이 그대로인 상황에서 학력이 떨어질까 불안해하는 학부모와 학생들이 사교육에 더 매달리지 않겠는가. 또 입시와 관련 없는 교육과정에 학부모와 학생들이 과연 관심을 갖고 열중하겠는가.

넷째, 수행평가에 따른 성적산출 시 성적을 계량화하여 점수로 기재해야 한다면, 최대한의 비교가능성, 객관성, 공정성을 확보한

성취평가기준을 마련해야 할 텐데 믿을 수 있겠는가.

다섯째, 자유학기제의 성공 여부는 학교와 학생들에 달려 있는 것이 아니라 다양하고 풍부한 진로체험 인프라 확보를 위하여 공공기관과 기업, 사회단체, 직능단체, 지역사회가 얼마나 협력하고 지원하며 네트워크화 하느냐가 관건인데 잘 준비되었는가.

여섯째, 자유학기제는 정책에 대한 검증과 준비가 졸속적으로 추진된 설익은 정책이라는 비판과 함께 많은 문제점이 드러나고 있는데, 과연 지속가능한 정책인가 등에 대한 우려가 있다.

사실상 청소년의 진로교육은 발달단계와 수준에 맞춰 초등학교부터 고등학교에 이르기까지 정규 교육과정 내에서 체계적으로 이루어져야 한다. 그러나 우리 교육은 그동안 진로교육의 중요성에 대한 인식이 부족하고, 우수한 진로교육 프로그램이 미흡하며, 다양한 직업세계를 탐색할 진로교육 인프라가 마련되어 있지 않아 제대로 된 진로교육을 전개하지 못했다.

학생들의 소질과 적성을 계발하고 개개인의 꿈과 흥미에 적합한 학업과 직업의 진로를 설정할 수 있도록 진로이해, 진로탐색, 진로체험, 진로선택, 진로설계로 이루어지는 단계적 진로교육을 위해서는 '자유학기제'에만 제한적으로 적용할 것이 아니라, 초등학교에서 고등학교에 이르기까지 연계하여 관련된 모든 교과에서 전개하여야 한다. 제가 몸담던 대전시교육청에서는 일찍부터 이와 관련한 '초·중·고 연계 맞춤형 진로교육 프로그램'을 개발하여 적용하고 있다. 핀란드와 독일도 학기나 학년을 지정하지 않고 전체 교육과정 내에서 진로교육과 인성교육을 실천하고 있다.

학생들이 자신의 진로를 자력으로 인식하고, 탐색하고, 체험하고, 선택할 수 있는 능력을 가질 수 있도록, 초등학교 1학년부터 고등학교 3학년까지 발달단계와 수준에 맞는 체계적 진로교육 프로그램과 로드맵을 마련하여 대전시교육청 나름대로 특화된 진로교육 중심 교육과정 운영을 모색하였다. 교과활동에서의 진로교육은 모든 교과의 진로교육 관련 단원에서 지도될 수 있도록 하고, 창의적 체험활동에서의 진로교육은 진로탐색, 진로체험, 진로실습을 직업세계 현장에서 직접 경험할 수 있도록 차별화된 진로교육 프로그램을 준비하였다. 또 중·고 학교현장에 진로교사를 100% 배치했고, 교과교사의 진로교육 전문성을 강화를 위한 연수를 하며, 특히 초·중·고 연계 진로교육을 강조하고 있다.

자유학기제 운영의 핵심은 자유학기제 교육과정 편성 및 운영, 교수학습 및 평가 방법의 개선, 진로탐색과 체험활동 지원을 위한 진로체험 인프라 확보와 프로그램 운영 등 세 가지다. 대전시교육청에서는 이 핵심요소를 '대전광역시 중학교 교육과정 편성·운영 지침'에 반영하고 학생 맞춤형 교육과정을 운영하고 있다. 자유학기제 교육과정은 공통과정(기본교과)과 자율과정으로 운영되는데, 공통과정에서는 기본교과의 교육과정을 핵심 성취기준을 토대로 재구성하고, 블럭타임제, 융합수업, 코티칭(co-teaching), 코러닝(co-learning) 등 교수학습방법의 개선을 통해 학생의 학습 참여도, 흥미도, 몰입도를 높이도록 하고 있다. 자율과정은 학생 참여·체험형 프로그램 운영으로 동아리 활동을 활성화하고 예체능 분야의 선택형 프로그램 적용으로 학생의 관심과 흥미를 유도하고 있다. 2016년부터 자유학기제를 전면 시행하게 되면 우수사례를 발굴·보급함으로써 성공적 정착을 견인할 계획이다.

박근혜 정부의 핵심 교육정책인 자유학기제 도입이 성공할지 아직은 미지수다. 역대 정권에서 교육정책 입안에 참여하는 교육관료나 교육학자들이 때로 외국의 교육제도와 정책을 깊이 이해하지 못하고 직수입하여 문화와 교육여건이 판이하게 다른 우리 교육현장에 그대로 적용하는 경우가 많았다. 특정 선진국에서 오랫동안 실행하여 이미 많은 시행착오와 문제점이 노출되었거나 폐기 직전에 있는 교육제도나 정책을 검증 없이 받아들여 똑같은 실패의 전철을 밟은 경우도 많다. 그 대표적인 사례가 1980년대 말 도입하여 얼마 가지 못해 실패로 귀결된 '열린교육정책'이다. 벤치마킹이란 최고 잘 해봐야 2등이다. 결국 벤치마킹이란 죽는 길이다. 한국교육 미래 100년을 보고 다른 어떤 나라도 시도하지 않은 창조적 교육정책을 우리 스스로 설계하고 추진해야 한다.

모든 교육내용과 방법에 관련된 교육정책들은 가급적 유·초·중·고(K through 12) 정규교육과정에 담아 발달수준과 학습준비도를 고려하여 단계적이고 유기적으로 입안되어야 하며, 관련된 교육이론에 입각하여(theory-based) 추진되어야 시행착오를 최소화할 수 있고 지속가능한 정책으로 뿌리내릴 수 있다.

자유학기제' 도입이 아니더라도 21세기 지식정보화사회에서의 학교교육은 학생들이 스스로 필요한 지식과 정보를 찾아내고 그 정보들을 조합하여 새로운 지식을 창조할 수 있는 자기주도적 학습능력을 길러주고, 비판적 사고력, 분석적 사고력, 창의적 사고력, 문제해결능력을 신장시켜야 한다. 그러려면 교실에서 교사는 일방적 지식주입 교육보다는 토론, 탐구, 비교, 대조·분석, 프로젝트, 실험실습, 견학, 노작학습으로 전환하고, 평가방법도 선택형이나 단답형을 지양하고 서술형, 실험보고, 프로젝트, 조사보고, 수행평가, 작품제작 등의 방법으로 개선하며, 상급학교 입학전형방법도 교육트렌드 변화에 발맞춰 과감하게 혁신해야 한다. 그래야 공부가 재미있고 학교생활은 행복하며 학교폭력과 학업중단율도 획기적으로 감소될 것이다.

ENDNOTE

1 > 공교육에서의 진로교육은 새삼스러운 일이 아니며 보편적 추세다. 아일랜드의 전환학기제나 덴마크의 애프터스쿨은 그 범례 중 하나다.

2 > 중학교의 '자유학기제'에 이어 고등학교에서 시범사업으로 추진되고 있는 '진로교육 집중학기제'는 공교육에서 학생들에게 진로탐색의 기회를 제공하고자 한 것이다. 교육부는 진로교육집중학기제 시범학교로 일반고 55개교를 선정하고 1학년 1학기를 진로교육 집중 학기로 정해 진로중심 교육과정을 집중 편성·운영하여 학생의 진로탐색과 진로설계를 돕고 자기주도적 진로개발 역량을 키우도록 진로심리검사, 진로상담, 진로정보 제공, 진로체험, 진로 멘토링 등 진로교육을 하기로 하였다. 유럽의 일부 국가에서는 이미 다양한 방식으로 학생에게 일정기간 진지한 자기성찰과 진로탐색을 위한 방안을 실행하고 있다.

3 > 아일랜드의 '전환학기제'는 이제 시작하는 우리 한국의 '진로교육 집중학기제'와 유사한 형태로 운영되고 있다. 고교 1학년을 대상으로 원하는 학생에 한해 다양한 체험을 할 수 있도록 보장하는 제도로 1974년 도입됐다. 영어, 수학, 외국어 등 필수과목과 선택과목을 배우지만 1년간은 시험에 대한 부담을 주지 않는다. 학생들은 이 기간 동안 직업체험, 봉사활동, 외국여행, 교환학생 프로그램 등에 참여하며 자신의 진로를 탐색한다. 아일랜드의 전환학기제는 진로교육 전담 코디네이터와 협력팀이 있어 학생들의 진로교육 프로그램을 기획하고 조정한다. 주로 교사 또는 상담사가 전담 코디네이터로서 진로와 학업에 대해 조언한다. 2013년 기준 아일랜드 전체학교의 80%가 전환학기제를 운영하고 전체학생의 55%가 참여한다.

4 > 덴마크의 '애프터스쿨'은 공립기초학교를 졸업하고 인문계 고교나 직업학교에 진학하기 전 택할 수 있는 1년 과정의 기숙형 자유학교다. 고교 진학 전 진로탐색을 원하는 학생들이 선택할 수 있으며, 교육과

정은 주로 음악, 미술, 체육 등 감성교육과 단체활동 중심 과목으로 구성된다.

5 > 프랑스에서는 중학교 4학년(프랑스는 중학교 과정이 4년) 학생 중 희망 자를 대상으로 직업교육 준비과정을 운영하고 있다. 이 과정을 선택 한 학생은 국어, 수학, 외국어 등 필수 주지교과보다 직업교육 수업을 더 많이 듣는다. 일반 학생들도 여러 가지 진로·직업 탐색활동을 할 수 있도록 허용하고 있다.

6 > 캐나다의 온타리오주 정부는 학업과 일을 병행하는 코업(Co-Up) 프로 그램이나 현장실습을 통한 진로·직업 경험을 고교나 대학의 졸업 필 수요건으로 포함시키는 방안을 모색하고 있다. 학생들이 교육과정을 모두 마치기 전에 적어도 한 분야의 직업 경험을 할 수 있도록 하겠 다는 것이다.

7 > 핀란드에서는 학생들을 위해 진로탐색을 위한 학기나 학년을 운영하 지 않는다. 현재 핀란드의 인문계 고등학교는 무학년 학점제로 운영 되어 학생 스스로 진로를 탐색하는 경우가 많다. 고교를 졸업한 뒤 '갭 이어(Gap Year: 고교 졸업 후 대학 입학 전에 일하거나 여행하면서 보내 는 1년)'를 갖는 학생들이 4분의 1 정도이고 그 수가 점차 늘고 있다. 고등학교의 진로지도가 대학진학지도에 집중돼 있는 것도 그 이유 중 하나다.

선행학습금지법
과연필요한가

초·중·고교의 선행학습을 금지하는 내용을 담고 있는 '공교육 정상화 촉진 및 선행교육 규제에 관한 특별법(일명 선행학습 금지법)'이 2014년 2월 20일 국회 본회의를 통과하여 9월 12일부터 시행되었다. 선행학습금지법 제정의 취지와 배경은 사교육의 폐해를 막고, 학부모의 사교육비 부담을 경감하며, 선행학습으로 인한 학습동기와 흥미 저하를 예방하고, 지나친 경쟁교육의 그늘에서 벗어나는 등 왜곡된 공교육의 정상화를 위해서다. '선행학습'이란 '해당학기에 편성된 교과목 내용이 아닌, 다른 학기 또는 학년에 편성된 교과목을 당겨 가르치는 것'을 말한다.

선행학습금지법의 적용 대상과 범위는 먼저 초·중·고 정규 교육과정 및 방과후 교육과정에서 정상적인 교육과정 운영의 범위를 넘어서는 선행학습을 금지하고, 선행학습을 유발할 수 있는 시험 출제를 금하기로 했다. 대학과 고등학교에서는 입학 이전에 학습한 교육과정 내용에서만 출제·평가해야 하며, 학교 밖에서 주최한 경시대회의 수상실적이나 어학능력 관련 성적의 반영을 금지하도록 했다. 또 학원과 개인 교습자는 어떤 선행학습 관련 광고나 선전을 금지하도록 하고, 교육부와 교육청은 초·중·고·대학의 선행학습 유발행위를 심의하고 위반했을 시 교원과 기관을 징계하고 행·재정적 제재를 할 수 있도록 했다. 교사와 학부모 그리고 학생들을 대상으로 선행학습 예방교육을 하도록 했다.

우선 선행학습금지법이 꼭 필요한 법인지 묻고 싶다. 교육부가 왜 이런 쓸 데 없는 법을 만들었는지 알 수 없다. 사교육의 폐해와 학부모의 사교육비 경감을 위한 것이라는데 오히려 사교육을 조장하고 폐해만 늘게 되었다. 또 교육현장에 코미디 같은 일이 벌어지고 있다.

첫째, 선행학습의 정의, 개념, 기준이 잘못되었다. 학생 스스로 또는 학부모와 같이 하는 예습과 복습 그리고 심화학습, 개별 또는 그룹학생들의 학습진도에 따른 탄력적 교육과정 운영은 수월성 교육 차원에서 바람직한 것이다. 교육과정 운영 시 학습진도는 학생들의 능력수준에 따라 탄력적이고 유연해야 되는 것이 옳은 것 아닌가. 선행학습이 학습진도에 관한 것이라면 법 제정 할 일이 아니지 않은가. 선행학습의 정의와 범위는 '학교의 정규 교육과정에서 다루기 이전에 학원 또는 교습소에서 미리 배워 사교육을 부추기고, 무한경쟁을 조장하며, 학습동기와 흥미를 말살하는 행위'에 한정시켜야 올바른 정의이며, 법 제정의 취지와 목적에도 맞다. 소위 우리가 척결해야 할 '선행학습'이란 사실상 일선학교에는 존재하지 않는다.

둘째, 제정된 법대로라면 제재 대상을 오히려 공교육에 한정하고 학원과 사교육업체는 방치하여 공교육의 발목만 잡고 학생들을 학원으로 내모는 격이 되었다. 학원은 선행학습 광고만 하지 않으면 학원 내에서 무슨 학습내용을 다루든 시비하지 않도록 돼버렸다. 교육현장의 자율성을 확대하고 학교에 대한 간섭과 교육에 대한 규제를 혁파해야 할 시점에 거꾸로 가고 있는 것이다. 교사들은 말도 안 되는 법에 묶여 교육권을 제한받고, 사기와 열정만 떨어지고 있다.

셋째, 특목고와 일반고의 교육과정 운영상 차이로 인한 법 적용은 어떻게 할 것인가. 선행학습금지법대로라면 일반고만 발목잡고 차별대우 받게 돼 있다. 특목고는 일반고와 달리 무학년제, 조기졸업제, AP제도(advanced placement), PT제도(placement test: 입학 전 특정과목에 대한 이해도와 성취도를 평가하여 통과하면 해당과목을 이수한 것으로 인정해 주는 제도) 등 탄력적 교육과정 운영제도가 허용되고 있다.

넷째, 고등학생들의 수능시험을 대비한 학습 진도는 어떻게 할 것이며, 학기 또는 학년 구분 없이 출제되는 전국연합학력평가와 경시대회는 어찌할 것인가. 사교육비 부담을 경감하고 왜곡된 공교육을 정상화하기 위해 만들었다는 법이 오히려 유연하고 탄력적인 교육과정 운영으로 수월성 교육을 추구한다는 공교육의 본질을 헤집어놓고 있다.

모든 교육제도와 정책의 입안과 추진은 선행 연구결과를 토대로 이루어져야 한다. 그렇지 않으면 시행착오를 남발해서 교육에 해독만 남기기 십상이다. 앞으로 잘못된 것을 개선하기도 바쁜데 또 다른 잘못이나 저지르고 있으니 한심한 일이다. 이런 차원에서 만들지 말아야 될 '선행학습금지법'은 반드시 폐지되어야 마땅하다.

ENDNOTE

1 > '공교육 정상화'란 말은 교육수요자들에게 Double Message를 줄 수 있어 혼란스러울 수 있다. 하나는 '공교육이 과연 제4차 산업혁명시대를 준비하는 교육을 하고 있는가'라는 차원에서 논의될 수 있고, 다른 하나는 '공교육이 사교육보다 대학입시 준비에 과연 더 효과적인가'라는 차원에서 논의될 수 있기 때문이다.

인성교육진흥법
걱정스럽다

2016년 7월 21일 인성교육진흥법이 전격 시행되었
다. 정부가 발표한 시행령에는 20명 이내의 국가
인성교육위원회를 구성하여 5년 단위 종합계획을
수립하고 매년 교육청과 학교의 인성교육추진 성
과를 평가하도록 하였다. 시·도 교육청은 정부의
종합계획에 따라 학교 교육과정 편성 및 운영에 관
한 사항 등을 담은 연도별 인성교육시행계획을 마
련하고 일선학교는 매년 운영계획을 세워야 한다.
모든 초·중·고 교사는 1년에 4시간 이상 인성교육
연수를 의무적으로 받아야 하며, 교대나 사대 등
교원양성기관은 2017년부터 인성교육 과목을 반
드시 개설해야 하고, 학교 밖 인성교육 전문 인력
양성은 대학, 정부 출연 연구기관, 공익법인 중 정
부가 지정하는 기관이 담당하도록 하였다.

　인성교육 강화의 필요성과 고상한 입법 취지에

도 불구하고 인성교육진흥법에 대한 우려와 비판이 시작부터 뜨겁다. 법 자체의 허점도 많지만 예상되는 혼란과 부작용 때문이다. 물론 시행령 안을 가지고 갈팡질팡한 교육부의 미덥지 않은 행보가 부채질한 면도 크다. 갈팡질팡한다는 것은 사안의 본질에 대해 확신이 없거나 계획과 준비가 부실했다는 반증이다.

우선 인성교육이 법으로 강제할 사안인가에 대한 논란이 있다. 인성교육이 중요하다 할지라도 국가교육과정의 틀 안에서 이루어져야지 따로 존재해서는 안 된다는 것과 고도의 학문적·교육적 전문성이 요구되는 인성교육의 교육과정 내용과 운영의 세세한 부분까지 법으로 규정하는 것이 과연 옳으냐는 것이다.

둘째, 인성교육진흥법에서 인성과 인성교육의 개념 정의와 범주를 학문적으로 타당하게 제시하지 못하고 있다. 인성은 유사개념이 많으며 인성을 어떻게 정의하느냐에 따라 교육할 수 있는 부분과 교육할 수 없는 부분이 있고, 좋고 나쁨을 비교할 수 있는 부분과 비교할 수 없는 부분이 있는데 이런 점에서 모호하다는 것이다.

셋째, 학생들의 인성은 평가하고 점수화하여 우열을 가리거나 한자 급수처럼 등급을 매길 수 있는 성질의 것이 아니다. 학생에 대한 인성평가는 인성의 유형을 판별하거나 또는 임상적 차원에서 이상 유무를 진단할 때 필요하다. 도대체 인성평가에 대비하여 사교육이 범람한다니 실소를 금할 수 없다. 또 학생의 인성을 자기보고 형식이나 면접 형식으로 평가한다는 것은 왜곡기답 가능성이 높기 때문에 타당도와 신뢰도를 확보할 수 없다. 인성평가는 100점 맞고 행동은 빵점일 수 있다는 의미다.

넷째, 표준화된 정규교육과정의 정상 운영으로 충분히 소화할 수 있는 인성교육을 인성교육진흥법과 시행령에 강제한 갖가지 교육행정 절차로 인해 일선학교의 교육력, 행정력, 예산의 낭비가 크게 우려된다.

다섯째, 학생들의 인성교육을 학교의 표준화된 교과교육과정의 틀을 벗어나 학교 밖의 난립한 교육기관에서 정규 교원이 아닌 전문성이 미흡한 강사들에게 믿고 맡길 수는 없다.

여섯째, 현직 교사들은 이미 교원양성대학에서 '아동발달과 학습' '생활지도와 상담' 등 인성교육 관련 교육학 필수과목들을 이수하였고 빡빡한 현직연수와 교직경험을 통해서도 충분히 전문성을 확보하고 있는데, 과중한 업무에 시달리는 교사들에게 연 4시간 이상의 인성교육 연수를 의무적으로 부과한다는 것은 사려 깊지 못한 구색 맞추기의 전형이다.

일곱째, 국가인성교육위원회가 꼭 필요하다면 감투 쓰고 들러리나 서고 얼굴마담 노릇이나 하는 전문성 없는 위원들은 배제하고, 관련 분야에 전문적 학식과 경륜을 갖춘 학자와 교육자를 위원으로 위촉하여 실질적으로 도움이 될 수 있도록 해야 한다.

인성교육진흥법 제정에 관여한 사람들은 인성교육을 의무로 규정하는 세계 최초의 인성교육법이라 자랑할 게 아니라, 왜 세계의 다른 나라들은 이런 법을 제정하지 않는지 숙고해봐야 한다. 앞으로 인성교육진흥법이 한국교육의 미래에 무슨 해독을 남길지 걱정스럽다.

ENDNOTE

1 > 이 글은 2015년 11월 20일 개최된 '전인교육학회 추계 학술대회'에서 필자가 발표한 기조강연 주제 '인성교육 정책의 방향'을 정리한 것이다.

박근혜 정부가 2017년까지 고용률 70% 달성을 목
표로 하는 일자리 창출 정책의 일환으로 2014년
11월 3일 경제장관회의에서 공무원·지방공무원
임용령과 교육공무원 임용령을 개정해 시간선택
제 공무원(7급 이하 일반직)과 교사를 신규 채용하
기로 결정했다. 국가공무원과 교사는 2014년부터
신규채용 인원의 3%를 시간선택제로 채용하고,
채용의무비율은 2015년 4%, 2016년 5%, 2017년
6%로 점차 확대한다는 내용이다. 그리고 매년 증
가하는 정원의 20%를 시간선택제 공무원·교사로
채용한다는 방침이다. 시간선택제 일자리는 '근로
자의 수요에 맞춘 차별 없는 시간제 일자리'를 말
한다.

 시간선택교사제 도입의 명분과 이유는 시간제
고용 확대정책의 취지에 따라 시간선택제 일자리

를 창출하여 경력단절을 줄이고 자신에게 적합한 근무방식을 선택해 직무만족도와 몰입도를 높여 수업의 질을 높인다는 것이다. 시간선택제 교사는 전일제 교사와 동등한 자격과 지위를 가진 정규직 공무원으로 대우받는다. 단 주당 근무 일수만 다르고 하루 8시간씩 주 2, 3일 근무할 수 있다. 전일제 교사와 같이 62세 정년 보장을 받고 공무원 연금도 보장받는다. 보수와 승진은 근무시간에 비례하고 일정기간 지나면 전일제 교사로 전환이 가능하다. 학교 근무시간 외에 과외교습, 학원 강의, 다단계 판매 등의 겸직은 금지되지만, 강사로서 학교장 허가를 받아 근무시간 외 다른 학교에서 수업을 맡는 것은 가능하다.

시간선택제 교사의 채용은 현직 전일제 교사를 전환하는 방식과 교원자격증 소지자를 신규 채용하는 방식을 병용한다. 현직 전일제 교사의 경우, 육아, 가족, 간병, 학업 등 이유가 있는 경우에만 시간선택제 전환이 가능하고, 한 번 전환하면 최소 3년 동안은 전일제 교사로 돌아올 수 없다. 신규 채용은 현재의 교원임용시험과 동일한 과목과 수준, 절차를 통해 선발한다. 3~5년이 지나면 교원 정원 내에서 전일제 교사 전환이 보장된다. 선발 분야는 초등은 교과전담교사를, 중등은 교육과정상 수업시수가 적은 소수과목이나 전공불일치 과목, 순회교사 채용 과목을 우선하기로 하고, 2017년까지 3,600명을 시간선택제 교사로 채용할 계획이다.

다른 분야의 국가공무원과는 달리 교원을 시간선택제로 채용 또는 전환한다는 정부 정책은 우리나라 교육 전반에 심각한 부작용을 초래할 수 있음을 경고한다. 정부가 고용률 70% 달성 공약 이행을 위해 국가 백년대계인 교육의 질과 환경을 악화시키는 우를 범하고 있다. 이런 정책을 어떻게 왜 도입해야 하는지 경악하지 않을 수 없다. 이런 비교육적인 정책 도입으로 무슨 획기적 교육발전을 기대할 수 있는지 묻고 싶다. 한 치라도 시행착오의 소지가 있거나 치러야 할 비용에 비해 효과가 적다면 교육에 적용하지 말아야 할 일이다. 교육에 해독을 끼칠 소지가 큰 섣부른 고용정책에 대한 포퓰리즘적 접근을 각별히 경계해야 한다. 전국 17개 시·도 교육감들과 교원들의 82.7%가 이 제도 도입을 반대하는데 교육현장의 의견 수렴과 충분한 논의 없이 실행해서는 안 된다.

시간선택교사제는 첫째, 교원의 신분과 위상 그리고 역할과 기능에 대한 전통적 정의와 사회적 통념에 부정적인 변화가 따를 것이며 공교육의 근간을 흔들 수 있다. 교원의 양대 역할과 기능은 학습지도와 생활지도다. 그 외에도 고등교육에서의 교수와는 달리 보통교육 교사는 또 하나의 부모로서 하루 종일 아이들과 가까이 생활하면서 교육과 보육을 같이 담당해야 하기 때문에 교사와 학생 간 존경과 신뢰의 안정적 관계는 무엇보다도 중요하다. 뿐만 아니라, 교사는 진로상담, 학부모 상담, 교육평가, 학교급식 지도, 법정기록부 관리, 학교 분담 사무 등 multi-worker로서의 역할을 해야 한다. 이에 비해 시간선택제 교사는 part time baby sitter 또는 학원강사의 역할에 지나지 않을 것이다.

둘째, 교사는 교직 전문성뿐만 아니라 교육에 대한 헌신성과 열정, 책임의식, 그리고 올곧은 마음자세가 필요한데, 시간선택제 교사가 이를 충족시킬 수 있을지 걱정스럽다. 교육의 질은 교사의 질을 능가할 수 없고(Adam Brooks), 국가경쟁력은 교육의 질에 달려 있다(Peter Drucker). 2010년 '매킨지 보고서'는 한국 교사를 싱가포르(2위), 핀란드(3위) 교사와 더불어 세계에서 가장 우수한 교사집단으로 평가하고, 그중에서도 한국 교사를 최고의 반열에 놓았다.

또 2014년 5월 7일 영국 최대 교육출판기업인 '피어슨그룹'이 실시한 세계 주요 40개국 대상 '학교교육시스템 성과 평가' 결과, 한국이 '2014 글로벌 인지능력·학업성취 지수'에서 1위를 차지했다. 교사의 질과 수준을 떨어뜨려 교육경쟁력을 저하시키는 그 어떤 시도도 용납될 수 없다. 정책입안자들은 추후 불 보듯 뻔한 엄청난 시행착오를 어떻게 책임질 것인가.

셋째, 지금도 정교사 외에 기간제 교사, 시간강사, 영어회화 전문강사, 예술강사, 스포츠 강사, 원어민 강사, 돌봄교실 강사, 방과후학교 강사 등이 있는데, 시간선택제 교사를 또 임용해 교원 협업시스템이 무너지고, 교사 간 위화감과 교육당국과의 마찰이 증폭되어 그 폐해가 교육경쟁력 약화와 학생과 학부모의 불만족을 초래할 수 있다.

넷째, 교육과 교원의 전문성 존중은 헌법정신이다(헌법 제31조 4항). 그 어떤 직업처럼 아무나 할 수 있는 직업이 아니다. 경찰, 군인, 소방공무원은 특수성이 인정돼 시간선택제 일자리 도입에서 제외되었는데, 헌법이 보장하고 있는 교육의 전문성과 특수성을 과소평가하고 교육부가 제대로 대변하지 못한 것 아닌가. 교직의 전문성을 무너뜨리고 교육을 단순한 노무개념으로 인식하는 것 아닌지 묻고 싶다(김무성 한국교총 대변인, 2013.11.21.).

다섯째, 시간선택제 교사의 증가는 정규직 교사의 업무부담을 가중시키고 이는 결과적으로 수업과 학생지도를 소홀히 하는 결과를 초래할 수 있다. 담임 배정, 행정업무 분장, 전보, 승진 등에도 많은 혼란을 가져올 수 있다.

ENDNOTE

1 ▷ 교육부가 2016년 10월 21일 육아, 간병, 학업으로 제한돼 있는 시간선택제 교사 전환사유를 폐지하는 '교육공무원 인사관리규정 개정안'을 행정예고했다(조선일보, 2016.11.4.). 이 때문에 교사들의 시간선택제 근무 확대 여부를 놓고 교육계에서 논쟁이 뜨겁다. 육아나 간병 등 공식 사유가 아닌 어떤 경우라도 시간선택제 근무를 허용한다는 것이 문제다. 시간선택제 교사는 학교 측과 협의하여 오전에만 근무하거나 주 3~4회 근무할 수 있어 가정 또는 개인 업무를 돌볼 수 있다.

교육부는 시간선택제 전환사유 폐지의 취지에 대해, 여론수렴 결과 사유 제한 때문에 제도가 활성화되지 못하고 있다는 설명이다. 교총은 시간선택제 전환은 일 · 가정 양립을 돕고 경력단절을 방지한다는 취지로 도입했지만 여러 가지 부작용과 폐단을 낳고 있다고 주장한다. 일부 교사들은 승진시험 준비 기회로 악용할 수 있고, 시간선택제 교사가 예상외로 증가할 경우 교사부족 사태로 기간제 교사를 더 많이 투입해야 할 텐데 그만큼 교육의 질은 떨어질 수밖에 없다. 교총에 따르면 현재 전국 기간제 교사는 약 4만 7,000명으로 전체 교원의 10%에 이르고, 기간제 교사의 담임 비율도 약 45%에 달하고 있어 교육경쟁력 저하의 요인으로 지적되고 있다. 교총은 "정부 국정과제인 시간선택제를 교육부가 충분한 논의 없이 도입했다가 막상 참여가 저조하자 제한을 풀어 실적을 올리려 한다"고 비판했다.

무상급식 리모델링이 필요하다

2015년 3월 초·중학교 무상급식 관련 한국갤럽 조사에서 선별적 급식이 63%로 전면 무상급식 34%보다 지지율이 압도적으로 높았다(조선일보, 2015.4.1.). 전면 무상급식에 대한 국민 다수의 반대 여론이 예나 지금이나 조금도 달라지지 않았다. 무분별한 복지예산 지출로 나라 재정이 파탄 나는 것보다는 밥값을 내는 것이 옳다고 생각하는 국민들의 충정이다. 또 장기적인 경기침체 속에서 보편적 복지에 대한 국민들의 인식이 바뀌고 있다는 해석도 있다. 특히 보편적 복지에 대한 욕구가 더 클 것으로 예상되는 저소득층이 보편적 복지 확대보다는 국가경제 안정이 먼저라는 의식이 강하다.

저소득층 학생들과 사회적 배려대상 학생들에게 무상급식은 매우 당연한 일이며 반대할 사람

아무도 없다. 전국 17개 시·도교육청은 현재 의무교육대상학생인 초·중학교 학생들에 대해 전면 무상급식을 제공하고 있다. 또 특수학교 학생, 체육중·고등학교 학생, 저소득층 고등학생들에게 무상급식을 제공하고, 학기 중 토·공휴일에는 저소득층 학생들에게 중식을 무상으로 지원하고 있다. 최근까지도 논란이 끊이지 않고 있는 전면 무상급식 문제의 본질은 '잘 사는 학생들까지 무상으로 급식을 제공해야 하나'이다. 여기에는 크게 세 가지 논쟁점이 결부되어 있다.

첫째, 교육철학적 문제가 결부되어 있다. 학교 무상급식의 근본 목적과 취지는 학생 가정의 사회경제적 지위의 차이에서 오는 교육기회불균등 해소를 위한 보상교육 차원에서 하는 것이다. 저소득층 학생들이 영양결핍으로 인해 두뇌발달과 신체발달을 포함한 모든 발달에 지장이 초래된다면 이것은 매우 안타까운 일이며, 국가의 장래를 위해 큰 손실이기 때문에 국가가 담보해 주는 것이다. 그러므로 잘 사는 학생들은 원칙적으로 무상급식 대상이 아니다. 이런 이유로 모든 학생에게 무상급식 하는 나라는 전 세계에서 딱 두 나라, 핀란드와 스웨덴 밖에 없다. 최근 한국교육개발원의 조사에 따르면 그 두 나라는 국민소득이 5만 달러가 넘는 자원대국이며, 국민의 조세부담율과 국민부담율(조세부담율과 사회보장부담율)이 세계 최고로 높고, 인구밀도가 낮으며, 빈부격차가 거의 없는 나라들이다.

외국의 다른 선진국들 사례를 보더라도, 학교급식에 관한 한 미국, 영국, 일본 등 선진국들도 보호자 부담 원칙이며, 저소득층 학생들만 무상 또는 할인 혜택을 받는다. 미국은 전체 학생의 57%만 학교급식에 참여하고 그중 40.5%는 무료, 9.5%는 할인, 나머지 50%

는 유료다. 영국은 초등학생의 49%, 중·고등학생의 51%만 학교급식에 참여하고 그중 무상급식 혜택은 34%만 받으며, 일본은 초등학생의 99.2%, 중학생의 85%만 학교급식에 참여하고 그중 무상급식은 생활보호대상자에 한하여 지자체가 지원하고 있다. 다른 나라들도 대동소이하다. 2014년 12월 2일 상원을 통과하고 12월 13일에 오바마 대통령이 사인한 'Healthy, Hunger-Free Kids Act of 2010(2010 아동결식방지건강법)' 법안이 증가된 저소득층 아이들에 한하여 무상 급식비를 증액한 사례가 이를 반증한다.

둘째, 전면 무상급식은 현실적으로 예산문제가 더 큰 문제다. 전국 초·중학교 무상급식 예산 중 순수 급식예산만 2015년 현재 2조 5,195억 원(동아일보, 2015. 3. 24.)으로 추산되며, 서울은 5,588억 원, 경기는 7,001억 원을 상회하였다. 만일 순수 급식예산에 학기 중 토·공휴일 저소득층 학생 중식지원비, 급식시설비, 학교급식 환경 개선 및 기구 교체비, 인건비 등 학교급식에 따른 운영예산을 포함한다면 약 5조 원이 소요될 것으로 추산된다. 내가 교육감으로 재직하던 대전의 경우, 2015년 현재 초·중학교 무상급식 예산 중 순수급식비만 약 510억 원이 소요되는데, 학기 중 토·공휴일 중식예산 10억여 원, 급식시설비 110억여 원, 급식환경 개선 및 기구 교체비 40억여 원, 인건비 540여 억 원 등 학교급식에 따른 운영예산을 합하면 매년 총 1,210억여 원이 소요된다.

대전시교육청의 경우, 1년 교육예산이 1조 6,000억 원인데 그중 약 86%인 1조 3,760억 원이 교직원 인건비, 학교운영비, 교육복지비 등 경직성 예산이고, 나머지 14%인 2,240억 원이 유연성 사업예산이다. 그리고 여러 가지 교육복지예산의 증가로 경직성 예산이 매년 늘어나는 추세다. 예산 사정이 이런데도 막대한 급식예산을 한 번도 아니고 매년 감당해야 한다는 것은 괴로운 일이다. 저소득층 학생들에게는 무상급식뿐만 아니라 학비, 교통비, 정보통신비, 수련활동비, 수학여행비도 부담해 줘야 한다. 장애학생교육, 유아교육, 다문화교육 등 또 다른 취약계층이나 사회적 배려대상 학생을 위한 예산은 어떻게 하고, 비정규직 인건비와 전문계고 학생 학비전액 무상예산은 어떻게 하나. 학력신장과 인성교육을 위한 직접교육예산은 어떻게 하며, 열악한 교육환경과 시설 설비 개선 예산은 어떻게 하란 말인가.

시·도교육청은 중앙정부나 지방정부처럼 세금수입이 있는 자치단체가 아니다. 예산전액을 중앙정부로부터 80%, 지방정부로부터 20% 받아 쓴다. 그러므로 전면 무상급식 문제는 중앙정부의 의지나 세금수입이 있고 사업성 예산이 40%대에 달하는 지방정부의 전향적 지원 없이는 자력으로 해결하기 어렵다. 게다가 소외계층과 사회적 배려대상 학생 교육비 지원예산은 매년 증액되고, 이제는 중학교 학교운영지원비(육성회비)도 전액 감면하고 있는데 무상급식 예산마저 매년 증가하는 추세여서 다른 시급한 복지예산과 직접교육예산 그리고 학교교육 경쟁력 강화 예산을 포기해야 할 형편이다. 이는 결국 제 꼬리 베어먹기식 예산행정을 초래해 또 다른 심각한 교육문제와 사회문제를 낳고 있다.

셋째, 학교급식법상 문제가 제기될 수 있다. 현행 학교급식법 제8조 3항에서 식품비는 보호자가 부담하는 것이 원칙이며, 제9조 2항에서 식품비를 지원할 경우, 국민기초생활보장법, 한부모가족지원법, 도서벽지교육진흥법 등에서 정한 학생과 기타 교육감이 필요하다고 인정하는 학생에 대하여 우선적으로 지원할 수 있다고 규정하고 있다. 따라서 법령의 제·개정 없이 전면 무상급식을 할 경우, 법률유보의 원칙에 위배의 소지가 있다.

무상급식과 관련한 이론적 논쟁에 대한 설명

논쟁 1: 헌법 31조 3항에 "의무교육은 무상으로 한다"라고 규정하고 있기 때문에 의무교육대상자인 초·중학생들의 학교급식은 무상으로 해야 한다는 주장

이러한 주장은 의무교육이 무상급식을 함축한다는 논리적 오류에서 비롯된 것이며 의무교육에 대한 과잉해석이다. 의무교육제도가 더 발전한 외국의 예를 참고하라. 헌법 제31조 3항 '의무교육은 무상으로 한다'는 국가의 책임을 명시했을 뿐이며, 무상으로 한다는 범위는 수업료에 한하고 그 이상은 의무조항이 아니다.

무상교육은 교육을 받을 권리를 보장하기 위한 것이지, 그것을 국가가 강제하기 위한 것이 아니다. 자신의 능력으로 교육을 받지 못할 수도 있는 사람들의 교육권리를 보장하기 위한 것이지, 모든 사람이 그 교육을 받아야 하는 것은 아니다. 논리적으로 의무교육이 '무상급식'을 함축하는 것은 아니며 함축한다는 주장은 의무교육에 대한 과잉해석이다.

국가급식이 헌법이 규정한 의무교육의 일부라면 점심뿐만 아니라 신발, 실내화, 학용품, 교통비, 교복, 체육복, 이발비, 간식비 등 학생이 필요로 하는 모든 것을 보장해야 한다.

서울지방법원 민사701단독 권양희 판사는 신모 양의 부모가 "급식운영비, 식품비 등을 학부모에게 부담토록 한 학교급식법 8조

2항, 3항은 위헌" 이라는 위헌법률심판 제청 신청을 기각하였다 (2010.4.5.). 의무교육을 받는 동안 수업료를 내지 않도록 한 초중등 교육법이 무상급식까지 의무로 규정한 것은 아니다. 법원이 의무교육의 범위를 수업료 면제로 한정해 판단하였다.

의무교육에 대한 헌법정신은 헌법 제31조 2항에 명시한 것처럼 '자녀교육에 대한 일차적 책임이 부모와 보호자에게 있으며, 이는 부모와 보호자의 국가에 대한 의무인 동시에 권리'라는 것입니다. 또 무상교육은 자신의 능력으로 교육을 받지 못할 수도 있는 사람들의 교육적 권리를 보장하기 위한 것인 바, 부모가 당연히 책임져야 할 권리이자 의무인 자녀의 급식까지 생활능력이 충분한 가정의 자녀에게 국가가 무상으로 제공하는 것은 헌법정신이 아니다.

논쟁 2: 급식비 혜택을 받는 것이 창피감이나 상처를 줄 수 있다는 주장

학교현장에서 누가 무상급식 받는지 잘 알지도 못하며, 창피감 가질 이유도 없고, 선생님들이 그렇게 방치하지도 않는다. 아이들이 아니라 어른들이 그렇게 부추기는 것이며, 잘못된 교육으로 그렇게 느끼게 하는 것은 어른들의 잘못이다. 공부하지 않고, 싸우고, 거짓말을 하고 그런 것이 창피한 것이지, 가난한 것이 무슨 죄이며 창피한 일인가. 어려우면 당당하게 도움을 받고 나중에 커서 훌륭한 사람이 되어 남을 도와줄 수 있는 사람이 되도록 가르치는 것이 올바른 교육이며 바른 어른들이.아닌가. 급식비 지원받는 어려운 학생들의 창피감을 덜어주기 위해 천문학적 예산을 탕진한다는 것은 지극히 비교육적 발상이다. 오히려 자기 집안의 어려운 형편을 알고 이를 극복하기 위해 더 열심히 공부하고 노력하는 사람이 되도록 가르치는 것이 교육 아닌가. 그렇게 우려되면 정부에서 소득을 파악하여 학교가 아닌 정부나 지자체가 스쿨뱅킹 계좌를 통해 학생이름으로 납부하는 방식으로 지원하면 되고, 정부납부내용도 암호화하면 된다. 얼마든지 노출되지 않게 할 수 있다. 정부에서 이미 고안 중이다.

논쟁 3: 학교급식은 선택적 복지가 아니라 보편적 복지차원에서 이루어져야 한다는 주장

진보적 경제학자인 서울대 이 모 교수는 그의 글에서 "학교무상급식이 사회복지와 관련이 있는 것은 사실이지만 사회복지 정책의 관점에서 접근하면 안된다. 무상급식을 사회복지정책의 일종으로 보면 부유층에게 무료급식 혜택을 주는 것은 부당한 일이다. 정부가 도움을 주어야 할 사람에게만 혜택을 제한하는 것이 마땅하다"고 주장한다. 또 이 문제가 사회복지 문제라 할지라도, 복지가 국민들에게 양질의 삶을 보장해 주자는 것이라면 이미 양질의 삶을 영위하는 잘 사는 사람들에게 복지문제는 논의대상이 아니다.

복지문제는 대상을 어떻게 정할 것이냐에 따라 보편적 복지와 선택적 복지로 구분하는 데, 복지의 대상도 분야(예: 의료, 교육 등)와 집단(또는 계층)으로 구분해서 설명해야 한다. 그러나 복지의 일차적 목표는 가난해도 걱정 없이 잘 살 수 있도록 하는 선택적 복지이고, 보편적 복지의 확대는 경제적 파이가 허락될 때에 한해서 가능한 것이다. 사실상 보편적 복지와 선택적 복지는 같이 가는 것이며, 보편적 복지를 추구하더라도 어느 분야와 어느 계층을 우선적으로 해야 할 것인가는 결국 선택해야 하기 때문이다. 보편적 복지를 지나치게 강조하다 보면 서민과 저소득층에게 돌아갈 복지비용을 부유층에게도 나눠줘야 하기 때문에 오히려 불이익을 당하게 되고 소득격차와 빈부격차를 더욱 심화시킬 것이다. 한남대 임 모 사회복지학과 교수도 "우리나라는 아직 소외계층 위주의 복지에 관심을 기울일 때"라고 주장하면서 경제규모를 고려할 때 보편적 복지, 즉 예외 없는 복지보다는 선택적 복지에 힘을 쏟아야 한다는 것에 공감하고 있다.

학교에서 이루어지는 모든 일이 교육행위라 할 때, 학교 무상급식문제도 어떤 논리나 가치에 앞서 교육적 논리와 가치로 설명되어야 하며, 교육적으로도 내가 열심히 일해서 스스로 먹고 살아가는 것이 인간의 최소한의 자존심이며 책임이고 그렇게 키우고 가르치는 것이 진정한 교육이다.

논쟁 4: 교육은 가치재의 성격을 갖기 때문에 무상 배분이 원칙이며 부유층 자녀에 대한 무상급식이 하등 문제되지 않는다는 주장

교육서비스는 의료, 주택과 함께 가치재(merit goods)라 할 수 있으며, 모든 국민이 최소한 일정 수준 이상의 혜택이 돌아가게 해야 하므로 정부가 개입하여 직접 공급할 수 있다. 그러나 가치재는 국방서비스나 경찰서비스 등 공공재처럼 그 비용을 '전면 무상으로 배분해야 하는(must)' 상품이 아니라, '무상으로 배분할 수도 있는(can)' 상품이며, 그 서비스의 한계와 범위는 법률과 경제적 파이가 결정한다고 볼 수 있다. 그러므로 헌법 제31조 3항에서도 교육에 대한 국가의 책임을 명시했을 뿐, 무상의 범위는 수업료에 한하고 그 이상은 의무조항이 아님을 함축하고 있을 뿐 아니라 학교급식법 제8조 3항에서도 '학교급식을 위한 식품비는 보호자가 부담하는 것을 원칙으로 한다'고 규정하고 있다. 자녀의 점심을 책임지는 것은 부모의 권리이자 의무인 것이다. 이 문제를 재정경제학적 논리만으로 설명하는 데는 한계가 있다.

당시 대전시교육감으로서 전면 무상급식에 대한 종합적 소견

모든 논리와 가치의 논쟁을 접는다 할지라도, 모든 아이들에게 전면 무상급식을 한다는 것은 천문학적 예산이 드는 문제이므로 중앙정부나 집권당이 정책적 차원에서 결단하거나 전국적 정당 차원에서 공약할 사안이다. 지방자치단체의 장이나 교육감 또는 의원들이 공약하거나 결단하기 어려운 사안이다. 또 재정자립도가 제로에 가까운 교육자치단체의 장인 교육감이 전면 무상급식을 결단하기란 더 더욱 어렵다. 만일 잘못되었을 경우, 급식행정을 실질적으로 이끌고 있는 교육의 수장이 결국 모든 책임을 떠안아야 하기 때문에 심사숙고하고 신중하지 않을 수 없다.

앞에서 자세히 밝힌 것처럼, 여유 있는 학생들까지 무상급식 한다는 것은 무상급식의 근본 목적과 취지에 맞지 않고, 법적, 교육적, 경제정의적, 예산행정적 차원에서 온당치 않다. 이 문제와 관련해서 오랫동안 많은 연구와 고민을 해온 끝에 내린 필자의 결론이다(참고: 덴마크의 경우, 2013년 IMF 기준 1인당 GDP 5만 7,998달러, 세계 6위). 그런 이유로 지난 2010년 6·2 지방선거에서도 낙선을 각오하면서까지 전면 무상급식 반대의 소신을 지키며 시민들의 심판을 받았고 위대한 시민의 양심은 그러한 교육감의 진정성을 인정하셨다.

전국의 시·도교육청들은 다 천문학적 부채를 안고 있다. 또 늘어나는 교육복지 예산 때문에 사업성 가용예산도 점점 줄어 총 예산의 15~20% 미만이다. 이제 전면 무상급식을 위한 막대한 예산을 충당하기 위해 꼭 필요한 다른 교육예산을 삭감하거나 돌려막기를 해야 할 판이다. 한 번 투자하고 끝나는 사업이라면 무리해서라도 할 수 있다지만 매년 예산이 필요한 사업인데 그 재원을 지속적으로 감당하기 어렵다. 모든 교육청들은 지금 심각한 재정난을 앓고 있다.

지자체들도 무리한 무상급식 예산 출혈로 어려움을 겪고 있다. 무상복지란 달콤한 것이어서 한번 시작하면 다시 후퇴할 수 없는 성격을 가지고 있기 때문에, 여론이나 압력에 떠밀려 무리하게 수용할 경우 '고양이 피하려다 호랑이 만나는 격'이 될 수 있다.

전면 무상급식의 결과는 시·도교육청의 교육부채 증가, 시급한 교육복지 예산 삭감, 지자체의 교육복지 투자 감소, 대응투자 사업 취소 및 감소, 교육환경 및 시설 설비 낙후화, 장애학생교육, 유아교육, 다문화교육 등 사회적 배려대상 학생교육 약화, 전체적 교육경쟁력 약화 등을 초래하고 있다. 만일 앞으로 시·도청이나 시·군·구청 중 어느 한 곳에서라도 예산문제로 합의를 이행하지 못할 경우, 모든 책임을 교육감이 다 떠안게 될 것이며 아무도 책임져주지 않을 것이다. 그 직접적인 모든 피해와 충격은 고스란히 우리 교육가족들과 시민들에게 돌아갈 것이다. 나는 전면적 무상급식을 반대한다는 소신에 변함이 없다. 대전교육의 미래와 교육가족들을 위한 일이라면 모든 화살을 교육감이 맞을 각오가 되어 있다.

앞으로 대전시교육청의 무상급식정책은 저소득층 학생들과 사회적 배려대상학생들을 중심으로 양질의 친환경급식을 하되 중앙정부의 학교급식정책의 변화와 지방자치단체의 지원 폭에 따라 그 대상 학생을 점진적으로 확대해 나가는 것이다.

학부모님들께 말씀드린다. 학교에서 이루어지는 모든 일이 교육행위라 할 때, 학교 무상급식 문제도 어떤 논리나 가치에 앞서 교육적 논리와 가치로 설명되어야 한다. 자녀교육은 학부모님들의 신성한 권리이자 의무다. 대다수의 학부모님들은 자녀에게 공짜보다는 양질의 건강급식을 원하며, 자녀를 독립적이고 자립적인 사람으로 길러 스스로의 노력으로 성공하기를 바라고, 도움 받는 사람보다는 도움을 줄 수 있는 인재로 키우고 싶은 것이 사실이다. 그것이 인간으로서 갖는 최소한의 자존심이며 책무이고, 나중에 훌륭하게 커서 남을 도와주고 사회와 국가와 인류를 위해 기여할 수 있는 인재로 기르는 것이 모든 어른들의 꿈이다.

정치권과 사회단체는 정치적 결단이 필요한 전면 무상급식 문제를 중앙정부나 집권당을 상대로 결단을 요구하고, 세금수입이 있는 지자체에 지원할 것을 요구할 일이지, 막대한 예산이 소요되는 문제를 재정자립도가 제로에 가까운 교육청을 상대로 괴롭히지 말아야 한다. 이 문제는 교육청이 간단히 해결할 수 있는 문제가 아니며 국가정책방향과 지자체의 지원형편을 보면서 시행착오 없이 논의해야 할 문제다. 또 학생들의 무상급식 문제로 신성한 교단을 정쟁의 굿판으로 몰아가는 것은 매우 유감스러운 일이다.

ENDNOTE

1 > 2016년 현재 유·초·중·고 전체 학교 수: 20,835개교(유치원 8,987교, 초등학교 6,001교, 중학교 3,209교, 고등학교 2,353교). 고등학교: 일반고 1,545교, 특성화고 497교, 특목고 152교, 자율고 159교.

2 > 2016년 현재 유·초·중·고 전체 학생 수: 6,635,784명(유치원 704,138명, 초등학교 2,672,843명, 중학교 1,457,490명, 고등학교 1,752,457명). 고등학교: 일반고 1,256,108명, 특성화고 290,632명, 특목고 67,607명, 자율고 138,110명.

3 > 2016년 서울교육청의 예: 적정 무상급식비 단가(급식인원 수에 따른 5개 구간 범위): 초등 3,215〜3,605원, 중학교 4,575〜5,300원(한겨레, 2017.1.2.).

4 > 2015년 전국 시·도 교육청 무상급식 예산 총액 2조 5천 195억: 경남 505억, 울산 270억, 대구 631억, 부산 1,122억, 강원 1,118억, 전북 1,045억, 전남 1,492억, 경북 775억, 광주 1,100억, 인천 1,041억, 서울 5,588억, 경기 7,001억, 제주 365억, 충북 990억, 세종 228억, 충남 1,414억, 대전 510억(동아일보, 2015.3.24.).

5 > 국가가 관여할 수 있는 두 가지 중요한 서비스 재화

* 공공재(public goods): 많은 사람들이 동일한 재화와 서비스를 동시에 소비할 수 있고, 그 재화와 서비스에 대하여 대가를 치루지 않더라도 소비혜택에서 배제할 수 없는 성격을 가진 재화나 서비스. 예: 국방, 경찰, 일기예보, 등대, 공원 등 국가가 책임져야 할 서비스.

* 가치재(merit goods): 사용하면 유익하고 가치로운 재화인데 사용하면 유익하기 때문에 좀 더 많이 소비하기를 권장하는 재화나 서비스. 그러나 개인들의 자발적인 선택에 의해서는 바람직한 수준까지 소비되기 쉽지 않은 재화이며 강제할 수 없는 재화나 서비스. 예: 교육, 의료, 주택 등. 이 때문에 교육도 강제할 수 없고 학교급식도 강제할 수 없는 서비스라고 할 수 있다.

통일 준비 교육정책 어떻게

남북통일 준비의 핵심은 교육이며 교육을 통한 미래세대의 동질성 회복이 그 시작이다. 정부의 통일준비 교육정책은 two-track으로 입안·추진되어야 한다. 하나는 미래 통일한국시대를 이끌어 갈 우리 한국의 초·중등 학생들을 대상으로 한 통일교육의 내실화이고, 다른 하나는 통일 이후 남북 간 교육통합을 위한 준비 작업이다.

우선 통일한국의 성장과 통합의 원동력은 잘 준비된 교육정책에서 비롯된다. 통일 이후 남북한 학생들을 어떤 학교제도 하에서 가르칠 것인지, 교사는 어떻게 양성할 것인지, 교육과정과 교과서는 어떤 내용이어야 할지 등 통일한국의 교육을 대비한 제도와 정책을 연구·개발해야 한다.

교육부는 2016년 12월 28일 통일 이후 남한과 북한의 학교에 공통적으로 적용할 교육과정을 연구하고 개발하는 통일준비학교가 확대 운영된다고 발표했다(조선일보, 2016.12.29.). 지금까지는 탈북 학생들이 수학하는 학교를 통일준비교육 시범연구학교로 지정하고 대안교육기관 형태로 운영해왔다. 현재 2개교(서울 여명학교, 성남 하늘학교)인 통일준비학교를 2017년부터 16개교로 늘릴 계획이다. 통일준비학교는 통일시대의 한국교육에 적용할 교육과정과 남북 통합교육모델을 연구·개발하는 특수목적학교다. 이 학교들에서는 탈북학생들이 겪는 혼란과 어려움, 예를 들면 외국어·외래어·한자어, 한국사 교육, 자유민주주의와 시장경제, 전통과 문화·풍습 등에 대해 연구하고 가르쳐 왔다.

통일 이후 교육 통합 준비를 위해서는 독일의 통일준비 교육제도 및 정책 사례를 고찰하고, 통일 후 남북 간 교육제도(학제 포함)와 정책, 교육과정과 교과서(특히 도덕, 국어, 사회, 역사 등 인문·사회 분야), 교육방법과 행정, 교원양성 제도 및 교육과정, 교육기관의 수용능력 확보 등의 동질성 회복과 궁극적 통합을 위한 청사진과 단계적 로드맵을 철저히 연구·대비해야 한다.

한편 통일 이전 우리 한국의 초·중등 학생들을 대상으로 한 학교 통일교육을 내실화해야 한다. 정부는 '2015년 통일준비 업무추진계획에 대한 대통령 보고'(2015.1.19.)에서 학교통일교육 내실화 방안을 밝힌 바 있다.

통일교육은 우선 튼튼한 안보의식 교육이 전제돼야 한다. 아직도 남북이 적대적 관계에 있고 북핵문제가 해결되지 않은 상태에서 우리의 미래세대인 학생들이 통일에 대한 장밋빛 꿈에 젖어 정신적 무장해제가 우려되기 때문이다.

둘째, 체제, 이념, 사상의 우월성, 예를 들면 자본주의와 공산주의, 민주주의와 사회주의, 이념과 사상, 자유와 인권 등에 대한 비교 교육이 심도 있게 이루어져야 한다.

셋째, 통일교육의 내용과 수업시수의 공통기준을 만들고 교육과정 표준화 작업이 시급하다. 교과교육 및 창의적 체험활동을 통해 통일교육과정을 체계화하여 통일교육을 내실화해야 한다. 또 정규교육과정(특히 도덕, 사회, 한국사 등 인문·사회 분야) 및 계기교육용 교육자료와 콘텐츠를 개발·보급해야 한다. 인터넷 통일학교 웹사이트 운영으로 통일교육 자료의 공유·활용을 활성화하고 통일교육 연구학교를 지원해야 한다.

넷째, 초·중·등 교원의 통일교육 전문성 제고를 위해 사이버 통일교육 연수과정 개설을 확대하고, 교원 자격연수 시 통일교육 연수를 이수할 수 있도록 해야 한다.

Part 6

실종된 교권과 흔들리는 교육현장

Part 6

실종된 교권과
흔들리는
교육현장

학생의 인권이 중요하다는 데 누구도 이의하지 않는다. 그런데 이 시점에서 학생인권조례를 왜 제정해야 하는지, 조례제정의 출발점 가정이 무엇인지 많은 사람들이 의아해한다. 학교에서 선생님들이 학생들의 인권을 유린하나 아니면 침해하나. 또 다른 부모님이며 교육자인 선생님을 그렇게 못 믿나. 보호자인 부모님들이 계시고 학교 관리자와 지도감독 관청이 쳐다보고 있지 않은가. 선생님에 대한 신뢰와 존경 없이 교육의 미래는 없다.

  학생의 인권은 헌법, 교육기본법, 초중등교육법, 그리고 시행령을 통해 이미 보장돼 있고, 공직자윤리강령으로도 충분히 보호되고 있다. 만일 선생님이 학교에서 학생의 인권을 유린하거나 침해한다면 아마 배겨나지 못할 것이다.

또 학생인권조례의 내용을 보면 체벌금지, 두발 복장의 자유, 야간자율학습 등 정규교과 외 학습 선택권, 휴대전화 소지 제한 금지, 소지품 검사 금지, 성적 지향과 임신·출산 등의 이유로 차별 금지, 수업시간 외 교내집회의 자유, 교육청 정책 결정에 학생참여 보장 등을 담고 있는데, 학습지도나 생활지도를 위한 규범적, 규칙적, 교육정책적 사안들까지 포함하여 인권을 지나치게 확대 해석하는 것 아닌가. 이는 결국 선생님의 권위를 손상시키고, 교육권을 무력화시키며, 학생의 학습권을 저해할 수 있는 위험천만한 교육실험이다.

가정에서 자녀의 권리 때문에 부모와 자식 간 법을 정하나. 한 살짜리 아이가 바늘을 가지고 놀 때 이를 빼앗았다면 인권침해인가. 군대에서 군복을 입히고 머리를 깎는다면 이것이 인권침해인가. 학교에서 학칙준수를 요구하면 인권침해인가. 공항에서 또는 대통령 참석 행사장에서 소지품을 검사한다면 이것이 인권침해인가.

인권조례에 담고 있는 내용과 관련하여 가정에서 부모가 허락하지 않으면 집회나 시위를 할 것인가. 인권이라는 미명하에 학생들을 지나치게 방임한다면 그것이 교육인가. 국어, 수학, 영어 등 학과목만 가르치는 것은 교육이 아니잖나. 옳고 그름, 규범과 규칙, 윤리와 도덕, 상식과 예의, 품위와 위계도 가르쳐야 진정한 교육 아닌가. 교육이 담당해야 할 윤리와 도덕, 규범과 가치의 범주까지 법으로 규정한다면 이는 포퓰리즘적 과잉입법이다. 최소한의 질서유지를 위해 법은 필요하다. 그렇다고 인간행위의 모든 것을 법으로 강제하는 것은 현실적으로도 어렵고 또 그렇게 해서도 안 된다. 사회질서를 위한 법은 가동할지라도 윤리, 도덕, 규범을 포괄하는 교육·문화적 접근은 더욱 필요하다.

스스로 책임질 수 있는 성인이 되어야 모든 권리를 누릴 수 있는 것처럼, 미성년자는 아직 모든 책임을 스스로 질 수 없는 연령이므로 성년이 될 때까지 일부 권리를 학부모의 동의하에 유보하는 것뿐이며, 청소년들에게 선거권을 부여하지 않은 것처럼 학교교육을 받는 동안 일부 권리를 제한(또는 유보)한다고 해서 비인권적이라 볼 수는 없다.

아직도 배우는 과정에 있는 어린 학생들의 발달적 특징, 즉 '청소년들은 충동적이며 감성적이고 분별력, 인내심, 자기통제력, 자제력, 판단력 등이 아직 성숙되지 않은 단계에 있다'는 점을 무시하고 아직 판단력이 성숙하지 않은 초·중·고생들을 성인처럼 모든 일에 방임적인 결정권한을 부여하는 것은 오히려 위험한 일이며 교육의 본질에도 부합하지 않는다. 방송이나 영화에서 청소년들의 교육적 목적에서 관람 등급을 매기고 있는 것도 그런 이유에서다.

조례는 지방자치단체의 고유사무에 대한 사항이나 법률의 위임을 받은 사무에 대하여 규정하는 자치법규다. 그러므로 인류의 보편적 가치를 담은 인권을 조례로 정하는 것은 법 체계상 타당하지 않다. 또 학생인권조례에 담고 있는 내용들은 이미 헌법에 규정된 보편적 인권으로서 또다시 조례로 제정해야 할 이유가 전혀 없다. 학생인권문제는 헌법과 법률의 문제지 조례나 규칙에서 다룰 문제가 아니며, 지방자치단체의 조례나 규칙은 국민의 권리나 의무를 다루기보다는 주로 지역주민의 복리문제를 다루는 것이 보편적이다.

선생님의 교육권과 대립각을 세우는 학생인권조례는 한국교육의 미래를 위해서도 바람직하지 않다. 다른 나라에서 유사한 선례를 찾아볼 수 없는 이유가 무엇인지 새겨봐야 한다. 학교교육은 학생, 교사, 학부모, 그리고 지역사회가 사랑과 이해와 협력으로 어우러져 인재를 키워나가는 데 궁극적 목적이 있다. 교사와 학생 사이에 존경과 사랑 그리고 신뢰가 있어야 학생들의 가슴에 와 닿는 교육이 가능한 것 아닌가.

학생인권 보호와 신장을 위한 어떤 규정이 꼭 필요하다면 헌장 또는 선언문으로 규정하는 것이 바람직하다고 본다. 학생인권문제는 인권의식이 앞선 대부분의 선진국에서도 조례가 아닌 헌장 형식을 택하고 있다. 또 그들은 어떤 법규 제정의 경우에서나 개인이 갖는 권리와 의무의 균형을 강조하고 있다.

실종된 敎權과
무너진 師父師弟 관계

오늘날 우리 교육이 갖는 최대의 당면과제는 교권의 추락과 실종이다. 교사의 권위와 위엄이 심하게 추락되었고 교사에 대한 존경심과 신뢰가 무너져 소신 있는 교육행위를 펼칠 수가 없게 되었다. 걸핏하면 제자와 학부모가 선생님을 상대로 소송을 제기하는 상황이 빈번하게 일어나는 등 교사로서의 자존심과 사기가 말이 아니다.

아이들은 선생님의 지시와 안내를 우습게 여기고 선생님들은 아이들을 겁내고 있다. 아이들과의 씨름에 지쳐 수업시간의 일탈을 방치하고 묵인하고 있다. 초·중등 교사의 80%가 교실에서 정상적 수업이 어려워진 지 이미 오래라고 시인한다. 무너진 교사들의 권위와 위엄 앞에 아이들은 제멋대로고, 교육을 공급자와 수요자 간 계약관계 정도로 인식하는 학부모들은 이를 방조하고 있다.

아이들은 선생님을 우습게 알고 반발하며, 걸핏하면 고발하고, 선생님의 소신 있는 교육행위에 대해 사사건건 시비할 뿐 아니라 심지어 폭행과 폭언을 서슴지 않는다. 학생들의 선생님에 대한 존경심은 사라졌고 학부모와 교사 간 신뢰는 금이 갔다. 선생님들이 학부모와 아이들을 두려워하게 되었다. 이런 상황 속에서 무슨 교육이 되겠는가. 교권붕괴의 절반은 학부모들에게 책임이 있다고 봐야 한다.

요즈음 아이들은 수업시간에 집중하지도 않고 산만하며 잡담과 장난을 서슴지 않는다. 어렵고 고된 일에 인내심도 없고, 자기 의사에 반하거나 간섭을 받으면 욕설과 폭력을 휘두른다. 이런 행동을 지적하거나 나무라는 선생님에게 대들고 책임전가하고 조롱하기 일쑤다. 모든 일에 자기중심적이고 이기적이어서 남의 입장을 생각해보고 배려하려는 태도는 찾아볼 수 없다. 가정이나 학교에서 아이들을 도가 넘게 방임한 탓이다.

일선 교단의 선생님들은 교권붕괴의 원인을 학생인권조례 제정, 체벌금지, 교원능력평가, 수요자 중심교육 강조, 교육 포퓰리즘, 교육감과 교장들의 보신주의, 학부모들의 교사에 대한 무례, 학부모의 자녀교육에 대한 몰이해 등으로 진단하고 있으며, 이러한 원인들이 선생님의 교육권과 지도력을 무력화시켰다고 보고 있다.

일상적인 교육행위 과정에서 일어난 정당한 질책이나 벌까지도 금하고 있고, 사제 간 교육적으로 있을 수 있는 신체접촉이나 표현까지도 성희롱 운운하며 시비하는 마당에, 선생님들은 어떤 교육적 판단이나 행위에도 주저할 수밖에 없고 소신 있는 교육 지도력을 발휘할 수 없게 됐다. 학교에서는 선생님들의 손발과 입을 묶어 교육지휘권을 박탈한 꼴이 됐고, 가정에서는 아이들을 제왕처럼 대접하고 있으니, 이런 속에서 선생님들이 열의를 가지고 헌신적으로 학생들을 가르칠 리가 만무하다. 열심히 가르치려고 노력하다가 시비 소지를 만들기 보다는 방관하거나 헌신적 지도를 포기하는 편이 낫기 때문이다. 학교교육이 무너지고 있는 안타까운 모습이다.

교권회복을 위한 노력은 가정에서부터 시작되어야 한다. 우선 아이들이 학교에서 질서와 예의범절을 지키고 선생님을 존경하고 신뢰하는 마음을 갖게 하기 위해서는 가정교육이 제자리를 찾아야 한다. 자녀가 귀하다고 여길수록 가정에서의 교육은 더 엄격해야 한다. 가정의 일원으로서 자신의 맡은 역할을 수행하고, 자기 일을 스스로 해결하며, 남을 이해하고 배려하고 협력하는 태도를 길러주어야 한다. 꼭 필요하고 정당한 요구만 들어주고, 잘잘못을 분명히 지적해주며, 자신이 한 일에 대해 책임을 짓도록 해야 한다. 자제력과 독립심을 길러주고 양보의 미덕을 가르쳐야 한다. 어른을 공경하는 마음과 예의범절을 가르치고 준법정신을 심어주어야 한다. '부모는 최초의 선생님이며 가정은 일차적 교육장'임을 잊어서는 안 된다.

둘째, 학부모들이 선생님을 신뢰하고 존경하던 예전의 모습으로 돌아가 자녀들이 선생님의 가르침에 순종하고 감사할 줄 알도록 앞장서 수범을 보여야 한다. 교육은 사랑과 존중과 이해가 전제되어야 성공할 수 있는 독특한 활동이다. 잘못과 결함이 있는 교사가 다소 있을지라도 학부모가 교사를 존경하고 신뢰하는 모습을 보일 때, 학생들은 선생님의 가르침을 믿고 따르게 되며 용서하고 관용하는 태도도 아울러 배우게 될 뿐 아니라 선생님들도 소신을 갖고 아이들 교육에 최선을 다 할 수 있다. 이것만이 학교현장에서 진정한 교육이 이루어질 수 있도록 학부모가 도와줄 수 있는 최선의 길이며, 이런 교육풍토가 하루 빨리 회복되어야 한다.

셋째, 선생님들은 학생교육에 무슨 어려움이 있어도 심기일전하여 교육주체로서의 사명을 다 해야 한다. 학생과 학부모의 개인적 욕구를 존중하고 이를 충족시키기 위하여 즐거운 마음으로 노력해야 한다. 교육 위기를 헤쳐나가고 수습하는 일을 누군가가 해야 한다면 그것은 선생님들의 몫이며 우리의 미래세대 교육을 생각할 때 양보할 수 없는 자신들의 사명이다.

넷째, 교권이 실종되고 사부 간 신뢰가 무너진 것은 우리 교육과 국가의 장래를 위해 결코 바람직한 현상이 아니다. 교사가 존경의 대상으로 추앙받지는 못할지라도 시비와 질타의 대상으로 몰아서는 안된다. 무질서해지는 교육현장을 복원하기 위해서라도 교권회복을 위한 사회적 공감대가 절실히 필요하다.

다섯째, 교육부는 선생님들이 소신 있고 행복하게 교육에 임할 수 있도록 교권회복과 사기진작을 위한 '교권보호법' 등 특단의 입법조치와 스승존경의 사회풍토 조성에 심혈을 기울여야 한다.

ENDNOTE

1 > 시·도교육청에는 교권보호위원회, 법률지원단, 교권침해조사담당관을 두고, 학교에는 학교교권보호위원회를 설치하여 교권보호와 교권분쟁에 대처하고 있다.

2 > 하윤수 한국교총회장은 "교권을 침해하면 가중 처벌하도록 관련 법률을 개정하는 데 앞장서겠다. 요즘 학교에서는 교사에 대한 존경심은 사라지고 교권은 땅에 떨어진 지 오래다. 슬픈 일이지만 누구도 교사를 지켜주지 않기 때문에 마지막으로 교사가 기댈 곳은 제도밖에 없다"고 설명했다.

근무평가 결과에 따라 성과급을 차등 지급하는 교원성과급제도의 폐지도 주장하며, "수업이나 생활지도 등을 평가하여 우열을 가린다는 자체가 본질적으로 불가능하며, 성과급 총액은 정해져 있는데 교사들이 서로 쟁탈해 가는 식의 제도는 교사들의 자존심을 꺾고 사기를 저하시킨다"고 설명했다.

3 > 학교폭력대책자치위원회(학폭위)의 징계처분에 불복해 소송을 제기하는 사례가 최근 급증하고 있다. 전국 17개 시·도교육청에서 제출한 국감자료(민주당 김병욱 의원, 2016.9.21.)에 의하면, 학폭위 처분 관련 행정소송 건수는 2012년 50건에서 2015년 109건으로 2배 이상 급증했다. 학생부 종합전형 확대로 상급학교 입시에서 불이익을 당할 수 있는 '주홍글씨'를 지우기 위해 가해학생의 학부모들이 자녀의 불이익을 줄이기 위해 최근 들어 학교장 또는 담임을 상대로 소송을 제기하는 상황이 빈번하게 일어나고 있다.

4 > 교원이 업무 중 사고, 학교폭력 사건, 교권침해 사건 등으로 인해 민사·행정·형사 소송에 휘말릴 경우, 관련 비용과 형사상 벌금을 지원하는 교직원 법률비용 보험 상품이 출시되고 있다. 법적 분쟁이 잦은 시대가 왔으니 보험을 들어 자신을 보호하라는 설명이니 교사들의 자존심과 사기가 말이 아니다.

학교폭력이

초등학교로

번지고

있다

학교폭력은 요즈음 전국적으로 만연된 학교사회의 병리현상으로 인식되고 있고, 저연령화, 흉폭화, 지능화, 유형의 다양화가 큰 특징이다. 교육부가 초등 4학년부터 고등 3학년까지 총 432만 명을 대상으로 '2016년 1차 학교폭력 실태조사'를 한 결과, 학교폭력 경험 학생 3만 8,700명 중 68%인 2만 6,400명이 초등생이었다. 피해를 경험한 초등학생은 4학년생이 제일 많았다. 중·고등학교에서 주로 발생하던 학교폭력이 초등학교 4학년으로 저연령화되고 있다. 학교폭력을 경험한 초·중·고등학생 비율은 초등학생 4~6학년 68%, 중학생 18%, 고등학생 14%이었다(조선일보, 2016.8.18.).

교육부 조사에 의하면, 학교폭력 피해의 유형이 언어폭력 34%, 집단 따돌림 18.3%, 신체폭행 12.1%, 스토킹 10.9%, 사이버 괴롭힘 9.1%, 금품

갈취 6.8%, 성추행/성폭행 4.5%, 강제 심부름 4.3% 등으로 매우 다양하게 나타났다. 학교폭력이 일어나는 장소는 학교 안에서 72%, 학교 밖에서 28%로 조사되었다.

청소년폭력예방재단의 설문조사에서는 학교폭력 이유를 장난으로 34%, 상대방이 잘못해서 20%, 기타 28%, 이유 없이 18% 등으로 응답하였고, 학교폭력으로 인한 정신적 충격은 자살 생각 44.7%, 심적 고통 49.3%, 복수 충동 70.5% 등으로 나타났다고 보고하고 있다(동아일보, 2016.10.21.).

학교폭력의 주요 원인은 크게 네 가지로 집약될 수 있다. 우선 감수성이 예민한 청소년기 학생들의 반항적이고 도전적인 행동 특성을 들 수 있고, 둘째는 부모들의 과잉보호 또는 무관심한 양육태도, 가정결손, 부부 맞벌이, 이혼, 가정경제 파탄 등으로 인한 가정교육의 부재에서 비롯된다고 볼 수 있다. 셋째는 학부모의 교사에 대한 존경심과 신뢰가 무너졌고, 학생인권의 지나친 강조로 교사의 생활 지도력이 무력화되었을 뿐 아니라, 이러한 학교문화의 변화로 교사의 헌신성과 열정이 크게 저하된 것도 큰 원인 중의 하나로 꼽을 수 있다. 비행학생에게 팔굽혀 펴기조차 시키지 못하도록 교사의 손발을 다 묶어 놓고 무슨 생활지도 운운할 수 있겠나. 소지품 검사나 일기장 검사 등은 학습지도와 생활지도의 일부이고, 학생들의 심리상태나 행동패턴을 파악하는 중요한 수단인데 이마저 금지하고 있는 것도 문제다. 넷째는 온라인 게임에 무방비로 노출되는 등 무분별한 영상매체와 인터넷 문화의 악영향을 들 수 있다.

학교폭력의 주요 타깃이 되는 피해학생이나 가해학생은 대개 학업부진 학생을 포함한 정신적·신체적·사회적 배려대상 학생들이거나, 비사교적 교우관계를 가진 학생 또는 튀는 학생들이 많다.

학교폭력의 예방과 치유를 위해서는 예방과 발달 차원에서의 교육과 학교안전망 구축, 범부처 간 협력, 사회구성원들의 협력 등 다원적 접근이 필수적이고, 효과적이고 효율적 방안을 선별·모색하되 교육주체인 교사와 학부모가 중심이 돼야 한다. 학교폭력 예방과 근절을 위한 대책은 치유와 처벌보다는 예방과 교육위주로 세워야 하며, 학생, 교사, 학부모, 학교안전망, 법적 제도적 뒷받침, 부처 간 협력, 사회단체 및 언론의 협력 등 대상과 영역별로 수립돼야 하고 학생, 교사, 학부모 관련 대책이 가장 핵심이다.

학생관련 대책으로 첫째, 도덕, 윤리, 국어, 사회 등 관련 교과에서 공감, 이해, 배려, 교우관계, 인권교육을 실천과 체험 중심으로 교육하는 등 실천중심 인성교육을 강화해야 한다. 이 시기의 아이들은 특히 폭력 피해자가 얼마나 괴로운지, 폭력이 얼마나 심각한 범죄행위인지 잘 이해하지 못하기 때문에, 초등 4학년부터 또래상담을 통한 역할극과 교육 동영상을 통해 범죄인식 교육과 공감이해 교육을 실감나게 해야 한다. 상담과정에서는 왕따 및 폭력 가·피해 학생 징후 체크리스트와 조치법 등을 활용할 수 있다..

둘째, 피해자의 문제해결능력과 위기대응능력을 길러주기 위해 학교폭력 피해 위기상황에서 '안돼, 멈춰, 중재자의 호루라기' 등 적극적 거부표현을 할 수 있도록 교육하고, 학생 위험경보 제도(risk alarm system)를 도입하여 사고의 개연성을 조기 차단하며, 일선학교는 생활지도부, 지역교육청은 Wee Center의 학교폭력신고센터, 시교육청은 학교교육지원과 '1588-7179', 경찰은 SOS 국민안심서비스 Call 117 등의 핫라인(hotline)을 설치해야 한다. 학교폭력 피해학생의 심리적 치유를 위해서는 반드시 전문상담기관 의뢰하여야 한다.

셋째, 가해자에 대한 예방과 교육방법으로 교사 또는 중재자(예를 들면, 천사지킴이 학급당 3~4명)에 의한 '옐로우카드제(yellow card)'를 활용할 수 있다. 1단계에서는 구두경고에 이어 재발 시 어떤 처분을 받게 되는지 예고하고, 2단계에서는 경고 차원에서 Yellow Card를 제시하고 특별상담, 학부모 소환, 과제 등을 부과하여 다시 한 번 자숙할 수 있는 기회를 준 다음, 3단계에서는 Red Card를 제시하고 책임을 묻는 차원에서 출석정지, 강제전학, Wee School 위탁교육 등 격리 처분을 부과하게 된다.

넷째, 가해학생에 대하여 보복 시 가중 처벌, 학부모 소환, 강제전학(교육감 지명 학교), 출석정지, 퇴학, 일정기간 특별상담 의무화, Wee School 위탁교육 등 단호한 처벌과 격리를 처분함으로써 '사람은 자신의 행동에 대하여 응분의 책임을 져야 한다'는 값진 민주시민교육 기회를 부여할 필요가 있다. .

다섯째, 학생부 학교폭력 처벌기록을 의무화(교과부장관 훈령 개정, 2011.3.1. 시행)하고, 기재기간은 2년으로 한정하며, 졸업 시 학폭위에서 반성의 정도를 심의해 긍정평가를 받으면 졸업 즉시 말소 가능하도록 할 수 있다.

교사 관련 대책으로는 학생과 학부모의 교사에 대한 존경심과 신뢰감을 증진시켜 교권 및 교육 지도력을 회복시키고, 학생들의 심리와 행동특성을 파악하여 지도할 수 있도록 상담 연수를 강화하며, 전문 상담교사를 일선학교에 증원 배치해야 한다. 또 학급 담임 교사는 파악된 학급 내 위험군 학생을 항상 주의 깊게 살피고 지도할 필요가 있다.

학부모 관련 대책으로는 바람직한 가정교육을 위하여 학부모 연수, 일일교사 체험, 위험군 학생 학부모의 상담 정례화, 학칙 및 가

학교폭력이 초등학교로 번지고 있다

305

해학생에 대한 처벌과 사법적 책임 공지 등을 하고, 가해학생의 학부모에 대해서는 특별교육을 의무화하되 거부할 시 300만 원의 과태료를 부과하는 학교폭력법을 공지해야 한다.

학교 관련 대책으로는 학교폭력에 대한 대응 및 처리를 위해 '학교폭력 대응 매뉴얼'을 비치하고, 학부모에게 '학생 위기관리' 안내책자를 배부하며, 학교폭력대책자치위원회를 활성화해야 한다. 학교폭력 실태조사를 연 2회 실시하고 특히 일진 전수조사를 통해 가해 위험군 학생의 실체와 규모를 파악하여 '그린마일리지' 학생 상벌제를 활용 특별지도할 수 있다. 학생 생활지도 담당교사의 역할과 권한을 강화하고, 초·중등교육법을 개정하여 일반학교에 대안교실을 둘 수 있도록 해야 할 것이다.

학교폭력에 대비한 학교 안전망 구축은 우선 고위험군 학생들 대상 상담 서비스를 제공하기 위하여 교육청 차원에서는 Wee center, 학교 차원에서는 Wee class, 장기위탁교육기관 차원에서는 Wee school을 운영하고, 퇴직 공무원들을 활용한 '배움터지킴이' 제도 도입과 '학교안심알림이 서비스'를 제공할 수 있다. 학교폭력 가·피해학생 상담을 돕기 위해 시·도교육청 차원에서 학부모 상담 자원봉사회와 학부모재능기부봉사단을 운영하고, 경찰청, 검찰청, 해병전우회, 녹색어머니회, 태권도협회, 보안경비업체, 모범운전자회 등과 '학교안전지킴이' 협약을 맺어 언제 어디서나 학교폭력을 감시할 수 있는 협력체제를 구축할 수 있다. 물론 CCTV는 학교 안팎의 우범지역 곳곳에 필수적으로 설치해야 한다.

학교폭력 예방 및 근절 대책 수립 시 특히 유의해야 할 사항은 첫째, 학교폭력의 가해학생도 우리들이 사랑으로 가르쳐야 할 발달과정에 있는 미성년자이므로 교육적 차원에서 선도해야 하며, 또 하나의 어린 희생양을 만들지 않도록 조심해야 한다. 둘째, 언론매체들은 자라나는 학생들이 연루된 학교폭력에 대해서는 무분별한 폭로로 인한 진실의 왜곡이나 과장을 자제하여 자칫 가·피해학생에게 씻을 수 없는 상처와 낙인을 남기지 않도록 해야 한다. 셋째, 학교폭력 가·피해학생을 대상으로 전문성을 요하는 교육이나 상담의 경우, 교육 또는 상담 전문기관의 지원과 협력을 받아야 시행착오나 부작용을 사전에 예방할 수 있다. 넷째, 학교폭력 근절을 위한 노력 성과를 시·도교육청 평가에 반영하는 것은 보여 주기식 성과 위주로 흐르기 쉬워 오히려 근원적 예방과 치유에 부작용을 낳을 수 있다.

ENDNOTE

1 > 교육부가 발표한 학교폭력 실태조사 결과 피해응답률이 2013년 1.9%(약 7만 7,000명)에서 2015년 0.9%(약 3만 4,000명)로 대폭 감소했다 (중앙일보, 2015.12.28.).

2 > 2012년 도입한 학교폭력 전담경찰관(SPO)은 2016년 7월부터 경찰 본연의 범죄예방 업무에 집중하고 전문성이 필요한 상담업무는 학교 또는 전문 상담기관에서 맡기로 조정했다.

3 > 헌법재판소는 2016년 4월 학교폭력 가해학생의 처분을 학생부에 기재하는 것은 합헌이라고 결정했다. 하지만 소년법 32조는 '소년의 보호처분은 그 소년의 장래 신상에 어떠한 영향도 미치지 아니 한다'고 규정해, 소년법 처분결과는 학생부에 기재하지 않는다. 학교폭력법과 소년법의 형평성 문제가 있다.

4 > 현행 학교폭력 처리 절차.
신고 접수 – 보호자 연락 – 피해자 보호 등 긴급조치 – 학내 전담기구 사안조사 – 학폭위 소집 – 심의·의결 – 학교장 처분 – 수용 시 처분결과 학생부 기재 – 불복 시 재심, 행정심판, 행정소송.

5 > 학폭위 진행과정에 대한 진정 사례.

* 학폭위 개최 의무조항: 교육부 지침에 의하면, 가해학생이 즉시 잘못을 인정하고 피해학생이 사과를 받아들일 경우 학폭위를 반드시 열지 않아도 된다고 돼 있지만, 학교폭력법에는 학폭위 개최가 의무화돼 있다. 이에 따라 학교장은 가해학생과 피해학생이 화해했는데도 단지 피해학생 부모가 가해학생 처벌을 원한다는 이유로 학폭위에 회부하는 사례.

* 가해학생 선도조치 의무조항: 학폭법에 가해학생 선도조치가 의무화돼 있다. 학폭위에서 진정인을 학교폭력 가해학생으로 판단한 뒤, 서면사과 및 특별교육 5시간 이수 처분에 피해학생들 앞에서 서면사과를 읽게 하는 사례. 이는 인격형성 과정에 있는 가해학생의 양심의 자유를 침해한 것임.

* 학생부 기재: 2015년 발생한 학교폭력 사실을 2016년도 학생부에 기재하는 사례. 학생부 기재는 학폭위 최종 결정된 시점에 기재하는 것임.

* 과잉대응: 당사자끼리 화해한 학교폭력 사안을 학교장이 직권을 남용해 학폭위에 회하여 가해학생 전학 결정이 나온 사례.

* 강압적 조사: 조사과정에서 관련 학생들을 몇 시간 교실바닥에 꿇어앉혀 자술서를 강요해 가해사실을 인정하는 허위 진술서 작성 사례.

교육부 자료에 따르면 2015년 전국 초·중·고교생 자살이 93명에 달했다. 2010년대 들어 청소년 자살이 줄어드는 추세인데도 아직 안심할 수 없다 (동아일보, 2016.5.5.). 최근 통계에 따르면 우리나라 십 대의 자살은 인구 10만 명당 6~7명으로 십 대들의 사망원인 중 두 번째를 차지하고 있다. 실제로 '생명의 전화 대전지부 사이버 자살예방상담센터'는 지난 1월부터 6개월 동안 자살 충동 상담 의뢰인이 총 283명이었으며, 이 중 청소년이 113명으로 40%에 달한다고 보고하고 있다. 상담 기관을 찾지 않는 청소년들을 감안한다면 아마 이보다 훨씬 많은 수의 청소년들이 자살 충동을 경험하고 있는 것이 사실일 것이다. 그동안 교육부, 보건복지부, 여성가족부가 합동으로 '학생 자살 예방대책'을 세우고 추진하면서 하향세를 지켜왔다. 최근에는 시·도교육청이 나서 '학생정서·행동특성 검사'를 통해 자살 위험군 학생을 찾아내 전문가에 의한 학생 맞춤형 상담이나 치료를 제공하고 있다.

한림대 연구팀은 교육부 조사 자료를 바탕으로 분석해본 결과, 자살 학생이 겪은 심리적 갈등은 학교성적 26.8%, 우울감 21.1%, 가정 내 갈등 18.3%, 친구와의 갈등 7.7%, 이성문제 6.3%, 외모 콤플렉스 4.9%, 인터넷 중독 2.1%, 가정폭력 1.4%, 왕따 0.8% 순으로 많았다. 특이한 현상은 성적문제로 자살하는 사례가 가장 많지만 10명 중 2명은 성적이 상위권에 속했다. 또 자살학생의 상당수는 가정생활 여건에 특별한 문제가 없었다는 것이다. 학교성적 때문에 자살하는 청소년들을 다른 나라에서 찾아보기 힘들다는 것을 생각하면, 우리 한국 학생들의 학업 스트레스가 과중하다는 것을 보여준다(동아일보, 2015.5.25.).

십 대들이 자살충동을 느끼는 주된 이유는 학업 및 진로문제, 부모와의 갈등, 친구로부터의 소외, 이성문제 등으로 집약된다. 십 대들은 자아정체감의 형성 시기에 있기 때문에 대개 스트레스와 무의식적 충동에 약하고, 남의 비판에 대하여 극도로 민감하며, 좌절감에 대하여 참을성이 낮고, 성장과정에서 발생하는 여러 가지 혼란스러움에 강한 두려움을 느낀다고 심리학자들은 말한다. 그러므로 열악한 가정 및 사회 환경 속에서 심한 심리적 스트레스나 좌절감을 경험하게 되면, 자기회의에 쉽게 빠지고 이를 도피하기 위하여 극단적 자기파괴 행동인 자살의 유혹을 받게 된다고 보고 있다.

자살 충동은 결손가정의 십 대들에게만 찾아오는 것은 아니다. 의외로 평범한 가정의 십 대들도 경험하고 있는 것이 사실이며, 다음과 같은 전조가 있을 때는 일단 의심해 보아야 한다. 일상적 활동에 대한 흥미를 갑자기 상실했다든지, 식사와 수면 습관이 변화하고 친구나 가족을 멀리한다든지, 외모에 대해 갑자기 신경 쓰지 않는다든지, 지속적인 권태와 학력저하를 보인다든지, 소중하게 여기던 소지품을 나누어 준다든지, 고독감과 회의감을 자주 표현한다면 자살충동이 있는 것으로 진단해 볼 수 있다. 특히 심리학자들은 실제 자살을 시도하는 청소년들은 대부분 일기장에나 가족 또는 친구에게 "나 죽고 싶다"고 분명히 예고한다고 충고한다.

오늘날 십 대들은 힘들고 고독하다. 그들의 심적 호소에 무관심하거나 조롱해서는 안 되며 혼내거나 설교하는 식의 대화로 죄책감을 불러일으키는 것은 더욱 안 된다. 그들이 솔직하고 진지하게 자신의 감정을 표현할 수 있는 분위기를 조성하고 그들이 표현하는 감정과 불평을 경청하고 적절한 도움을 주려고 노력해야 한다. 십 대들은 그들의 고민을 진지하게 들어주는 것만으로도 쉽게 어려움에서 탈출할 수 있다.

인간의 기본적 욕구에는 생리적 욕구만 있는 것이 아니다. 잘 먹이고 잘 입혀 생리적 욕구를 충족시켜주는 것만으로는 충분하지 않다. 누군가를 사랑하고 누군가의 사랑을 받고 자신이 가치로운 인간으로 인정받는 심리적 욕구의 충족이 더욱 중요하다. 현대를 살아가는 십 대들에게 생리적 욕구는 지나치게 충족되지만 심리적 욕구는 궁핍해 있다. 기성세대들은 십 대들의 이러한 요구에 귀를 기울여야 할 것이다.

ENDNOTE

1 > 2015년 한국의 인구 10만 명당 자살률이 26.5명으로 OECD 34개 회

원국 평균(12명)의 2배를 상회하며 10년 이상 OECD 1위를 기록하고 있다(동이일보, 2016.11.28.).

한국정보화진흥원의 스마트폰 중독 실태조사에
서, 2015년 현재 중독자가 전체 연령대에서 581만
명으로 파악되었고, 유아 중독자가 12만 7,000명,
청소년 중독자가 170만 7,000명, 성인 중독자가
397만 9,000명으로 집계되었다. 또 2015년 10월
'초록우산 어린이재단'의 조사에 의하면, 청소년들
은 스마트폰을 사용해 주로 소셜 미디어(social
media)에 몰입(46.7%)하거나 게임(도박 포함)에 열
중(40.3%)하는 것으로 파악되었다. 전문가들은
중·고생의 90% 이상이 스마트폰을 사용하고, 다
수 학생들이 스마트폰에 중독돼 일상생활에 지장
을 초래하는 사례가 늘고 있다고 진단했다. 특히
유아·청소년의 조기 스마트폰 중독은 정신·신체
적 문제로 발전할 가능성이 높으며, 어릴 적에 노
출될수록 중독 가능성이 높고 중독의 정도도 더

심각해질 수 있음을 경고하고 있다. 교육심리학자들은 스마트폰을 사용하여 소셜 미디어(페이스북, 인스타그램, 카카오스토리 등), 유튜브 등 인터넷 동영상, 게임, 도박 등을 즐기는 청소년들(자기 통제력이 약한)에게 스마트폰 사용은 예측 가능성이 낮은 변동 비율강화나 변동 간격강화의 기능을 하기 때문에 반응의 지속성을 강화하여 스마트폰 중독(과다의존)에 쉽게 이르게 한다고 주장한다.

스마트폰 중독(과다 의존) 학생들은 대개 학업부진뿐만 아니라 우울증, 자살충동, 왕따, 학교폭력에 연루될 가능성이 높다고 한림대 이상규 교수는 경고한다. 스마트폰 과다 사용은 갑작스러운 내사시(內斜視: 양쪽 눈이 안으로 몰리는 사시)를 유발할 수도 있고, 스마트폰 중독(과다 의존) 학생에게 스마트폰 사용을 차단할 경우 불안감과 초조감 등 금단현상이 나타나고 일상생활에 지장을 가져올 수 있다. 심할 경우는 일상생활에서 현실과 가상현실을 구분하기 어렵거나 '주의력결핍 및 과잉행동장애(ADHD)', 손목터널증후군 등을 보이기도 한다. 또 국내외 연구결과들은 스마트폰 중독이 청소년 온라인 도박 중독으로 이어지는 사례가 많다고 보고하고 있다.

전문가들은 입시에 대한 불안감, 학업 스트레스, 부모와의 갈등이 청소년기 스마트폰 중독을 유발하는 대표적 원인이라고 진단했다. 우리 한국은 다른 나라에 비해 자녀의 학력에 대한 기대가 지나치게 커서 청소년들의 스트레스가 상대적으로 높다. 자기통제 능력이 약한 청소년들이 스트레스가 높으면 게임에 더 몰입하는 경향이 있는 것은 이 때문이다. 건국대 정의준 교수의 연구결과도 초·중학생은 부모가 간섭을 많이 할수록, 고등학생은 부모의 기대가 높을수록 게임에 몰입하는 경향이 있다고 보고하고 있다.

아주대 김경일 교수는 "사춘기에 이른 초등학교 고학년이 되면 사회적 관심과 대화욕구가 생기는데 이것이 소셜 미디어 활동으로 나타난다"고 설명한다. 소셜 미디어는 청소년들에게 자유롭고 편안하게 대화할 수 있는 공간 역할을 하는 것이 사실이다. 고려대 한금선 교수도 스마트폰의 과다한 의존의 원인은 "현실에서 충족되지 않는 욕구를 인터넷이라는 가상공간에서 충족시키고, 부족한 대화를 소셜 미디어로 해결하며, 우울한 정서를 온라인 게임으로 달래는 것에서 찾을 수 있다"고 분석했다. 이 분야 대부분의 연구결과들 역시 자기도피 성향이 있거나 불안 또는 우울지수가 높은 사람은 게임이나 알코올에 의존하는 경향이 높다고 결론짓고 있다. DSM-5(정신질환 진단 및 통계 편람)는 게임중독도 마약중독, 알코올중독, 도박중독 등과 같이 심리적 질병으로 분류하고 있다.

우리 청소년들의 심각한 스마트폰 중독을 더 이상 방치할 수 없다. 청소년들이 스마트폰에 지나치게 의존하지 않으면서 건전하게 사용하는 방법을 가르치기 위해 스마트폰 중독 예방교육을 강화해야 한다. 스마트폰 중독의 심각성을 간과하여 중독 학생들이 제때에 적절한 치료를 받지 못해 고위험군으로 발전하는 경우가 허다하다.

전문가들은 청소년들의 스마트폰 중독 예방과 치유를 위해 학부모와 교사의 역할을 특히 강조한다. 우선 학생, 학부모, 교사에게 스마트폰 중독 예방교육을 실시해야 하고, 청소년들이 스마트폰 과다 몰입에서 벗어나 동아리 활동, 스포츠, 캠핑, 등산 등 건전한 정신·신체활동에 참여할 기회를 확대해 줄 필요가 있다. 초록우산어린이재단의 조사(2015.9.~11.)에서도 운동시간이 늘수록 청소년의 자아존중감과 생활만족도가 높아진 반면, 스마트폰 등 미디어 이용

청소년 스마트폰 중독 심각하다

시간이 많을수록 자아존중감과 학업성적이 떨어지고 우울감, 공격성, 스트레스가 증가한다고 보고하여 이를 뒷받침하고 있다.

일선 초·중·고등학교에서는 학생들이 수업시간에 스마트폰 사용하는 것을 대부분 불허하고 있다. 학생들의 수업 집중을 방해하고 면학 분위기를 해칠 수 있기 때문이다. 또 학생들의 스마트폰 사용 욕구에 대한 자제력을 기르고 궁극적으로는 스마트폰 과다 의존을 예방해보자는 목적도 있다. 교육부가 학생들의 스마트폰 소지에 관한 학교별 규칙을 전수 조사한 결과, 초등학교 58.7%, 중학교 85.6%, 고등학교 65.2%의 비율로 스마트폰을 아침에 수거해 수업이 끝난 후 돌려주는 것으로 나타났다(중앙일보, 2016.7.23.).

일선 학교의 이러한 규칙과 관련하여, 국가인권위원회는 교내 면학 분위기를 조성할 의무와 스마트폰을 자유롭게 사용할 권리 사이에서 학생들의 손을 들어줬다(2016.6.23.). 스마트폰 사용을 제한하는 것은 헌법이 보장하는 일반적 행동자유권과 통신의 자유를 침해한다는 판단이다. 인권위는 "학교가 생활규정을 운영하더라고 재량권을 넘어 지나친 제한조치를 하는 것은 인권침해의 소지가 있다"는 의견도 내놨다. 그러나 학생들이 스마트폰을 자유로이 사용할 경우 교사의 교육권과 학생의 학습권을 침해할 소지가 크다며, 인권위의 권고가 교육의 본질을 무시하고 성장과정에 있는 학생의 학습권과 건강권이 행동자유권이나 통신의 자유에 우선함을 이해하지 못하는 '비교육적 조치'라고 주장한다. 발달과정에 있는 청소년들의 건강하고 바르게 성장해야 할 권리와 미성년자로서 어떤 해로운 경험에 노출되지 않아야 할 권리는 그 어떤 권리보다 우선한다고 봐야 타당할 것이다.

ENDNOTE

1 > Diagnostic and Statistical Manual of Mental Disorders, Fifth Edition(DSM-5): 정신질환 진단 및 통계 편람. Published by American Psychiatric Association. Tool of Classification and Diagnosis of Mental Disorders. Published in May 18, 2013.

2 > 행동주의 심리학자 스키너의 조작적 조건화 이론에서 '인간의 행동은 행위 다음에 주어지는 보상의 질이나 양에 의해 조절 · 통제될 수 있지만 강화계획에 의해서도 조절 · 통제될 수 있다고 주장한다.

강화계획에는 계속적 강화와 간헐적 강화가 있는데 간헐적 강화에는 비율(횟수)강화와 간격(시간)강화가 있다. 또 비율강화에는 고정비율강화(예: 성과급, 쿠폰)와 변동비율강화(예: 슬롯머신, 화투 등 도박)가 있고, 간격강화에는 고정간격강화(예: 월급, 명절 보너스)와 변동간격강화(예: 낚시 등)가 있다.

반응의 속도는 통제 정도에 달려 있다. 반응 간격보다 반응 비율에 의해 강화가 이루어질 때 반응속도를 더 통제할 수 있다. 간격(시간)과 상관없이 반응횟수가 빨리 누적될수록 강화가 빨리 올 수 있기 때문이다. 반응의 지속성은 예측 가능성에 달려 있다. 예측 가능성이 낮은 변동강화(비율 또는 간격)가 반응의 지속성이 강하다.

아동학대 방치할 수 없다

얼마 전 열한 살 소녀가 2년 넘게 감금된 채 아버지와 동거녀에게 학대당하다 탈출한 사건은 온 국민에게 큰 충격을 안겼다. 매 맞고 굶주린 아이의 몸무게는 16kg에 불과했다. 그동안 학교나 이웃의 신고도 단 한 건 없었다. 아이가 2년 동안이나 학교에서 사라졌는데도 교육당국은 아무 조치도 안 했고 이웃들도 무관심했다. 의사와 교사를 비롯해서 신고 의무가 있는 24개 직업군 종사자들 누구의 신고도 없었다.

2016년 입양아 학대 사망사건에서도 1차적 책임은 인간성을 상실한 양부모에게 있지만, 이웃과 어린이집 등 사회의 무관심도 문제가 크다. 학대받은 입양아가 3월부터 6월까지 다닌 아파트 인근 유치원 교사는 당연히 아동학대 신고 의무자였다.

최근 세상을 떠들썩하게 만든 대표적 아동학대 사건들, 2015년 인천 어린이집 아동학대 사건, 2016년 거제 민간어린이집 아동학대 사건, 2016년 강남구립 어린이집 아동학대 사건, 2016년 원영이 친부모 학대 사망사건, 2016년 입양아 학대 사망사건, 2017년 부천 유치원 아동학대 사건 등은 우리 사회에 격한 공분과 함께 많은 반성의 여지를 남겼다.

아동학대 사건의 빈발과 방임은 정부의 무능과 무책임 그리고 우리 사회의 무관심이 가져온 슬픈 일이다. 최근 5년 동안 아동학대 사건이 다섯 배 이상 증가하였고, 그 가해자가 대부분 부모였다는 사실을 접하면서 우리의 가정과 사회가 허물어지고 있음을 실감하게 된다. 특히 빈곤한 가정의 아이들이 부모로부터 학대받는 비율이 높고, 그로 인해 자존감도 낮은 것으로 조사되었다. 실제로 보건복지부의 '2014년 전국 아동학대현황보고서'에 따르면 아동학대 가정의 23.3%가 기초생활수급 가정인 것으로 나타났다. 아동복지 관련 실무자를 대상으로 아동학대의 주된 원인에 대한 설문조사에서도 응답자의 45%가 '극심한 경제적 어려움'이라고 답했다.

아동학대로 숨진 어린이가 2016년 10월 현재 28명으로 한 달에 두세 명 꼴인 것으로 나타났다. 그리고 아동학대 사망사건의 대부분은 폭행에 의해 숨진 사례인 것으로 조사되었다. 아동학대 신고 건수도 2015년 1만 9,214건에서 2016년 10월까지 2만 4,690건으로 대폭 증가했다. 정부가 2015년 12월부터 2016년 4월까지 장기결석 아동 전수조사를 하면서 아동학대 범죄 적발 건수가 더 증가한 이유도 있다(동아일보, 2016. 12. 28.).

아동학대의
유형

중앙아동보호전문기관의 자료에 의하면 아동학대 유형별 발생비율(2014년 기준)은 신체학대 14.5%, 정서학대 15.8%, 방임 및 유기 18.6%, 중복학대(2개 이상) 48.0%이고, 아동학대 행위자별 발생 비율은 부모 81.8%, 친인척 5.6%, 대리양육자 9.9%, 타인 및 기타 3.5%로 보고되었다.

아동학대의
원인

아동학대의 위험이 있는 가정은 대개 부모의 정신적·신체적 장애, 이혼, 가정불화, 경제적 어려움, 실직 등의 문제를 가지고 있다. 연구결과들은 아동학대의 원인으로 가족 구성원 간의 불화와 갈등, 자녀 양육에 대한 부모들의 그릇된 의식과 태도, 부모의 정서적 문제나 알코올 중독, 부모의 자녀양육에 대한 무지와 무책임, 가정의 사회·경제적 문제 등을 들고 있다.

아동학대가
아이의 능력과 성격에
미치는 영향

아동을 학대하는 사람들은 대개 어릴 적에 어른들로부터 학대 받은 경험을 가지고 있다. 학대를 경험한 아이들은 성장하면서 신체적 장애뿐 아니라 낮은 자존감, 분노조절장애, 불안증, 자기파괴적 행동 등 정서적 문제 또는 학습

장애, 언어발달장애 등 지적 발달 문제를 경험하게 된다. 특히 어릴 적에 학대를 받고 자란 아이들은 나중에 커서 어른이 되었을 때 아동학대에 연루될 가능성이 높다고 발달심리학자들은 말한다.

**아동학대에 대한
정부의
예방 · 치유 대책**

아동학대 예방과 보호를 효율적으로 운용하기 위하여 정부는 첫째, 관련 부처 간 정보공유를 활성화하고 관리체계를 재정비해야 한다. 보건복지부, 교육부, 여성가족부의 구멍 난 공조가 아동학대를 놓치고 있다. 2013년 10월 24일 아침, 울산 울주군에서 여덟 살 이서현 양이 의붓아버지의 상습적인 폭행으로 숨졌다. 그 후 2014년 2월 정부가 '제2의 이서현을 막겠다'며 '아동학대 종합대책'을 내놨지만, 2015년 인천 어린이집 아동학대 사건, 2016년 거제 민간어린이집 아동학대 사건, 2016년 강남구립 어린이집 아동학대 사건, 2016년 원영이 친부모 학대 사망사건, 2016년 입양아 학대 사망사건, 2017년 부천 유치원 아동학대 사건 등 아동학대 사건들이 지속적으로 빈발하는 사태를 보면서 정부의 아동학대 예방 및 보호체계가 제대로 작동되지 않고 있다는 것을 확인할 수 있다. 보호체계가 제내로 작동하려면 유관부처 간 정보 공유가 중요한데, 보호대상 아동에 대한 정보가 부처 및 기관 간 산발적으로 관리되고 있다.

둘째, 아동학대 신고 의무자를 확대하고, 지역사회 기관 간 핫라인을 설치하여 보고체계를 효율화해야 한다. 최근 통계에 의하면 아동학대의 가해자 중 82%가 친부모였고 대부분 집안에서 이루어졌다. 학대를 가한 가족이 스스로 신고할 리 없다면 다른 누군가의 신고 없이 발견하기 어려운 현실이다. 아동학대를 막으려면 주변을 포함한 모든 사회 구성원들의 관심이 절실하다. 교육부에서는 '유치원·어린이집 아동학대 조기발견 및 관리대응 매뉴얼'을 준비하고 있다.

선진국에서는 아동학대 신고 의무자가 신고하지 않으면 처벌을 받는다. 미국의 경우 신고 의무자가 정당한 이유 없이 신고하지 않을 경우 5년 이하의 징역이나 1만 달러의 벌금을 내야 한다. 우리나라에서도 아동학대 신고 의무를 법적으로 강화하고, 서로 상충하는 아동학대 관련 법들을 재정비해야 할 필요가 있다.

'아동학대범죄의 처벌에 관한 특례법'은 교사, 아동복지시설, 청소년 단체 등의 장 및 종사자, 의사 등 비교적 광범위한 직업군에 신고 의무를 부여하고, 신고 의무자가 아닌 누구든지 아동학대를 인지한 경우 아동보호전문기관 또는 수사기관에 신고할 수 있다고 규정하고 있다. 아동학대는 당연히 범죄행위이고, 이런 범죄행위를 목격 또는 의심하는 경우 신고하는 것은 시민의 의무다.

셋째, 아동학대 예방과 치유를 뒷받침할 수 있도록 법적·제도적 근거와 장치를 마련해 줘야 한다. 최근 대검찰청은 범행의 내용 및 피해의 정도에 따라 차등해 처벌하되 보육교사, 교직원, 의료인, 아동복지시설 종사자 등 아동학대 신고 의무자의 범죄는 특별히 가중처벌하도록 지침을 내렸다. 친권자와 기타 보호 의무자가 보호관계를 악용해 아동을 학대해도 처벌수위를 높일 계획이다. 또 아동에게 음란행위를 요구하거나 매개한 경우에도 특별 가중처벌하며 아동이 다치지 않았더라도 아동학대범에게 원칙적으로 구속수사가 진행되도록 기준을 마련했다. 또 검찰은 아동을 숨지게 한 아동학대범에 대해서는 최고 사형까지 구형하기로 했다. 또한 아동이 고의나 과실로 사망한 경우에도 예외 없이 피의자를 구속수사할 계획이다.

이번 조치는 '부천 초등생 사건' '평택 원영이 사건' 등을 계기로 아동학대에 대한 국민의 엄벌 요구 여론을 반영한 것으로 풀이된다. 검찰은 "아동학대 범죄가 2012년 이래 계속적으로 증가하고, '아동학대범죄의 처벌 등에 관한 특례법'이 시행된 2014년 이후에도 증가하고 있다"며 사건처리 기준 강화 배경을 설명했다. 아울러 이미 시행중인 피해아동 지원 변호사 또는 진술조력자 선정, 조사 및 공판 과정에서의 피해아동 보호 조치, 피해아동에 대한 경제적·의료적 지원 등 피해아동 보호에도 만전을 기하겠다는 방침이다(동아일보, 2016.11.14.).

2016년 9월 28일 대법원에서는 피해 아동이 성년이 될 때까지 아동학대 범죄 공소시효를 정지하도록 한 '아동학대범죄의 처벌에 관한 특례법'(아동학대 특례법, 2014년 9월 29일 시행)이 시행되기 전에 발생한 범죄에도 이 법을 소급 적용해야 한다는 첫 판결이 나왔다. 이 판결로 아동학대 범죄 공소시효인 7년(아동복지법에 규정)이 완성되지 않은 2007년 9월 30일부터 법 시행일 직전인 2014년 9월 28일까지의 범죄는 아동학대 특례법 34조 '피해아동이 성년이 된 날부터 아동학대 범죄 공소시효를 신행한다'를 소급 적용하여 처벌이 가능해졌다(동아일보, 2016.9.29.).

넷째, 아동학대를 미연에 방지하기 위하여 예비 부모에게 바람직한 자녀양육법을 가르치는 교육프로그램을 운영해야 한다. 아동학대는 자녀 양육방법을 모르거나 자격이 없는 부모들에 의해 저질러지며, 그들은 대개 훈육과 학대를 구분하지 못하는 경우가 많다.

아이들을 때리고, 가두고, 굶기는 것은 훈육이 아니라 학대며 폭행, 상해, 감금, 유기 등에 해당하는 범죄행위다.

미국의 경우, 예비 부모를 상대로 다양한 교육프로그램을 운영한다. 이런 교육프로그램에서는 육아전문가들이 예비 부모로서의 준비과정, 임신과 출산 그리고 태아의 건강 관련 지식, 출산과 육아에 따른 법적·제도적 지원 절차, 건강한 육아방법, 영유아 건강과 질병 관리 등을 교육한다.

다섯째, 전문가들은 학대받은 아이들에게 혈연관계가 없는 모범적 가정이 자발적으로 일정기간 맡아서 기르는 '일반가정위탁제도' 활용을 권하며 이 제도를 활성화해야 한다고 주장한다. 최근 보건복지부는 학대 피해 아동을 보호·치유하기 위해 의료인, 교사, 사회복지사, 심리치료사 등 관련 경험을 가진 전문가들이 참여하는 '전문가정위탁제' 도입을 추진하고 있다. 또 아동 한명 당 월 15만 원에 불과한 양육보조금을 현실화하고 아동의 연령과 특성에 따라 차별화하는 방안도 모색 중이다. 실제로 북미·유럽 국가에서 이와 유사한 제도를 성공적으로 활용하고 있다.

ENDNOTE

1 > 월드비전: 기독교 민간 구호단체로서 '인류를 가난과 질병으로부터 해방시킨다'는 슬로건 아래 저개발 국가를 대상으로 봉사활동을 전개하는 단체.

2 > 2015년 5월 29일 시행된 '학교 밖 청소년 지원에 관한 법률'(학교밖청소년법).

3 > '월드비전'에 참가하여, 아프리카 봉사활동을 하면서 기아와 질병으로 고통받는 아이들을 돌보며 느낀 점을 주제로 배우 김혜자 씨가 2004년 쓴 책 『꽃으로도 때리지 마라』를 상기한다.

2015년 5월 29일 '학교 밖 청소년 지원에 관한 법률 (학교밖청소년법)'이 시행되었다. 학업을 중단한 '학교 밖 청소년'이 전체 청소년 713만 명 중 4%인 28만여 명에 달하는 것으로 추정돼 '위기의 청소년'들에 대한 보호와 관리가 시급해졌기 때문이다. 연간 6만여 명에 달하는 학교 밖 청소년들을 방치할 경우 여러 가지 사회문제로 비화될 수 있고, 범죄에 노출될 가능성도 크다. 실제로 경찰청에 따르면, 최근 5년간 검거된 청소년 범죄자 42만 4,611명 가운데 학교 밖 청소년은 절반에 가까운 17만 1,127명으로 집계됐다(헤럴드경제, 2015. 10. 18.).

이들에 대한 보호·관리를 소홀히 할 경우, 성인이 되었을 때 결국 하위 직업, 실업, 가난, 범죄 등으로 이어질 수밖에 없다. 막대한 사회적 비용을 국가가 치를 수 있다는 얘기다.

교육부가 최근 전국 초·중·고생을 대상으로 조사한 결과, 응답자의 40.3%가 학교를 그만두고 싶다고 답했다. 한국교육이 중병에 걸렸다는 징후다. 학생들의 학업중단 이유는 대개 학습부진·기피, 신체·정서장애, 가정문제, 유학 등인데 '학업부진·기피'(41.8%) 이유가 가장 많았다. 그래도 대안학교를 선택하거나 검정고시를 준비하는 학생들은 다행스럽다.

교육부는 2016년 8월 29일 '의무교육단계 미취학·학업중단학생 안전 확보 및 학습지원 방안'을 발표했다. 학업중단으로 의무교육에 해당하는 초·중학교 졸업장이 없는 학생들이 검정고시나 방송 중·고교를 이수하지 않더라도, 직업교육, 자격증 취득, 예·체능 등의 학습경험을 정규 초·중학교 수업시수의 80%를 이수하면 학력을 인정받을 수 있도록 했다. 다만 국어와 사회(국사 포함) 그리고 인성 관련 과목은 일정 시수를 필수로 이수해야 하고, 프로그램 이수 기간은 최소 2년 6개월 이상 돼야 한다. 학력을 인정받을 수 있는 프로그램은 각 시·도 교육감이 직접 운영하거나, 지역 내 학교밖 청소년지원센터 또는 대안교육시설, 직업훈련기관 등이 운영할 수 있도록 지정하면 된다. 이 제도는 '의무교육인 초·중학교 학력은 모든 국민에게 사회적 자립을 위해 필요한 기초학력이며, 국가가 기여해야 할 최소한의 기회'라는 취지에서 입안되었고, 시범 운영 후 2018년부터 전격 시행할 예정이다(동아일보, 2016.8.30.).

만시지탄(晚時之歎)이 있지만 학교 밖의 아이들에 대한 현실적인 대책을 마련한 것은 매우 잘 한 일이다. 그러나 더 중요한 것은 아이들이 학업을 중단하고 학교 밖으로 뛰쳐나오기 전에, 학교 부적응, 가정 결손, 진로선택 갈등 등 그들이 안고 있는 고민과 문제를 파악하고 해결해 주어 학교생활에 적응할 수 있도록 안내하고 지도하는 것이다.

아이들은 왜 무너지고 있는가. 이 문제를 가지고 심각하게 고민하던 나는 대전광역시교육감으로 재임하던 2013년 가정문제, 학습부진, 학교 부적응, 진로변경 등의 이유로 학업을 중단하는 학생들을 예방·치유하기 위하여 '학업중단예방종합대책'을 발표하였다. 그 주요 내용은 첫째, 학업 중단위기 학생 지원을 위한 전문 위탁교육기관 지정 운영, 둘째, 일반고 학생을 위한 다채널 직업훈련과정 운영, 셋째, 일반고, 자율고, 특성화고, 방송통신고 간 진로변경전입학제 도입 등을 포함하고 있는데, 이 내용들은 학업중단 위기에 있는 학생들에게 적응교육, 진로선택 또는 변경, 학업중단에 대한 숙려 등의 기회를 제공함으로써, 학교 밖의 아이들로 전락하는 것을 예방하자는 데 초점을 두고 있다.

먼저 학교 부적응, 학업포기, 자퇴위기 등 학업중단 위기에 처한 학생들을 문제유형에 따른 적응교육을 위해 전문 위탁교육기관을 22개 지정하고, 학생 당 1일 표준위탁교육경비를 산정하여 총 4억 2천만 원의 예산을 지원하였다. 위탁교육 내용과 내용별 기관 수는 징계에 의해 사회봉사명령을 받은 학생 교육 5개 기관, 징계에 의한 특별교육명령을 받은 학생 교육 7개 기관, 학업중단 대안교육으로 진로·직업 탐색교육 3개 기관, 학교 적응력 배양 프로그램 2개 기관, 퇴학위기 학생에 기회를 주기 위한 '조건부특별교육이수제' 2개 기관, 자퇴를 원하는 학생을 위한 학업중단숙려제 2개 기관, 미혼모 학생 프로그램 1개 기관 등이었다.

다채널 직업훈련과정은 일반고 학생들의 진로선택 및 변경의 기회를 확대해 주기 위하여, 다양한 직업교육을 제공하는 4가지 주요 채널을 준비하였다. 먼저, 대전광역시교육청 산하 대전기술정보학교에서는 자동차과 50명, 디지털전자과 50명, 정보통신과 50명, 특수용접설비과 25명, 컴퓨터응용기계과 25명 등 총 100명에게 직업위탁교육을 제공하였다. 둘째, 기술계 학원위탁교육을 위하여 미용분야, 요리분야 등 인기 기술 분야에 100명의 학생을 교육하였고, 셋째, '국가기간전략산업훈련직종' 위탁교육기관에서 총 37개의 교육과정을 운영하였다. 넷째, 특성화고 내에 대안학급을 설치하고 오전에는 정규교과를 수강하고, 오후에는 자기 이해, 진로탐색, 진로체험 등 희망하는 교육프로그램에 참여하여 학교적응과 진로·직업 경험을 도와주었다.

진로변경전입학제를 도입하여 고등학교 진학 시 학교 선택권 제한 때문에 생기는 학업중단 예방을 시도하였다. 진로변경전입학제는 대전광역시교육청 관내의 일반고, 자율고, 특성화고, 방송통신고 등 모든 형태의 학교 간 전입학을 전격적으로 허용하여 고등학교 재학기간에 진로변경의 기회를 부여하여 학업중단 위기에 처한 학생들을 구하자는 취지다.

대전광역시교육청은 '학업중단예방종합대책'의 일환으로 자체개발한 전문 위탁교육기관 운영, 다채널 직업훈련과정 운영, 진로변경전입학제 운영 등으로 학업중단 위기에 처한 학생들을 예방·치유하는 데 성공한 바 있다. 학업중단과 '학교 밖 아이들' 문제해결을 위한 접근법 차원에서 대전광역시교육청의 대책과 교육부의 대책은 상호보완적 관계에 있다. 대전광역시교육청의 대책은 학업중단 위기에 처한 학생들이 '학교 밖의 아이들'로 전락하지 않도록 예방과 치유에 초점을 둔 반면, 교육부의 방안은 이미 '학교 밖의 아이들'로 전락한 아이들을 보호·관리하고 재활의 기회를 주자는 데 초점을 두고 있다. 앞으로 정부와 모든 교육기관들이 협력하여

이 두 가지 접근법과 대책을 복합적으로 활용한다면, 학업중단 위기에 놓인 우리 학생들을 적응의 길로 안내할 수 있을 것이라 확신한다.

교육자치와 교원정책에 대하여

Part 7

교육자치와
교원정책에
대하여

교육부는 그동안 시·도교육감 권한 아래 진행하던 교원능력개발평가를 2011년부터 대통령령으로 격상시켜 실시하고 있다. 평가대상은 국·공·사립 초·중·고·특수학교 교장·교감을 포함한 모든 재직 교원이다. 평가방법은 5단 척도 절대평가 방식과 자유서술식 평가 방식을 병행하여 동료교원평가, 학생 만족도 조사, 학부모 만족도 조사 결과를 바탕으로 이루어진다. 동료교원평가는 교장·교감 중 1인, 부장교사·수석교사 중 1인 포함 3인 이상의 교원이 평가하고, 학생 만족도 조사는 지도받은 학생이, 학부모 만족도 조사는 학부모가 교장·교감·담임교사를 대상으로 평가한다. 평가 횟수는 연 1회 실시하되 평가 시기는 학교 자율에 맡겼다. 평가내용은 교사를 대상으로 학습지도 관련 12개 지표와 생활지도 관련

6개 지표, 교장·교감을 대상으로 학교교육계획과 교원인사 등 학교경영 8개 지표를 적용하였다.

평가결과에는 학습과 생활지도 분야의 문항별로 교원, 학생, 학부모가 매긴 5점척 점수와 함께 문항별 학년평균과 학교전체 평균 등이 기재되고 교사에 대한 학생과 학부모의 서술내용도 첨부된다. 평가결과는 개별교사에게 통보된다.

교원능력개발평가에 대한 학부모와 교원들의 반응은 사뭇 다르다. 교원들은 그 내용과 방법에 문제가 많고 교육여건을 무시한 채 공교육 부실의 책임을 교사에게만 돌리는 것 아니냐고 볼멘소리다. 반면 학부모들은 일반적으로 받아들이는 분위기다. 교원들도 경쟁을 통해 긴장시켜야 하고 옥석을 가려내야 한다고 생각하고 있다. 정부는 사교육 팽창의 주원인을 공교육 부실로 진단하고 있다. 공교육을 강화하려면 교사의 질을 높여야 하고 교사의 질을 높이기 위해서는 교원능력개발평가를 잘 활용하여 교원사회에 긴장감과 경쟁의식을 심어줘야 한다고 보고 있다.

교원능력개발평가가 과연 공교육 강화에 기여할 수 있을까. 학자의 눈으로 볼 때 크게 기대하지 않는다. 교육부가 진단을 제대로 하고 있는지, 교원능력개발평가로 과연 공교육을 강화할 수 있을지, 공교육 강화 노력으로 사교육 팽창을 막을 수 있을지 의문스럽고, 교원능력개발평가의 내용, 방법, 시기, 대상, 주체 등과 관련하여 문제점이 적지 않기 때문이다.

우선 초등학생이 선생님의 능력을 과연 평가할 수 있는지 의문이 있고, 학부모가 선생님을 평가해 볼 충분한 정보가 없어 자녀들 말만 듣고 평가한다는 문제점이 있다. 그래서 학부모의 참여율도 저조한(평균 참여율 48.5%) 편이다. 평가문항을 이해하기도 어렵고,

너무 많은 평가항목을 담고 있으며, 익명성 보장도 잘 안 된다고 불만이다. 학생들과 학부모는 모든 교사를 평가하는 것도 어렵지만, 보건교사, 영양교사, 체육·미술 등 얼굴도 모르는 비담임교사를 어떻게 평가하느냐고 한계를 토로한다. 교사들은 교원능력개발평가를 위해 연 4회 보여 주기식 공개수업을 해야 하고, 학부모들은 공개수업 참석을 강요받는 어려움도 지적한다.

교원능력개발평가 시행에 문제점이 많이 노출되었다 할지라도 실시해야 한다는 당위성은 분명하다. 평가는 사물이나 현상이나 수행에 대한 가치판단 행위이므로 평가 없이 정보를 얻을 수 없으며 정보 없이 어떤 발전도 기대할 수 없기 때문이다. 그동안 우리도 교원평가를 해왔고 세계의 모든 나라들이 교원평가를 하고 있다. 모두들 나름대로 문제점을 갖고 있지만 우리보다 진전되어 있는 것이 사실이다. 차제에 우리도 문제점이 많이 노출된 종래의 교원능력개발평가를 개선해야 하며 이것이 피할 수 없는 시대적 요청임을 인식해야 한다.

현대 초·중등학교 교원평가는 사실상 대학과 기업에서 차용하였다. 최근 교원평가의 경향은 관찰(observation)에 의한 평가보다는 결과에 의한 책무성(accountability) 평가로, 형성평가(formative evaluation)보다는 총괄평가(summative evaluation)로 변화하고 있다. 형성평가의 목적은 수업능력 향상이며 평가자의 관찰에 의하고, 총괄평가의 목적은 전문성 신장과 면허, 임용, 승진, 보상을 위한 정보수집이며 Multiple data sources로 평가하는데 questionnaire and surveys, student achievement, observation notes, teacher-developed curricula and tests, parent reports, teacher participation on committees 등을 활용한다.

교원능력개발평가의 개선은 다음과 같은 방향으로 이루어져야 한다. 첫째, 평가의 목적과 활용은 인사관리보다 교원의 전문성 향상과 책무성 제고에 무게를 더 두어야 한다. 둘째, 평가대상은 교장을 포함한 모든 교원이 되어야 한다. 셋째, 평가의 내용은 교원의 직위와 직책에 따라 전문성 요소가 다르므로 이 분야의 연구결과를 토대로 평가의 준거를 마련해야 한다. 넷째, 비교과 담임에 대해서는 수업계획이나 학교장 인터뷰 등 관찰법 이외의 방법을 활용해야 한다. 다섯째, 평가를 위한 공개수업의 횟수를 줄이고 수업 동영상을 홈페이지에 탑재하여 평가를 위한 정보를 충분히 제공해야 한다. 여섯째, 평가방법의 다면화는 평가자의 다면화뿐만 아니라 평가내용과 평가과정의 다면화도 중요하다. 일곱째, 평가를 누가 할 것이냐는 평가결과의 활용, 공정성과 객관성 확보, 우리 문화의 특성 등을 고려하여 상급자, 동료, 본인 등이 참여하는 것이 바람직하다. 교원평가에 학부모나 학생이 참여하는 것은 평가의 전문성 문제와 정서 또는 감정개입의 문제 때문에 외국의 경우에도 아주 제한적인 점을 고려해 신중해야 한다. 특히 초등학생(현재 4~6학년)의 참여는 바람직하지 않다.

평가는 반드시 필요하나 평가만능주의는 위험하며, 경쟁도 필요하나 경쟁만능주의는 위험하다. 또 이론적으로 아무리 훌륭해도 현실을 무시한 정책은 성공할 수 없다. 정책입안자들은 이 점을 항상 명심해야 한다.

교원성과급제의 타당성과 공정성에 문제를 제기하며 폐지를 주장하는 목소리가 높다. 그럼에도 인사혁신처는 최고 등급과 최저 등급의 차를 3배 이상 두고 성과급을 차등 지급하라고 밀어붙이고 있어 교육현장이 시끄럽다.

　교육성과는 단기적으로 산출되는 것도 아니고 수치로 측정·계량화할 수도 없어 교원의 업무성과를 공정타당하게 차등화한다는 것은 불가능에 가깝다. 교원에 대한 성과급제 적용은 마치 아빠와 엄마의 자식에 대한 사랑을 비교·평가하는 것과 다름없다. 인간을 다루는 교육의 특성을 고려하지 않고 물질이나 상품을 다루는 기업이나 가시적 성과를 계량화할 수 있는 일반 행정 분야에 적용할 수 있는 성과급제를 교육분야에 그대로 적용한다는 것은 무지의 소치다. 지금까지 교원성과급제가 유지되는 것은 이 제도를 교원들이 승복해서가 아니라 학교 분위기를 해칠까 참고 사는 것이다.

시·도교육감들은 현행 성과급제와 연동된 교원평가가 교육현장에 적합하지 않다는 인식을 깊게 하고 있다. 교원성과급제는 교권을 침해하고 교단을 분열시키고 있어 폐지해야 한다고 주장한다. 교원성과급제는 2001년 도입된 이후 격차가 점점 더 커지고 있다. 교원평가를 통해 등급을 매긴 뒤 이에 따라 성과급을 차등 지급하는 형태다. 평가는 상대평가로 S등급(상위 30%), A등급(상위 30~70%), B등급(하위 30%)으로 구분한다. 2016년부터는 차등 지급액의 비율을 최소 70%로 상향 조정하면서 평교사의 경우 S등급과 B등급의 수령액 차이는 한 해 168~240만 원으로 벌어졌다. 지난해 수령액 격차는 92~184만 원이었다.

교육계에서는 교원성과급제가 교직사회의 특수성을 고려하지 않고 일방적으로 도입돼 갈등의 원인이 되고 있다고 비판한다. 교사의 주요 업무인 수업지도와 생활지도를 객관적으로 평가하기는 사실상 불가능하다는 주장이다. 주 업무인 수업이나 생활지도를 평가하기보다는 담임이나 보직을 맡았는지, 수업시수가 얼마나 되는지, 공문처리를 얼마나 하는지 등 주로 부차적 업무에 대한 평가로 때우고 있다니 말이 되는가. 사정이 이러니 '성과상여금평가' 결과를 누가 믿고 승복하겠는가. 최근 교총이 전국 교원을 표집하여 설문조사한 결과 94%의 응답자가 교원성과급제가 그 취지를 살리지 못하고 오히려 불만과 갈등만 증폭시키고 있다고 답했다. 이럴 바에는 교원성과급제를 폐지하는 것이 모든 교사의 자존심과 사기 진작을 위해 더 나을 듯싶다.

ENDNOTE

1 > 교육부는 2016년부터 교원 승진·전보 등 인사에 활용되는 '근무성적 평정'과 개인별 성과급 지급에 쓰이는 '성과상여금평가'를 '교원업적 평가'로 단일화하고 '교원능력개발평가'는 일부 손질하기로 했다. 전국 학교를 평가해 성과급을 차등 지급하는 학교성과급제도는 지역별 여건이 다르다는 지적에 따라 폐지하기로 했다(중앙일보, 2015.7.2.). 지금 까지는 교원능력개발평가 포함 세 가지 평가를 따로 진행해 왔다.

교육감 선거제도 개선 논란

하윤수 한국교총회장은 지금 교육계의 가장 큰 문제는 바로 교육감 직선제라며 최근 교육계에서 논란 중인 문제 대부분이 교육감 직선제와 관련 있다고 주장한다. 교육부와 진보교육감들 사이의 누리과정예산 갈등, 경상남도의 무상급식 갈등, 교육감 자신 또는 측근 비리, 낙마위기에 놓인 일부 교육감의 선거법 위반 등을 대표적 사례로 꼽았다.

그동안 우리는 대통령 임명제, 교육위원회 간선제(교황선출방식), 선거인단(학교운영위원) 간선제, 주민직선제(2007년 이후~) 등 모든 선거제도를 경험했다. 차이가 있을 뿐 모든 선거제도는 각기 장단점을 다 가지고 있으며, 항상 명답은 있으되 정답은 없다는 사실도 확인했다.

우리는 2006년 12월 '지방교육자치에 관한 법

률'개정 이후 현행 주민직선제 선거를 딱 두 번밖에 해보지 않았다. 그런데 또 바꾸자고 야단들이다. 2006년 법률 개정 당시에는 현행 주민직선제만이 왕도라고 정치권과 교원단체들이 한 목소리로 주장했다. 그때 목청 높여 소리치던 분들 다 어디로 가셨나. 그때그때 시류에 따라 혹은 정권의 입맛에 따라 조변석개하면 안 된다. 미국의 대통령 선거법은 1845년 의회에서 제정된 이래 '승자독식제'가 갖는 많은 문제점에도 불구하고 169년 동안이나 존속하고 있다. 특정 정파의 진영논리나 유·불리를 따지지 말고 오직 국가의 장래를 위해 초정권적 차원에서 가장 이상적이고 우리 현실에 맞는 선거제도를 택해서 가급적 오래 지켜야 한다.

개선을 한다 할지라도 헌법 제31조에 명시된 교육의 자주성, 전문성, 정치적 중립성 등 헌법정신을 훼손하거나 교육자치가 일반자치에 종속되는 그 어떤 선거제도도 안 된다. 오늘날 대한민국 교육이 세계 속에 우뚝 서 이 만큼 발전한 것도 헌법정신을 지키고 교육자치가 일반자치로부터 분리·독립돼 있기 때문이다. 다른 선진국들의 범례를 벤치마킹하는 것 너무 좋아하지 마라. 벤치마킹이란 최고 잘 해봐야 2등이며 결국 패배에 이르는 지름길이다. 현재 우리나라가 세계 242개국(국제법상 국가로 인정받는 나라 수) 중 모든 영역과 분야에서 10위권 안에 들어 있다면 선진국 중의 선진국일 텐데, 언제까지 열등의식과 피해의식에 젖어 선진국 타령만 할 것인가. 오히려 모든 교육제도와 정책을 우리가 선도적으로 창조하여 세계의 교육정책 트렌드를 주도해야 할 것 아닌가.

최근 거론되는 러닝메이트제, 공동등록제, 정책연대제, 시·도지사 또는 시·도의회 임명제 등은 헌법정신을 훼손할 뿐 아니라 교육자치가 일반자치에 종속될 소지가 명약관화하다. 혹자들은 과도한 선거비용 부담으로 인한 부작용을 우려하는 데 그것은 시·도지사의 경우에도 마찬가지인 사안이다. 또 일반자치단체장과의 갈등을 걱정하며 위 제도들 중 하나를 도입하면 갈등의 해소뿐 아니라 더 많은 지원을 받을 수 있다는 주장을 하는 데, 이는 어불성설이며 갈등은 더욱 커질 가능성이 높다. 만일 교육감 선거제도의 변경으로 교육자치가 일반자치에 통합되거나 종속되면, 지금처럼 독립되었을 때와는 달리 인사권, 행정권, 재정권이 비교육적으로 행사될 것이 뻔하며, 교육예산 투자가 더욱 열악해질 가능성이 높다. 누가 뭐래도 모든 권력은 국민으로부터 나오기 때문에 민주적 교육자치에 힘을 실어줄 수 있는 현행 주민직선제가 교육감의 자율권 행사를 담보해 주며, 외부 세력의 교육에 대한 부당한 간섭도 배제할 수 있다.

현행 주민직선제는 여타의 교육감 선거제도보다 헌법정신을 존중하고, 주민대표성을 담보하며, 민주적 지방교육자치 실현에 기여한다는 차원에서 가장 설득력이 있다. 주민직선제에 대하여 교육감들 누구도 반대하지 않으며 교직자들 또한 크게 잘못됐다고 보지 않는다. 그러므로 현행 주민직선제를 유지하되 문제점을 보완하여 발전시키는 것이 바람직하다. 앞으로 교육 또는 교육행정 경력 5년 조항을 환원시켜 교육감 후보의 자격요건을 강화하고, 대통령과 국회의원 등 여타 선출직과의 형평성을 고려하여 교육감의 임기를 4년 중임제로 개선하며, 필요하다면 교육감 선거 시기를 따로 설정하여 타 선거의 영향을 받지 않도록 하는 것도 고려해 볼 수 있다.

근자 현행 주민직선제의 대안으로 '제한적 주민직선제'가 대두되고 있다. 제한적 주민직선제는 교육의 직접 당사자인 학부모와 교직원들만 교육감 직선에 참여하는 방식이다. 교육에 관심이 적은 주민들까지 포함하여 주민의 양적 대표성만 강조하는 주민직선제보다는 교육의 직접 당사자들이 참여하는 제한적 주민직선제가 주민의 질적 대표성을 더 효과적으로 담보할 수 있다는 주장이다. 또 정치권의 영향도 최소화할 수 있고 선거비용도 대폭 절감할 수 있어 주민직선제의 장점은 그대로 유지한 채 단점만 보완할 수 있다고 주장한다. 주민직선제의 대안적 방안으로 상당히 설득력 있는 선거제도로 보인다. 앞으로 시간을 갖고 논의해 볼 필요가 충분하다.

교육감선거 비용문제는 언제나 골치 덩어리다. 이 문제를 원천적으로 해결하려면 헌법 제116조 제1항과 제2항에 명시된 '선거공영제'를 정부가 철저히 이행하도록 하면 된다. 헌법은 제116조 제1항에 '선거운동은 각급 선거관리위원회의 관리 하에 법률이 정하는 범위 안에서 하되 균등한 기회가 보장되어야 한다'라고 하면서, 제2항에 '선거에 관한 경비는 법률이 정하는 경우를 제외하고는 정당 또는 후보자에게 부담시킬 수 없다'라고 규정하여 선거공영제를 선거운동의 기본원칙으로 삼고 있다.

그러나 현재도 법정 선거비용의 대부분을 보전해 주고 또 시·도지사의 경우에 준하여 교육감도 합법적으로 후원회를 결성하여 후보등록 이후 모금을 할 수 있기 때문에 선거비용 부담에 크게 문제가 없다. 2010년 1월 25일 공포된 '정치자금법 일부개정법률(법률 제9975호)에 의하면, 정치자금법 제6조 제6호에 지방자치단체장 선거의 후보자는 후보자 등록 후 후원회를 가질 수 있도록 하고 있다. 또 정치자금법 제12조 제1항 제6호에 연간 모금할 수 있는 한도액을 법정 선거비용 제한액의 100분의 50에 해당되는 금액으로 한정하고 있다. 참고로 국회의원 후보자는 예비후보자 등록 후부터, 대

통령 후보자는 그 이전부터 후원회를 가질 수 있도록 열어 놓고
있다.

예비후보 등록 후, 선거펀드를 개설할 수도 있다. 필요한 만큼 목
표 모금액을 정하고 공개 모금한 다음, 선거를 치룬 후 선거비용을
보전받으면 원금과 이자를 합하여 법정 선거비용 보전일 이후에 갚
아주면 된다.

현대 선거에서 돈으로 선거하겠다는 생각은 아예 버려도 좋다.
나는 돈으로 하는 선거를 생각해본 적이 없다. 언제나 법정 선거비
용만으로도 선거를 훌륭히 치러낼 수 있었다. 단지 법정 선거비용
에는 포함되지만 보전받을 수 없는 선거비용을 최소화하도록 권한
다.

ENDNOTE

1 > 우리나라는 연방제 국가가 아닌 단일국가이고 단일국가의 정부는 하
나뿐이다. 그래서 교육정책을 포함한 모든 정책결정권은 정부가 독점
한다. 지방자치단체의 장인 교육감은 국가(정부)가 정한 교육정책의 범
위 내에서 법령이 허용한 집행권만을 갖는다.

교육자치와 지방자치의 연계·통합 시나리오

대통령 소속 지방자치발전위원회(위원장 심대평)는 2013년 5월 7일 임시국회 본회의에서 통과된 '지방분권 및 지방행정체제 개편에 관한 특별법(시행일 2014.11.19.)' 제5조에 근거하여 '지방자치발전 종합계획'을 수립하고 지방자치발전 20개 실천과제의 구체적 추진방안을 수립·제시하고 시행(특별법시행령 시행일 2015.1.1.)에 들어갔다. 특별법 제5조(지방자치발전 종합계획의 수립)에 '지방자치발전위원회는 지방분권 및 지방행정체제 개편을 효과직으로 추진하기 위하여 관계 중앙행정기관의 장과 협의하고 지방자치단체의 의견을 수렴하여 지방자치발전 종합계획을 수립하여야 한다'고 명시되어 있다.

지방자치발전 20개, 실천과제는 8개 핵심과제, 10개 일반과제, 2개 미래발전과제로 분류·추진토록 전략을 세웠는데, 특히 8개 핵심과제는 지방자치의 근본 틀을 개선하여 지자체가 자율성과 핵심역량을 발휘함으로써 국민들에게 직접적인 파급효과가 큰 과제를 선정했다고 설명했다. 그중에서도 교육자치와 지방자치의 연계·통합 과제는 자치경찰제도 도입 과제와 함께 국민 여론과 언론의 뜨거운 이슈로 등장했다.

교육자치와 지방자치의 연계·통합 추진은 특별법 제12조 '국가는 교육자치와 지방자치의 통합을 위하여 노력하여야 한다'에 근거하여 '선 연계협력 후 통합' 방식의 2단계 실행 전략을 세웠다. 교육자치와 지방자치의 연계·협력 단계(1단계: 2015. 1. ~2018. 6.)에서는 광역단위 차원에서 교육행정과 교육재정의 연계·협력 또는 통합, 교육장 임용방식 개선(추천 또는 공모제 50% 이상), 교육부와 시도교육청 간 업무 재조정, 기초자치단체와 교육지원청 간 연계·협력 강화 등이 계획되었다. 교육자치와 지방자치의 통합 단계(2단계: 2018. 7. ~)에서는 교육감 선출방식을 시·도지사 임명으로 개선, 시·도의 교육관련 업무 이관, 기초단위에서의 교육자치 일원화 등이 계획되었다. 연계·통합 방안의 핵심 골자는 교육감의 시·도지사 임명, 행정기능 통합을 위해 교육청의 시도 직속기관화와 총액인건비 통합 관리, 재정기능 통합을 위해 재정관리제도를 통합하고 편성과 심의를 일원화한다는 점이다.

주요 선진국의 경우 지방행정 수준에서 교육자치와 일반자치의 관계는 국가에 따라 통합 또는 분리로 나뉘어 있다. 또 광역자치 수준과 기초자치 수준에서도 통합과 분리 여부가 다르다. 교육감 (superintendent)의 선출방식도 국가에 따라 교육부 장관 임명, 광역단체장 임명, 광역단위 교육위원회 임명 또는 간접선거, 주민 직접선거 등으로 다양하다. 특히 미국의 경우는 주마다 달라서 주교육위원회 간선 20개 주, 주지사 임명 17개 주, 주민직선 13개 주로 다양하다.

우리나라에서 정부수립 이후 현재까지 교육자치와 일반자치를 통합했던 시기는 1961년부터 1963년까지 3년 남짓밖에 없다. 교육감 선출방식도 1949년~1961년 대통령 임명, 1963년~1991년 대통령 임명, 1991년~1997년 교육위원회 간선, 1997년~2006년 교육감 선거인단 간선, 2007년~현재 주민직선으로 변천해 왔다.

교육자치와 일반자치의 통합 시나리오는 청와대, 행정자치부, 지방자치발전위원회, 시·도지사협의회의 합작품이 아닌가 추정된다. 우선 지방자치발전위원회가 대통령 직속 기관이고, 특별법 제5조에 지방자치발전위원회는 지방자치발전 종합계획의 수립에 있어 관계 중앙행정부처의 장과 협의하고 지방자치단체의 의견을 수렴하도록 명시되어 있으며, 근자 시·도지사협의회가 일반자치와 교육자치의 통합을 주장한 언론 보도가 이를 반증하고 있다. 혹자들은 시·도지사들이 광역자치단체의 장으로서 교육감과 동등한 지위와 권력을 갖는 것이 못마땅하거나, 교육감이 갖는 인사권, 행정권, 재정권까지 독점하기 위한 포석이거나 아니면 교육감을 강력한 차기 시·도지사 후보로 보고 견제의식을 갖는 것 아니냐는 시각도 있다.

2014년 11월 27일 차관회의에 '지방분권 및 지방행정체제개편에 관한 특별법' 제12조에 따라 '지방자치 발전 종합계획(안)' 상정되었고, 나는 당시 교육부 차관으로서 '교육자치와 일반자치의 연계·통합 방안'에 대하여 연계·협력은 환영하지만 통합은 반대한다는 것을 분명히 밝혔으며, 왜 통합이 바람직하지 않은 시도인지에 대한 설명을 소수의견으로 속기록에 남긴 바 있다.

광역차원에서든 기초차원에서든 교육자치와 일반자치의 연계·협력은 지극히 환영할 일이다. 그러나 통합은 절대 안 된다. 교육자치와 일반자치의 통합이 어려운 이유는 첫째, 일반자치는 그 자체로 행정자치만의 문제지만, 교육자치는 교육행위와 교육행정의 자치와 독립을 모두 함유하고 있기 때문이다.

둘째, 교육은 우리에게 생명이자 전부인데 정치와 권력의 개입과 오염을 용납할 수 없다. 정부수립 이후 왜 교육자치와 일반자치를 분리해서 정치와 권력 그리고 모든 이념과 사상의 개입을 차단하고자 했는지 곱씹어 봐야 한다. 왜 교육, 국방, 치안 영역만 국가가 직접 관장하고, 왜 교원만을 국가직으로 지정하여 직접 관리했는지 선대 지도자들의 지혜를 다시 생각해 볼 일이다.

셋째, 헌법 31조 4항과 배치되는 위헌의 소지가 크다. 헌법 제31조 4항에 '교육의 자주성, 전문성, 정치적 중립성 및 대학의 자율성은 법률이 정하는 바에 의하여 보장된다'고 명시하고 있는 바, 이는 헌법이 교육자치제도에 대한 명백한 보장을 규정하고 있다. 또 시·도지사나 그 어떤 집단이 교육전문성을 가지고 있나. 어린 영혼의 교육을 아무나 할 수 있다는 생각은 엄청난 착각이다. 역사에 씻을 수 없는 죄를 지을 수 있다. 우리나라의 교육을 걱정하는 모든 교육자들과 국민들은 이런 무모한 시도들에 대해 결코 찬성하지 않는다.

교육감 선출방식도 과거 경험한 바에 의하면 절대적 왕도는 없으나 그래도 교직원들과 학부모들이 참여하는 '제한적 직선제'가 가장 합리적이고 부작용도 적을 것이다. 교육자치 정신에 부합하지 않을지라도 꼭 임명제로 바꿔야 한다면 대통령 임명제로 해야 교육이 흔들리거나 오염되지 않을 것이다.

싱크탱크로
미래를 선점하라

미국 펜실베이니아대의 '싱크탱크와 시민사회프
로그램(TTCSP)'은 세계 6,000개의 싱크탱크를 평
가한다. 미국에는 싱크탱크가 약 1,800개 존재하
고 중국은 430여 개, 일본은 110여 개가 등록돼 있
다. 반면, 우리 한국은 공식적으로 40여 개 등록돼
있는데 실질적으로는 그보다 많을 것으로 추정된
다. 세계 1위는 워싱턴 DC에 있는 브루킹스연구
소를 꼽는다. 미국의 대내외 정책 전반을 연구하
는 사회과학종합연구소로서 미국의 대외정책, 경
제, 정부와 통치, 국제경제와 개발, 메트로폴리탄
정책 등을 다룬다. 전략국제문제연구소(CSIS)는
안보연구 분야에서 세계 1위다. 한국의 싱크탱크
중 가장 높은 순위는 54위에 오른 대외경제정책연
구원(KIEP)이다.

워싱턴 DC는 싱크탱크들이 밀집해 있는 도시

다. 세계 톱4 싱크탱크 중 3개가 워싱턴 DC에 있다. 워싱턴 DC에는 독립 싱크탱크가 400개, 미국 정부나 의회와 연결된 싱크탱크가 수십 개 있다. 모든 싱크탱크들은 공공정책 연구를 수행해 단행본, 보고서, 브리핑, 의회 증언, 소셜 미디어, 학술회의 등을 통해 분석과 제안을 내놓는다. 현대사회는 급변하고 복잡한 국가·사회문제들에 대처하기 위한 창의적 정책 대안들을 생산하여 제공하는 전문적인 싱크탱크를 필요로 한다.

우리 한국 내 크고 작은 싱크탱크는 약 160여 개로 추정되고 있다(동아일보, 2015.3.31.). 그 중앙·지방정부가 설립한 기관이 34%, 시민단체가 만든 기관이 34%, 대학 소재 기관이 20%, 나머지 12%는 기업이나 정당의 부설기관으로 파악됐다. 우리나라의 싱크탱크는 다른 나라에 비해 정부출연의 국책연구기관이 지배적으로 많다. 이들은 국가예산을 매년 수백억씩 사용하지만 투자되는 만큼 효용 가치가 있는 연구결과를 내놓는지 의문이다. 국책연구기관들은 주로 정부기관에서 용역을 받아 정해진 정책연구 주제를 다루고, 유관부처의 입맛에 맞게 정책방향을 설정하는 등 미래사회를 대비한 창의적 정책대안을 제시하는 것과는 거리가 멀다. 민간 주도의 싱크탱크들은 대부분 연구 전문성이 떨어지고 재정 확보가 열악하여 공신력 있는 연구결과물들을 내놓기 쉽지 않다. 대기업 부설 연구소들도 기업의 이해관계로부터 자유롭지 못하고 연구분야가 한정돼 있어 공익적 차원의 싱크탱크로는 한계가 있다. 우리 사회도 고급의 정책적 아이디어의 가치를 존중하고, 국책연구기관에 창의적 연구의 자율성을 대폭 허용하며, 민간 주도의 싱크탱크가 활성화될 수 있는 풍토를 허용해야 할 것이다.

세계 3대 싱크탱크로 유명한 전략국제문제연구소(CSIS), 카네기

국제평화재단(CEIP), 브루킹스연구소는 정부의 지원을 받지 않고 어떤 정당이나 이념으로부터도 자유롭다. 싱크탱크에 참여하는 최고의 전문가들은 대개 정책결정 경험을 가진 학자들이거나 풍부한 학문적 배경을 가진 전직 정책결정자들이다. 미국기업연구소(AEI), 해리티지재단, 미국진보센터(CAP) 등 일부 싱크탱크는 특정 이념적 성격을 띠기도 한다. 정부 부처와 연계된 싱크탱크도 있다. 랜드 연구소(RAND corporation)는 국방부와 미국평화연구소(USIP)는 국무부와 연계돼 있다. 그러나 독립적 싱크탱크들은 자율성 유지를 위해 정부 자금에 기대지 않는다. 브루킹스연구소와 CSIS의 운영자금은 대부분 자선기금 보조나 기업의 지원으로 충당하고 정부나 공공기관의 보조는 아주 작다. 대개 의회나 언론은 정책에 대한 공정한 분석을 위해 이런 독립적 싱크탱크에 의뢰하는 경우가 많다. 전문성 부재, 정파 간 갈등, 관료들의 비협조 때문에 의뢰되는 정책과제들이 대부분이다.

싱크탱크는 보람 있게 일할 수 있는 연구소다. 추상적이고 비현실적인 주제보다는 정치·경제·사회적으로 현실적인 문제를 직접 다루고 연구·분석하기 때문이다. 그러나 끊임없이 새로운 이슈를 발굴하고 해결책을 제시해야 한다. 그래야 싱크탱크로서 존재의 이유가 있고 오래도록 살아남을 수 있다.

첫째, 한국의 싱크탱크는 좀 더 글로벌 차원에서 구성되어야 하고 다루는 영역과 주제들도 다양해야 한다. 남녀를 막론하고 외국인 전문가들을 선임연구원으로 영입해야 한다. 둘째, 차세대 싱크탱크는 기후변화, 인공지능, 기아와 질병, 종교분쟁 등 보통 사람들이 예측할 수 없는 미래에 다가올 심각한 문제들을 발굴하고 정면으로 다뤄야 한다. 예측가능하고 평범한 정책과제만 다루게 되면 싱크탱크를 실패의 길로 내몰 것이다. 셋째, 국내외 유수의 싱크탱크들과 지식과 재원을 공유·협력하고, 연구와 토론을 교류할 수 있는 글로벌 네트워크를 구축하여 싱크탱크 생태계를 활성화시켜야 한다. 넷째, 한국의 싱크탱크가 국내외적으로 높은 평가와 함께 지명도를 높이려면 경도된 이념이나 지나치게 비판적 시각에서 벗어나 창의적 아이디어와 혁신적인 해법을 내놓아야 한다. 또 국제경제나 기후변화와 같은 아주 전문적 주제뿐만 아니라 청년 일자리, 저출산·고령화, 빈부격차 같은 대중이 관심을 갖는 현실적 주제를 많이 다루어야 한다. 다섯째, 한국의 싱크탱크는 주관하는 포럼 행사나 연구결과 보고서를 다중언어(multilingual)로 서비스해야 한다. 그래야 한국 싱크탱크의 보고서와 정책 제안을 효과적으로 채택할 수 있고 싱크탱크의 글로벌화에도 도움이 될 것이다. 여섯째, 싱크탱크 행사에 젊은 전문가들이 많이 참여해야 한다. 우리 한국의 행사에 가보면 발표자의 많은 수가 60~70대다. 젊은이들은 행사를 돕는 일이나 하고 있다. 일곱째, 한국의 싱크탱크는 해외 싱크탱크를 모방하지 말고, 한국 고유의 지적 전통과 관점에서 토픽을 설정하고 논리를 개발해야, 싱크탱크로서의 국제적 독자성(identity)을 인정받고, 세계적 싱크탱크로서의 새로운 모델로 부상하게 될 것이다.

1988년 2월 25일 출범한 노태우 정권(제6공화국) 이후 정권이 바뀌는 매 5년마다 정부조직 개편이 이루어져 올해 문재인 정부 출범과 함께 일곱 번째 개편을 앞두고 있다. 정부조직 개편은 정권교체로 인한 국정기조의 변화에 따라 정부조직법에 근거하여 이루어진다. 정부조직법은 '국가 행정사무의 통일적이고 체계적인 수행을 위해 국가 행정기관의 설치, 조직과 직무범위의 대강을 정한 법률'을 말하며, 이 법률은 헌법 제96조 '행정부의 설치·조직과 직무범위는 법률로 정한다'는 규정에 근거하여 존재한다.

이번 문재인 정부는 17부 5처 16청 5실이었던 박근혜 정부의 조직을 18부 5처 17청 4실로 개편하였다. 조직개편의 핵심은 중소벤처기업부 신설, 국민안전처 해체, 국가보훈처 장관급 기구로 격상, 수량·수질관리 환경부로 일원화 등이다. 국민안전처 산하기관이었던 해양경찰청과 소방청은 독립시키고 나머지 기능은 안전행정부로 이관하기로 했다. 정부조직 개편안을 보면 국정운영의 안정성을 고려해 개편의 범위가 그리 크지 않았음을 엿볼 수 있다. 청와대 조직은 2실(비서실장, 정책실장), 8수석비서관, 2보좌관 체제로 개편되었고, 그 특징은 정책실장, 사회혁신수석, 국민소통수석, 일자리수석, 경제보좌관, 과학기술보좌관과 주택도시비서관, 통상비서관, 사회적경제비서관, 지방자치비서관, 균형발전비서관 등이 신설되었다는 것이다.

대통령과 지방자치단체장이 참여하는 제2국무회의도 신설해 정례화할 예정이다. 제2국무회의는 국가 균형발전을 위한 각종 현안과 국가 중장기 과제들을 다루는 최고 수준의 자치분권 논의 기구가 될 것이라고 설명한다. 다소 논란이 있지만 고위공직자비리수사처를 신설하여 검찰이 독점하고 있는 영장 청구권과 기소권 등을 부여하고 대통령 친인척이나 일정 직급 이상의 고위공직자들을 대상으로 사정활동을 펼치도록 할 예정이다.

정권이 교체될 때마다 대통령직인수위원회(문재인 정부: 국정기획자문위원회)는 정부조직 개편과 더불어 부처별 업무분장 조정을 한다. 그 과정에서 집권세력과 부처 간 또는 부처와 부처 간 힘겨루기가 가관이다. 집권세력의 권력 장악 욕구나 논공행상을 위해 위인설관(爲人設官)이나 옥상옥(屋上屋)을 초래하는 경우도 있고, 포퓰리즘이나 여론의 압력에 떠밀려 불필요한 부처가 탄생하는 경우도 있다. 결국 정부조직 개편은 중복성, 비효율성, 비전문성을 낳고 짜깁기가 되기 일쑤다. 그동안 정권이 바뀔 때마다 조직개편과 업무조정 경험을 충분히 했고, 많은 시행착오를 거쳐 모든 것이 충분히 검증되었음에도 불구하고, 매번 그 타령인 것은 집권세력이 마음을 비우지 못하는 탓이다.

우선 청와대부터 업무분장과 인사에 문제가 있다. 청와대는 행정부의 컨트롤 타워이자 중앙정치의 심장부다. 그러므로 모든 의사결정 과정과 이의 시행·공표에 행정적 판단과 정무적 판단이 동시에 고려돼야 한다. 역대 정부를 통털어 청와대 직원들이 보인 처신들은 보안, 안보, 공사(公私) 구분, 선공후사(先公後私), 언행의 절제 측면에서 높은 점수를 줄 수 없다. 행정을 다뤄본 공직 경험이 없는 학계나 정계에서 온 비서관이나 행정관들이 많기 때문이다. 중앙정부의 인사를 관장하는 부서와 직책도 대통령실 인사위원장인 대통령 비서실장, 민정수석, 인사수석, 인사혁신처장, 각 부처 장관 등으로 중복되어 있다.

정부 부처 간 업무분장도 비합리적이고 비효율적인 경우가 많다. 현재 수량(水量)관리는 국토교통부에서 수질관리는 환경부가 관리하고 있다. 새 정부에서는 이를 환경부로 일원화하여 관리하기로 했다니 다행이다. 또 초·중·고 재학생들은 교육부에서 관리하고, 학령기의 학교 밖 아이들 약 28만 명은 여성가족부에서 관리하고 있다. 이도 소관부처를 제대로 정리하여 책임소재를 분명히 해주어야 한다.

영유아 보육과 교육을 담당하고 있는 부처도 이원화돼 있다. 보육을 담당하는 어린이집은 보건복지부에서 관할하고, 교육을 담당하는 유치원은 교육부에서 관할한다. 앞으로 유치원과 어린이집 업무 관할부처가 일원화돼야 하고 교육부가 통합 관리하는 것이 바람직하다. 교육은 본시 인간이 태어나서 죽을 때까지 기르고 돌보고 가르치는 모든 업무를 발달적 차원에서 다루는 영역이기 때문에 보육도 당연히 교육의 범주 안에 있다. 역대 정부에서 교육과 보육이 교육부와 보건복지부로 이원화되어 초래된 교육과정 운영과 행정지원 업무상 비효율이 얼마나 컸는지 절실히 경험한 바 있다. 얼마 전 국책연구기관인 육아정책연구소의 조사연구에 따르면, 설문에 참여한 학계인사, 어린이집과 유치원 원장, 학부모, 교육공무원의 72%가 통합에 찬성하였고, 그중 62.5%는 교육부로 11.4%는 보건복지부로 통합하는 것을 선호했다.

한국교육개발원(1972)은 1972년 설립 당시 교육부 산하기관이었던 것이 1991년 1월부터 국무총리실 산하 인문사회연구회 소관으로 변경되었고, 한국교육과정평가원도 1985년 설립 당시 교육부 산하기관이었던 것을 1999년부터 국무총리실 산하 경제인문사회연구회 소관으로 변경하여 오늘에 이르고 있다. 한국직업능력개발원도 1997년 교육부와 노동부가 공동 설립한 국책연구기관이지만 현재 국무총리실 산하에 있다. 위 세 국책연구기관은 교육연구기관이자 교육지원기관으로서 설립취지와 목적, 업무의 전문성과 연관성 차원에서 교육부 산하로 되돌려야 한다. 왜 수능시험 사고 발생 시마다 관할 부처의 장인 국무총리가 사과해야지 교육부 장관이 사과해야 하는지 이해할 수 없다. 차제에 체육업무도 문화체육관광부에서 교육부로 이관하는 것이 바람직하다. 체육은 엄연히 교육의 중요한 영역이며, 체육행정도 교육적·발달적 차원에서 이루어질 수 있도록 원래 제자리로 되돌려야 한다.

정부 내 전체 차관급 공무원 105명 중 절반에 해당하는 55명(장관급 검찰총장 포함)이 검찰청 산하에 있다. 차관급이 청장 한명에 불과한 경찰청이나 국세청에 비하면 검찰의 직급 인플레이션은 지나친 수준이다. 또 차관이 두 명인 부처도 미래창조과학부, 문화체육관광부, 외교부, 행정자치부, 산업통상자원부, 국토교통부 등 6개 부처나 되는데, 차관 직이 부처의 업무량과 특수성에 비춰 합리적으로 배분돼 있는지 재고해 봐야 한다. 차제에 방만한 복수 차관제를 폐지하고 인력이 필요하다면 실·국장을 더 기용하는 것이 바람직하다.

정부 부처 산하기관들(예컨대 각종 진흥원들)이 방만하게 설립된 것도 문제다. 이들은 위인설관의 전형으로서 정권교체기마다 집권세력 낙하산 인사의 보루가 된 지 오래다. 기관운영 평가를 통해 통폐합 또는 구조조정하고 기관의 경쟁력과 효율성을 제고해야 할 것이다.

정권교체로 인한 국정 기조의 변화에 따라 정부조직 개편이 필요할 수 있다. 그러나 정권이 바뀔 때마다 또는 사고가 터질 때마다 수시로(특히 박근혜 정부) 정부 조직을 심하게 개편하는 것은 바람직하지 않다. 세계 어느 나라에서 정부조직을 그렇게 가볍게 바꾸는가. 정부 조직개편은 국정운영의 연속성과 안정성 그리고 효율성을 고려하면서 가급적 최소화해야 한다. 문재인 대통령은 후보 시절 "정권이 바뀌었다고 정부조직을 심하게 바꾸는 것은 바람직하지 않다"고 밝힌 바 있다.

부처 간 업무의 중복성, 위인설관(爲人設官: 어떤 사람을 위해 벼슬자리를 새로 마련함)이나 옥상옥(屋上屋: 불필요하게 중복해서 자리를 마련함), 논공행상(論功行賞), 여론무마에 악용되는 조직개편은 금물이다. 집권세력이 공신들에게 자리를 마치 전리품처럼 나눠주는 것도 안 될 일이다. 정부 조직개편과 업무 분장은 국가경쟁력 제고 차원에서 매우 중요하다. 행정은 효과성과 효율성이 생명이다. 싱가포르의 국부 리콴유 전 수상은 성공하는 정부의 조건은 실용적 정부, 효율적 정부, 정직한 정부라 했다. 앞으로 중앙정부 조직을 가급적 슬림화하여 부, 처, 청, 원의 수와 고위 공직(장·차관급)의 자리를 줄이고, 분권화·지방화·자율화 차원에서 중앙정부의 업무를 지방정부에 대폭 이양하고 기구의 일부는 민간에게 돌려야 한다.

정부조직 개편과 부처의 업무분장은 담당할 업무에 대한 전문성, 업무추진의 효율성, 부처 간 업무의 균형성에 입각하여 국가의 미래 백년을 보고 사사로운 편견 없이 이루어져야 한다. 또 이상적이고 합리적인 개편안이 마련되면 초정권적으로 일관되게 존속시키되 시대변화에 따른 탄력적 대응 차원에서 부분적인 개편과 업무조정이 허용돼야 한다.

2014년 8월 27일 교육부 차관으로 부임하여 취임식을 간단하게 가졌다. 난 원래 필요 이상의 허례허식을 싫어한다. 거화취실(去華就實: 화려함을 버리고 내실을 기한다)이 내가 좋아하는 사자성어 중 하나다. 취임 인사에서 직원들에게 몇 가지 당부를 했다. 첫째, 언론이나 여론 무마용 또는 면피용 땜질식이나 편법을 사용하지 말고, 연구결과를 토대로 교육정책을 설계하며(research-based educational policy design) 교육현장 중심 정책을 추진하라. 둘째, 자신의 존재 이유에 충실하라. 셋째, 과잉입법을 삼가고 규제와 제한을 가급적 없애고 모든 것을 단순화(simplify)하라. 규제, 제한, 간섭, 통제는 창의성을 말살하는 것이다. 넷째, 민원인을 상대할 때 관 냄새를 빼고 고객을 감동시켜라. 국민들로부터 사랑받는 교육부를 만들자. 다섯째, 공과

사를 구분하고 보안을 철저히 하며 대외비 유출을 조심하라. 마지막으로 공적으로든 사적으로든 힘들고 어려울 때는 주저 없이 나에게 말하라. 내가 대신 총대도 메주고 십자가도 져주겠다고 약속했다. 그리고 그 약속을 끝까지 지켰다.

내가 교육부에 몸담았던 163일은 눈코 뜰 새 없이 바빴고 힘들었다. 대전시 교육감 재직 시절 너무 힘들고 어려웠다고 느꼈었는데 교육부 시절에 비하면 그때는 행복했다고 느꼈다. 특히 내가 재직했던 2014년 8월부터 2015년 2월까지는 정부의 모든 부처가 그렇듯 연중 가장 바쁜 시기였다. 길지 않은 기간 동안 국회 교육법안 심의, 교육예산 심의, 역사 교과서 국정 전환 문제, 누리과정 예산 문제, 국회의원 특교 민원, 공무원 연금개혁 문제, 일반자치와 교육자치의 연계·통합 문제, 국립대학총장 임명 제청 문제, 전교조 법외노조 문제, 상지대 등 사립대학 분규, 수능시험 문항 오류 사태 등 굵직한 사업과 현안문제들을 다루고 처리해야 했다. 어떻게 보면, 나로서는 비교적 짧은 기간 동안에 교육부 행정의 엑기스를 경험한 셈이 됐다.

교육부는 세종시에 있지만 나는 일주일 중 평일 닷새를 국회, 청와대, 서울청사를 돌며 거의 서울에서 보냈다. 장관님은 나보다 더했고 과장 이상의 간부들도 일주일의 반은 서울에서 보냈다. 지금도 마찬가지겠지만 업무의 비효율과 시간낭비 그리고 예산낭비가 극에 달했다. 잘못된 대선공약과 무책임한 국정운영에서 비롯된 돌이킬 수 없는 해독이었다. 그동안 대통령, 광역 또는 기초 자치단체장 후보들의 비현실적 선거공약과 무책임한 강행으로 얼마나 국고를 낭비하고 국가발전과 국민행복의 발목을 잡았는가. 모두가 양심 없는 먹튀의 귀재들이다.

조지 부시 1세 대통령이 대통령 당선 직후 핵심 정책참모를 불러 대선공약 이행 계획에 대해 물었다. 정책참모는 "각하, 대선공약 빨리 잊으세요. 강을 건넜으면 뗏목을 버려야지요. 공약을 이행하는 것보다 더 중요한 것은 현재 상황에서 과연 무엇이 국가발전과 국민행복을 위해 더 유익한지 냉정하게 재평가해야 합니다. 그리고 국민과의 공약일지라도 현 시점에서 문제가 있다면 과감히 버리세요." 하고 간언했다는 후문이 있다.

교육부는 청와대로부터 숨 막힐 정도로 지시와 간섭을 받고 있었다. 사사건건 자질구레한 것까지 참견했다. 도대체 교육부가 자율적으로 할 수 있는 일이 하나라도 있는지 자괴감이 들었다. '청와대는 두뇌고 정부 각 부처는 팔다리'라고 생각하고 있었다. 그들은 현대 행정의 바람직한 모습에 대해 알고나 있는지 의심스러웠다. 내가 처음 교육부 차관으로 부름 받았을 때 썩 내키지 않았다. 정책결정권을 쥐고 있는 부처의 장이 아니면 소신행정을 펼 수 없기 때문이다. 하지만 대한민국 교육을 실질적으로 책임지고 경영해 볼 수 있다는 기대 때문에 수락했었다. 그 기대들이 무너지는 데는 그리 오래 걸리지 않았다. 교육부 차관 163일을 한마디로 표현한다면 '쓸데없는 일 너무 많이 하고 자율과 재량을 가지고 할 수 있는 일이 거의 없었다'는 것이다.

나는 차관 취임 직후 장·차관이 조회할 수 있는 과장급 이상 교육부 간부들의 프로필 파일을 하나하나 훑어보았다. 하나같이 엘리트 중 엘리트들이었다. 모두 일류 대학을 나와 고시를 패스했고 외국 명문대학의 박사학위를 소지하고 있었다. 이런 고급 두뇌들이 청와대에서 지시하는 대로 꼭두각시처럼 일하고 있다니 참 답답한 일이었다. 이들에게 창의적 아이디어를 내고 자신의 전문성을 마음

껏 발휘하여 초일류 한국교육을 창조해낼 수 있도록 자율과 재량을 허락하고 화끈하게 지원해 주는 선진행정을 펼친다면 얼마나 좋을까. 언젠가 사석에서 장관께 "청와대에서 차라리 저에게 지향해야 할 방향과 달성해야 할 목표를 말해주고 전권을 주면 교육부의 이 걸출한 인재들과 함께 최고의 성과를 만들어낼 수 있을 텐데 참으로 안타깝다"고 하소연한 적이 있다.

교육부 차관에 취임한지 한 달쯤 되는 2014년 9월 어느 날 나의 수첩에는 다음과 같은 메모가 적혀 있었다. (1) 많은 정책들이 완전치 않다. 잘못된 것이나 부족한 것은 솔직히 받아들이고 과감히 고쳐나가야 한다. (2) 너무 서두르는 것 같다. 急即失 急即敗 아닌가. 하나라도 완전하게 하고 가야 한다. (3) 사사건건 작은 것까지 너무 관여한다. 우리에게 맡겨주면 세련되게 더 잘 할 수 있을 텐데. (4) 작은 사안까지 정부가 직접 대응해선 안 된다. 또 과격하게 대응해서도 안 된다. 대학총장이나 교육감들이 법 테두리 안에서 추진하는 것은 문제 삼지 말아야 한다. 사사건건 갈등하고 대립해서야 되겠나. 중앙정부가 좀 더 대범해야 한다. (5) 시·도교육감이나 대학총장을 제압하고 갈 수는 없다. 정권은 유한하지만 조직이나 기관은 영원한 것이다. 그들도 국민들이나 구성원들이 직접 뽑은 지도자들이다. 대화와 협력을 통해 다 끌어안고 가야 한다. 그렇지 않으면 그 피해는 고스란히 나라와 국민에게 돌아간다. (6) 역사 교과서 국정 전환은 바람직하지 않다. 정권이 바뀔 때마다 교과서 기술이 달라질 수 있는 위험성이 있다. 검정으로 가되 우려하는 점들을 불식시키면 되지 않나. 세계 주요 국가들의 역사교육 특히 독일이 통일되기 전 역사교육을 어떻게 했는지 알아보고, 세계 각국의 역사 교과서도 연구해봐야 한다. 교과서는 헌법적 가치를 벗어나서는 안

된다. 헌법적 가치는 절대적이며 이는 국가의 존립과 관련되는 것이다.

나는 대학총장이나 교육감 등 주요 민원인들의 상담 요청을 언제나 흔쾌히 받아주었다. 민원인들이 면담을 요청할 때는 교육부 내에서 공적으로 만났고 절대로 외부에서 사적으로 만나지 않았다. 공직에 몸담고 있는 한 그렇게 해야 한다고 생각했다. 공직자는 철저히 공과 사를 구분해야 하고, 그 언행은 구설의 빌미조차 허용해서도 안 된다. 민원인들과 상담할 때면 교육자적 양심에 서서 허심탄회하게 논의했다. 법과 규정 그리고 예산이 허락하는 한 그들 입장에 서서 긍정적으로 검토했다. 우리 교육부와 직원들의 존재의 이유는 대한민국 교육의 발전과 국민들의 요구에 부응하는 데 있다고 생각했다. 교육부 직원들에게도 그렇게 생각하고 일하도록 당부했다.

타 부처 차관들도 비슷하겠지만 나는 각종 국정 관련 회의(차관회의, 당·정·청 협의, 부처 간 회의, 때로 국무회의 등)와 전국 단위의 교육행사 참여 그리고 국회 출석(법안심의, 예산심의, 국정질의 답변 등) 일정에 대부분의 시간을 보냈다. 국회, 서울청사, 세종청사, 청와대 서별관, 총리공관 등을 오가며 빡빡한 회의 스케줄을 소화해야 했다. 너무 정신없이 바빠 때로는 회의 자료를 읽어보지도 못하고 참석하는 경우도 꽤 있었다.

짧은 차관 재직 동안 나는 청와대 또는 정책 추진 관련 부처와 역사 교과서 국정 전환 문제, 누리과정 예산 문제, 공무원 연금개혁 문제, 일반자치와 교육자치의 연계·통합 문제, 국립대학총장 임명제청 문제, 수능시험 문항 오류 사태 처리 등 몇 가지 중요한 교육정책을 놓고 뜨겁게 부딪쳤다. 대부분 교육의 본질에 위배되거나,

학문적으로 검증되지 않아 시행착오 가능성이 높거나, 아니면 시대착오적 행정행위에서 비롯된 논쟁이었다. 그럴 때마다 나는 너무 서두르지 말 것과 정책연구와 공개토론을 바탕으로 정책을 입안하고 추진할 것을 주장했다. 우리 모두가 통치권자의 참모인데 우리가 모시는 지도자가 청사에 빛나는 업적을 남기고 영원히 사는 길로 안내해야 할 것 아닌가. 빈대를 잡기 위해 초가삼간을 태울 것인가. 잘못돼 가는 것을 알면서도 침묵하고 지시에 맹종하는 것은 진정한 참모도 아니고 진정한 국민의 공복도 아니라고 강변했다.

나는 역사 교과서 국정 전환을 반대했다. 당시 대통령의 국정 전환에 대한 의지와 청와대의 분위기는 아주 강고했기 때문에 정무직 고위 공직자로서 인사상의 불이익을 각오해야 했다. 청와대에서는 2014년 11월 말까지 국정 전환 고시 발표하기를 원했다. 나는 준비가 아직 덜 되었다는 핑계를 대고 시간을 끌었다. 청와대에서 좀 더 시간을 갖고 국민여론과 학자들의 의견을 광범위하게 수렴해 통치권자가 최선의 결론을 도출하도록 하자는 충정에서였다.

정권에 국정 전환 추진의 빌미를 준 것은 역사 교과서의 심각한 편향적 기술과 오류 때문이었다. 그러나 국가의 장래와 미래세대를 위해서는 현재 검정체제를 유지하면서 잘못된 점을 개선·보완하는 것이 낫다고 판단했다. 또 역사를 거꾸로 돌리는 일을 해서는 안 된다고 생각했다. 당시 학계에서 존경받고 양심적인 학자들 대부분도 국정 역사 교과서 회귀를 반대했다. 사실 역사 교과서 국정 전환 갈등은 교과서 검인정을 제대로 하지 못한 정부의 책임이 가장 크다. 이런 문제들은 역사 교과서 발행체제 개선과 정부의 관리·감독 강화로 대부분 해결될 수 있는데 말이다. 나는 역사 교과서 국정 전환과 관련한 학계의 찬반양론과 바람직한 해결 방안에 대한 나의 소견을 서면으로 작성하여 청와대에 올렸다. 그것이 윗 전에 제대로 전달되었는지는 알 수 없다. 하지만 최고 결정권자가 최선의 의사 결정을 하는 데 보탬이 되었으면 하는 충정에서 자발적으로 조금도 가감 없이 작성하여 올렸다. 그 서면 보고서의 내용은 '역사 교과서 국정 전환 논란'이라는 제목으로 이 책에 실려 있다.

원래 2015 교육과정은 2018년 3월부터 적용되도록 계획된 것인데, 정부가 중학교 역사와 고등학교 한국사 과목만 2017년 3월 1일부터 적용한다는 수정 고시를 강하게 밀어붙였다. 박근혜 대통령 임기 내에 새로 만들어진 국정 역사 교과서를 일선학교에 적용되는 것을 보여 주고 싶다는 청와대의 의도다. 내가 2015년 2월 교육부 차관에서 물러난 후, 2015년 10월 12일 교육부는 역사 교과서 국정화를 확정 고시하고 국정 역사 교과서 편찬·개발 절차에 돌입했다. 그리고 정부는 새로 편찬될 국정 역사 교과서 내용뿐 아니라 집필진, 집필기준, 편찬 심의위원 등 일체를 개발 완료 시까지 공개 금지시켰다. 국가와 국민을 위하여 떳떳하고 당당한 일이라면 왜 모든 것을 숨기고 밀실에서 역사 교과서 개발을 강행하는가. 국가경영 차원에서 볼 때 참으로 치졸한 짓이다.

정부와 시·도교육청 간의 누리과정 예산 갈등은 정부가 2015년 누리과정 예산 편성 계획을 수립하던 2014년 하반기부터 시작되었다. 유보통합 2단계인 예산부처 통합 과정에서 누리과정 예산 주무 부처를 교육부로 일원화하면서 2015년 누리과정 예산 총액 3조 9,000억 원 중 정부와 지자체가 부담하던 어린이집 누리과정 예산 약 2조 2,000억 원을 별도의 예산증액 없이 떠안게 된 것이 시발점이다. 나는 교육부 차관으로 부임하자마자 바로 이 문제의 중심에 서야 했다. 누리과정 예산 갈등 문제로 교육부 차관인 나와 담당국장, 기재부 2차관과 예산실장, 청와대 경제수석이 청와대 서별관에서 수차례 회합을 가졌고 격한 논쟁이 있었다. 나는 대전광역시교육감을 3선하면서 오랫동안 지방교육행정을 책임졌기 때문에 시·도교육청의 재정상황을 포함한 지방교육행정 전반에 대한 사정을 너무 잘 이해하고 있었고, 교육부 차관으로서 중앙부처인 교육부의 입장도 잘 파악하고 있었기 때문에 정부와 시·도교육청 간 누리과정 예산 갈등의 핵심을 꿰고 있었다.

기획재정부는 시·도교육청 교육재정 상황과 수요 예측에 심각한 착오가 있었다. 당시 전국 시·도교육청의 예산 상황은 매우 어려운 상황이었다. 시·도교육청의 의무지출예산(경직성)과 재량지출예산(유연성: 사업성)의 비율이 약 86대 14정도였고 점점 악화일로에 있었다. 비교적 효율적이고 건전한 예산행정을 해온 교육청들이 예산문제로 상당한 고통을 받고 있었다면 여타 교육청들의 예산상황은 볼 것도 없이 심각한 상태라 해도 과언이 아니었다. 시·도교육청 재정여건의 악화 원인을 크게 보면 무분별한 무상복지와 중앙정부의 국책사업예산 떠넘기기가 주원인이라고 볼 수 있는데, 이런 예산이 대부분 경직성인 의무지출예산이기 때문에 순수 교육활동 예산과 각종 사업예산 비율이 급격히 감소하여 어려움을 호소하고 있었다.

당시 기획재정부는 학생 수가 감소하여 예산에 여유가 있을 것이라고 주장했으나 초·중·고 학생이 준 것일 뿐, 누리과정 도입에 따라 포함된 교육지원 대상인 유치원과 어린이집 어린이 128만 명(2014년 기준)을 추가하면 지원 대상 학생 수가 오히려 대폭 증가한 셈이었다. 교육재정 수요에 직접 영향을 주는 학교 수(15.0%), 학급 수(12.3%) 및 교원 수(27.8%)가 증가하였고, 도시개발에 따른 학교 신설, 기존 학교 교사 개·보수 등 교육환경개선 수요도 급증하였다.

2015년 말 현재 전국 시·도교육청의 채무총액은 17조 원에 달했다. 기획재정부에서도 전국 시·도교육청 예산상황을 분석하고 시·도교육청의 2015년 예산이 약 5조 원 정도 부족한 것으로 추산했다. 현재 상태에서 정부가 누리과정 예산 지원 없이 시·도교육청에 떠넘길 경우, 시·도교육청들은 초·중등교육 예산(교육활동비나 교육환경개선비 등)을 희생시켜야 할 판이었다.

누리과정 예산은 현행 법적 근거에 비추어보나, 단계적 유보통합 과정에서 필연적으로 이루어져야 할 관리부처와 재원 통합 차원에서 고려해보나 지방교육재정교부금에서 부담하는 것이 타당하다. 그러나 지금까지 정부와 지자체가 부담하던 어린이집 누리과정 예산 약 2조 2,000억 원을 별도의 예산 증액 없이 시·도교육청에 무작정 떠넘긴다는 것은 상식 밖의 무리한 결정이었다.

나는 누리과정 예산갈등의 근본적 해결을 위해서는 적어도 재정여건이 급격히 악화된 시·도교육청이 떠안아야 할 누리과정 예산 중 어린이집 분만큼(2조 2,000억 원)은 교부금을 증액·보전해줘야 한다고 요구했다. 또 이참에 아예 지방재정교부금법을 개정하여 현행 교부금 비율 '내국세 총액의 20.27%'를 상향 조정하든지, 교육세 세원 확대 또는 세율을 인상하든지, 아니면 일부는 내국세 교부금을 조정하고 일부는 교육세 세수를 확대하여 재원을 확보하든지 더 확실하고 지속가능한 방안을 마련해야 한다고 강하게 주장했다. 2014년 10월 청와대 서별관 회의에서 교육부 차관이 직접 작성한 '현재 교육부와 시·도교육청이 처하고 있는 현실상황과 누리과정 예산 갈등 해결방안'이란 제목의 서면자료를 정책 결정에 도움을 주고자 참석자들에게 제시해 주었다. 서면자료의 자세한 내용은 '누리과정(3~5세 영유아) 예산갈등과 보육대란'이라는 제목의 글로 이 책에 실려 있다.

청와대와 기재부는 결국 학교 시설비 3.8조 원과 교원 명퇴수당 1.1조 원 지원 명목으로 정부보증 하에 지방채를 발행하고, 지방채 이자 지원비와 대체사업비 등 목적예비비를 어린이집 누리과정 예산으로 우회 지원하도록 교육부에 지시함으로서 편법에 의한 땜질식 처방으로 누리과정 예산 갈등을 봉합하였다. 이는 떳떳하고 정당한 행정행위라 볼 수 없다.

내가 교육부 차관 부임 당시 국립대학들이 총장 임용문제로 몸살을 앓고 있었다. 교육부가 선거에 의한 총장 1순위 후보자의 임명제청을 거부함으로써 대학 구성원 다수의 의사를 묵살하고, 임명제청 거부 사유를 밝히지 않을 뿐 아니라, 장기간 총장 공석 사태를 방치해 대학경영에 심대한 악영향을 주고 있다는 불만의 목소리가 극에 달했다.

공주대는 총장이 2014년 3월 이후 2년 10개월째 공석이었다. 교육부는 총장 임용 제청을 거부하면서 총장 자격 부적합 사유를 밝히지 않고 있어, 교육부에 총장 후보 1순위로 추천된 교수가 임용제청 거부 처분 취소소송을 제기하여 아직도 재판이 진행 중이었다. 방송통신대는 2014년 9월부터 2년 4개월째, 전주교대는 2014년 9월부터 1년 11개월째, 광주교대는 2016년 10월부터 2개월째 똑같은 이유로 총장이 부재 상태였다. 이외에도 박근혜 정부 들어 총장 부재 사태를 겪은 국립대학은 경북대(2년 2개월), 강원대(10개월), 경상대(6개월), 부산대(5개월), 진주교대(5개월), 충남대(1개월) 등이 있었다. 교육부의 총장 임명 제청 거부로 총장 부재사태를 겪는 국립대학들의 공통된 입장은 임명 제청 불가 사유라도 확실히 밝혀줘야 혼란을 최소화할 수 있다고 울상이었다.

　나는 이 문제와 관련한 청와대의 상식 밖의 태도에 대해 화가 치밀 정도로 이해할 수 없었다. 국립대 총장은 현행법이 정한 절차에 따라 대통령이 임명하면 그만이다. 국립대 총장은 교육공무원법 제24조에 따라 해당 대학의 추천을 받아 법령이 정하는 바에 의해 교육부의 '교육공무원 인사위원회' 심의를 거쳐 교육부 장관의 제청으로 대통령이 임명한다. 교육부 장관의 제청 여부는 해당 대학으로부터 후보자 2인 이상을 추천 받아 신원조회와 '교육공무원 인사위원회' 심의를 거쳐 결정한다. '교육공무원 인사위원회'에서는 후보자의 범죄경력, 징계전력, 재산문제, 병역문제, 품행 등을 종합적으로 심의하며, 주된 부적격 사유는 연구윤리 위반, 법령 위반, 품위유지 의무 위반, 부정적 언론보도 등이다. 국립대 총장 장기 공석사태는 전적으로 청와대의 비합법적 개입과 독선적 지시에 의해 생긴 불행한 일이다. 청와대에서 교육부 장관의 임명 제청 전에 대학에서 올라온 총장후보 2인을 미리 받아보고 별다른 이유도 없이 임명 제청을 허락하지 않는 것이 이 문제의 핵심이다. 청와대의 뜻에 항명할 수 없는 교육부로서는 총장의 임명 제청을 할 수도 없고 뚜렷한 임명 제청 거부 사유를 만들어 낼 수도 없었다. 그야말로 국립대학 총장 임명 거부에 대한 모든 책임을 청와대 대신 교육부가 다 뒤집어 써야 하고, 뚜렷한 총장 임명 제청 거부 사유를 밝힐 수도 없는 담당 실·국장들은 답답함을 토로하며 울상을 지었다. 최고 결정권자와 상급기관이 문제의 책임을 아랫사람과 하급기관에 전가하는 것은 비겁한 짓이다.

　나는 참다못해 결국 청와대에 들어가 국립대 총장 장기 공석사태의 근본적인 문제점과 해결방안을 설명하고 개선을 촉구했다. 우선 청와대가 현행법이 정한 국립대 총장 임용절차를 지켜주고 장관의 임명제청권을 행사할 수 있도록 할 것과, 대학의 구성원들이 선택한 지도자들이므로 특별한 사유가 없으면 대학 구성원들의 의사를 존중해 줄 것을 호소했다. 또 가급적 총장 임명 절차를 신속히 밟아 장기 공석으로 인한 대학의 학사운영에 차질이 없도록 해줄 것을 건의했다. 나의 counterpart였던 당시 청와대 참모들은 나의 설명과 건의를 긍정적으로 경청했고 일부는 수용해 주었다. 그러나 그 후로도 별다른 변화가 없던 것을 보면 청와대 참모들로서도 어쩔 수 없는 이유가 있는 것으로 여겨졌다.

대통령 직속 지방자치발전위원회가 '교육자치와 일반자치의 연계·통합 방안'을 내놓았다. 표현을 좀 완화해서 연계·통합이지 사실상 통합을 추진하고 있었다. 연계·통합 방안의 핵심 골자는 시·도교육감을 시·도지사가 임명하고, 행정기능 통합을 위해 시·도교육청을 시·도의 직속기관화하며, 총액인건비 통합 관리와 재정기능 통합을 위해 재정관리제도를 통합하고 편성과 심의를 일원화한다는 것이다. 간단히 말하면 시·도청이 시·도교육청을 흡수·통합하고, 시·도 지사가 시·도 교육감 대신 교육부시장 또는 교육부지사를 임명하여 시·도교육청을 시·도청 산하에 두겠다는 계획이다. 결국 시·도 지사가 교육감의 인사권, 행정권, 재정운영권을 다 빼앗겠다는 것이다.

교육자치와 일반자치의 통합 시나리오는 청와대, 행정자치부, 지방자치발전위원회, 시·도지사협의회의 합작품이 아닌가 추정된다. 우선 지방자치발전위원회가 대통령 직속 기관이고, 특별법 제5조에 지방자치발전위원회는 지방자치발전 종합계획의 수립에 있어 관계 중앙행정부처의 장과 협의하고 지방자치단체의 의견을 수렴하도록 명시되어 있으며, 근자 시·도지사협의회가 일반자치와 교육자치의 통합을 주장한 언론 보도가 이를 반증하고 있다. 혹자들은 시·도지사들이 광역자치단체의 장으로서 교육감과 동등한 지위와 권력을 갖는 것이 못마땅하거나, 교육감이 갖는 인사권, 행정권, 재정권까지 독점하기 위한 포석이거나 아니면 교육감을 강력한 차기 시·도지사 후보로 보고 견제의식을 갖는 것이 아니냐는 의구심을 가졌다. 당시 교육부 간부들은 교육부를 배제한 채 청와대와 관련 정부 부처 및 기관들이 야합하여 기습 추진된 사안인 듯 나에게 보고했다. 어쨌든 오랜 역사를 가진 정부의 행정 체제와 조직의 개편을 심층적 정책연구도 없이 가볍게 접근하는 것은 바람직하지 않다고 봤다.

대통령 소속 지방자치발전위원회(위원장 심대평)는 2013년 5월 7일 임시국회 본회의에서 통과된 '지방분권 및 지방행정체제 개편에 관한 특별법(시행일 2014. 11. 19.)' 제5조에 근거하여 '지방자치발전 종합계획'을 수립하고 지방자치발전 20개 실천과제의 구체적 추진방안을 수립·제시하고 시행(특별법시행령시행일 2015. 1. 1.)에 들어갔다.

나는 지방자치발전위원회(약칭: 지발위)의 교육자치와 일반자치의 연계·통합 추진을 강력히 반대했다. 나뿐만 아니라 교육부와 교육계 전체가 반대하고 있었다. 이 문제 때문에 당시 지발위원장님과 나는 전화로 두세 번 길게 논쟁을 했다. 나는 개인적으로 지발위원장님께 죄송했다. 나와 가깝게 지내시던 고향의 선배 지도자이셨기 때문이다. 그러나 교육부 차관인 나로서는 가만히 있을 수 없었다. 대한민국 교육의 미래와 교육계의 우려를 대변해야 했다. 지발위원장님도 문제에 대한 인식과 철학에 나와 차이가 있을 뿐 나라를 위해 걱정하는 것은 마찬가지였을 게다. 후문에 의하면 내가 지발위의 교육자치와 일반자치의 연계·통합 추진을 강하게 반대하는 것과 관련해 청와대에서 수석비서관회의가 열렸고 나에 대한 성토가 있었다고 한다.

그러나 어쩌랴. '지방분권 및 지방행정체제 개편에 관한 특별법'은 내가 교육부 차관에 부임하기 1년여 전 이미 국회 본회의에서 통과돼 있었다. 제정된 특별법에 따라 추진되는 것이기 때문에 더 이상 어쩔 수 없었다.

2014년 11월 27일 차관회의에 '지방분권 및 지방행정체제개편에 관한 특별법' 제12조에 따라 '지방자치 발전 종합계획(안)'이 상정되었고, 나는 당시 교육부 차관으로서 '교육자치와 일반자치의 연계·통합 방안'에 대하여 연계·협력은 환영하지만 통합은 반대한다는 것을 분명히 밝혔다. 그리고 왜 통합이 바람직하지 않은 시도인지에 대한 설명을 소수의견으로 속기록에 남겼다. 속기록에 남긴 나의 발언 내용은 대략 첫째, 일반자치는 그 자체로 행정자치만의 문제지만, 교육자치는 교육행위와 교육행정의 자치와 독립을 모두 함유하고 있기 때문에 명백히 구분되어야 한다. 둘째, 교육은 우리에게 생명이자 전부인데 정치와 권력의 개입과 오염을 용납할 수 없다. 정부수립 이후 왜 교육자치와 일반자치를 분리해서 정치와 권력 그리고 모든 이념과 사상의 개입을 차단하고자 했는지 곱씹어 봐야 한다. 셋째, 헌법 31조 4항과 배치되므로 위헌의 소지가 크다. 헌법 제31조 4항에 '교육의 자주성, 전문성, 정치적 중립성 및 대학의 자율성은 법률이 정하는 바에 의하여 보장된다'고 명시하고 있는 바, 이는 헌법이 교육자치제도에 대한 명백한 보장을 규정하고 있다 등이다.

그런데 그 이후 어쩐 일인지 특별법까지 만들어 놓고 강력하게 밀어붙이던 정부가 지금까지 손을 놓고 침묵하고 있다. 대한민국 교육의 미래를 위해서는 아주 다행스러운 일이지만 참으로 괴이한 일이다. 이와 관련된 자세한 내용은 '교육자치와 지방자치의 연계·통합 시나리오'라는 제목의 글로 이 책에 실려 있다.

공무원연금개혁은 2014년 하반기부터 2년여 동안 주무부처인 인사혁신처가 중심이 되어 추진했다. 당시 공무원연금개혁에 대한 국민들의 전반적 여론은 찬성하는 분위기였고, 연금개혁의 이해당사자인 공무원들도 연금개혁 그 자체에 대해서는 비교적 이해하는 분위기였다. 그러나 연금개혁의 내용과 방법 그리고 추진 절차에 대해서는 정부와 이해당사자인 공무원들과 노조 그리고 교원단체 간 대립과 줄다리기가 첨예했다.

범정부적 추진 방향은 공무원연금개혁의 정부안, 새누리당안, 연금학회안을 각각 국민대타협기구에 제시하여 이를 기초로 이해당사자 간 토론을 거쳐 이견을 좁히고, 여당과 야당 간 합의를 전제로 국회 공무원연금개혁특별위원회에서 최종 결정하는 것이었다. 국민대타협기구에는 국회에서 여당과 야당, 정부 유관부처, 공무원 노조 및 단체, 학계 대표 등이 참여한 것으로 기억한다.

공무원연금개혁에 대한 공론화가 본격적으로 확산되고 이해당사자들의 반발과 우려가 팽배해지면서, 당·정·청은 청와대 서별관에서 공무원 대상 의견수렴, 연금개혁의 절박성 홍보, 공무원 사기진작 방안 마련 등과 관련한 대책회의를 여러 차례 가졌다. 나는 정부(교육부) 측 대표의 일원으로 참석하여 전 공무원의 절반 이상을 차지하는 교원 사회의 특수성과 연금개혁에 대한 반응, 교원에게 불공정하게 적용되는 연금개혁안 개선 대책, 교원 사기진작 방안 등에 대한 의견을 다음과 같이 개진했다. 교육공무원 사회를 대변하기 위해서가 아니라 이상적이고 지속가능한(ideal and sustainable) 연금개혁안을 만드는 데 일조하기 위해서였다.

첫째, 연금 대상 교원은 연금 대상 전 공무원의 55%를 차지하고 있다. 교원들은 미래세대 인재양성이라는 사명감에 투철하고 자존심을 중요시하는 분들로서 연금이 노후를 보장할 수 있다는 기대만으로 오로지 교육에 전념해 온 분들이다. 근자 생활지도의 어려움과 교권침해로 사기가 저하된 상황에서 연금개혁 추진으로 인한 배신감과 상실감이 팽배해져 명퇴자가 급증하고 있다.

둘째, 공무원연금 수급자 319,510명 중 퇴직교원이 약 31%(100,095명)이며, 300만 원 이상 고액의 공무원연금 수급자 중 49%(49,557명)가 퇴직교원으로 가장 높은 비율을 차지하고 있다. 그 이유는 교원 정년이 유·초·중·고 교원은 62세, 대학교원은 65세로 타 공무원보다 재직기간이 길어 연금 부금을 많이 불입하였고 또 초임보수가 높게 출발하였다.

이 때문에 기여금(연금) 소득 상한액 하향조정 시, 연금재정 안정화 기여금 산정 시, 소득 재분배를 위한 연금 산정 시, 고액 연금수급자 연금액 동결 시에 고액 연금수급자가 상대적으로 많은 교원들에게 연금감액의 불이익이 더 크게 발생한다. 그러므로 공무원 연금개혁의 하후상박 방향에 대해서는 공감하지만, 연금 감액의 폭이 커서 상대적 불이익이 더 많은 교원들에게는 '교원 맞춤형 연금개혁 방안' 제시가 필요하다.

셋째, 교육공무원들의 의견 수렴을 위하여 시·도 교육청, 교총, 교원노조, 공무원 노조, 일선교원 등을 만나 의견을 직접 청취하고,

이를 토대로 '교원 사기 진작 방안'을 마련하되

여야 합의의 최종 연금개혁안에 연금 총액 감소를 상쇄할 수 있는 정책, 예를 들면, 정년 연장, 임금 피크제 도입, 재취업 기회 부여 등을 포함해야 한다.

나는 아쉽게도 최종 '공무원연금개혁안'이 마련되고 '공무원연금법개정안'이 국회에서 통과되는 과정을 보지 못하고 2015년 2월 교육부 차관에서 물러났다.

교육부 차관 부임 두 달째 되던 10월 중순, 2014학년도 수능시험 세계지리 8번 문항 오류 사태와 관련한 서울고법 패소 판결(2014.10.16.)이 있어 이에 따른 교육부의 향후 대책 협의가 있었다.

향후 대책의 핵심은 대법원 상고를 추진할 것인지 아니면 상고를 포기하고 피해학생 구제방안을 마련할 것인지였다. 물론 대법원 상고 여부는 결국 피고이며 사건 관련 당사자인 한국교육과정평가원이 최종 결정해야 하고 판결문 수령 2주 이내 상고가 이뤄져야 한다.

나는 수능 세계지리 8번 문항은 명백한 출제상의 문제가 있었음을 지적했다. 수준 높은 사고력을 요구하는 양질의 문제도 아니고, 지식적 가치도 미미하며, 상시 변할 수 있는 통계적 사실을 바탕으로 출제하였다. 지문 자료에 연도만 제대로 명시했어도 수험생들의 혼동을 예방할 수 있었다. 평가이론에서는 문항의 기술이 수험자가 이해하기 어렵거나 혼동하기 쉽도록 되어 수험자로 하여금 실수를 유발하도록 했다면 이는 고의로 수험자를 함정에 빠뜨린 잘못된 평가문항으로 간주한다. It's must be a cheating on examinee(그것은 수험생을 기만하는 짓이다). 평가학자들의 경고다.

수능 세계지리 8번 문항 출제 오류가 명백함을 발견했을 당시 교육당국이 이를 즉각 수용하고 정답 처리했다면 학생들에게 피해도 주지 않고 문제도 이같이 확대되지 않았을 것이며 행정력 낭비도 없었을 것이다. 교육행정의 미성숙을 적나라하게 드러낸 사건이었다. 물론 수능시험 출제에 오류가 없었다면 이런 사태도 없었을 것이므로 근본적 책임은 두말 할 나위 없이 수능시험 출제와 관리를 맡고 있는 한국교육과정평가원에 있다.

나는 교육당국이 이번에도 잘못을 수용하지 않고 대법원 상고를 추진하여 무고한 학생들을 구제할 기회마저 놓친다면 그것은 국가 교육기관의 비교육적 행정행위이며 공권력의 무책임한 횡포가 될 것이라고 경고한 바 있다. 다행히도 한국교육과정평가원(이후 평가원으로 표기)과 교육부는 2014년 10월 31일 서울고법 행정7부 2심 판결을 수용하고 피해학생 구제 방침을 발표하였다. 그리고 관련 학생 피해 최소화를 최우선적으로 고려하는 것을 원칙으로 교육부는 평가원, 대교협, 해당 대학 등과 협력을 통해 효과적 구제 방안 마련에 돌입했다. 우선 관련 학생 구제방법 및 추진절차와 주요 쟁점에 대한 이해당사자의 의견 수렴을 통해 정리하고, 수능성적 재 산정과 대학별 대입전형 재 진행을 거쳐 피해학생을 2015학년도에 정원 외로 추가 합격시키는 방안을 모색하여 사태를 마무리 지었다.

매년 반복되는 고질적 수능시험 문항 오류 사태를 근절하기 위해서는 수능시험 출제 및 관리의 전 과정을 표준화하고 전문화해야 한다. 그러자면 한국교육과정평가원의 조직을 개편하여 수준 높은 평가전문가와 연구원 그리고 관리요원을 많이 보유해야 한다. 그리고 그들이 상시 문항을 개발하고 연구하여 정선된 대단위 문제은행을 확보하고, 점수해석을 위한 준거(tables of norms)를 개발하며, 일관된 평가관리와 채점을 위한 명료한 지침을 마련해야 한다. 그래야 수능시험의 타당도, 신뢰도, 객관성, 공정성을 확보할 수 있다. 이렇게 될 때, 수능시험 출제위원 선발과 관련한 시비도 없어지고 수능시험 출제 오류나 정답 관련 시비도 없어지게 될 것이다.

교육의 본질과 핵심적 가치는 아이들이 타고 난 소질과 적성을 계발하여 자아실현하도록 도와주고, 민주시민으로서 기본적 삶을 영위하고 상위학습을 소화하기 위한 기초학력을 보장해 주며, 지·덕·체가 균형 있게 발달한 전인(全人)으로 성장할 수 있도록 안내하고 도와주는 것이다. 교육은 결국 아이들 각자가 타고난 잠재능력을 긍정적 방향으로 극대화시키는 것이며, 각기 다르게 발달한 사람들이 상호보완적으로 기능하며 협력사회의 완성을 꾀하는 것이 궁극적 지향점이다.

교육의 이상과 본질은 이념이나 사상에 따라 흔들릴 수 없다. 어떤 가치가 개입하더라도 교육의 본질과 궁극적 지향점은 달라질 수 없다. 교육은 이념과 사상과 종교와 정치 등 그 어떤 가치로부터 중립적이고 자유적이다. 또 교육의 본질 추구는 본질 자체가 하나인 것처럼 그 목표와 방향도 일관돼야 한다. 단지 시대변화에 따라 본질과 목표에 접근하는 방법이 달라질 수 있을 뿐이다. 그러므로 교육제도와 정책은 교육의 본질 범주 안에서 그 궤를 같이 해야 한다. 교육에 몸담고 있는 사람들이 혹여 순수한 영혼들을 대상으로 편향된 특정 이념을 강요하거나 진영논리를 주입했다면 그것은 씻을 수 없는 죄악일 수 있다. 개인의 교육철학은 다를 수 있으나 교육의 본질과 공공성이라는 가치의 인식에는 차이가 있을 수 없다.

교육은 학습자로 하여금 경험을 통하여 지식을 효과적으로 습득할 수 있도록 안내하고 도와주는 행위다. 교육은 공간적으로는 현대사회가 요구하고 시간적으로는 동시대가 요구하는 인간상을 추구한다. 교육은 환경의 영향이 학습자에게 긍정적이고 효과적인 방향으로 작용할 수 있도록 설계하고 전개한다. 교육이란 결국 일선 학교 교실을 통해 이루어지는 것이기 때문에 교육기관이나 교육지도자도 그들을 지원하고 협력하는 일에 충실해야 한다.

세상에 불변의 진리와 정답은 없다. 다만 명답이 있을 뿐이다. 불변의 진리와 정답이 있다면 단 한 하나 '이 세상에 불변의 진리와 정답은 없다'는 사실만 진리이고 정답이다. 진리와 정답은 시간과 공간에 따라 달라질 수 있다. 결국 진리와 정답이란 인간이 끊임없이 추구하는 생존을 위한 최적의 지혜일 뿐이다. 우리는 그저 정답에 가까운 명답을 끊임없이 찾아갈 뿐이다. 진리든 정답이든 아니면 명답이든 이를 규정하는 기준은 그것이 현세에 얼마나 유익하고 유용한 지혜냐가 가름한다.

보수와 진보는 평행선을 긋는 갈등의 가치가 아니라 상호보완적 가치다. 진보와 보수는 이념과 가치를 떠나 국가와 민족의 생존과 발전을 추구한다는 목표와 지향점은 동일해야 한다. 단지 그 목표와 지향점에 도달하기 위한 방법론이 다를 뿐이고, 그 방법론의 선택이 옳고 그름의 판단은 시대상황에 비춰봐야 한다. 보수인 조지 부시는 'No child left behind'를 부르짖으며 평등교육을 강조했고, 진보인 버락 오바마는 'Race to the top'을 내세우며 수월성 교육을 강조했다. 수월성 교육은 학생의 소질, 적성, 능력에 맞는 교육을 하자는 것이고, 평등교육은 교육기회를 균등하게 부여하자는 것이므로 상호보완적 관계에 있다. 또 평등이나 공정이란 똑같이 해주는 것이 아니라 기회를 균등하게 부여하는 것이다.

글로벌 경쟁에서 이기고 살아남자는 데 보수와 진보가 따로 있겠나. 싱가포르의 국부 리콴유(李光耀) 전 수상은 평소 참모들에게 "Ideology Free! 이념으로부터 자유로워져라. 모든 문제를 생존과 직결시켜 생각하라" 했다. 그가 평소 도박을 그렇게도 혐오했는데 싱가포르에 카지노 설립을 허락한 것은 유명한 일화다. 창조적 실용주의 리더십의 전형이다.

박근혜 정부가 나를 교육부에 기용한 것은 괜찮은 선택이었다고 본다. 나는 교육대학을 나와 초등교사를 했고 사범대학을 나와 중등교사도 했다. 미국 유학을 하여 교육학 석사와 교육심리학 박사를 취득한 뒤 교원양성대학의 교수를 했다. 대학교수로 있으면서 대전광역시 교육위원으로 의정생활도 했다. 그 후 대전광역시교육감 3선을 하면서 오랫동안 지방교육행정의 수장으로 봉직했고, 퇴임 직후 박근혜 정부 교육부 차관을 하면서 중앙정부 교육행정을 실질적으로 관장했다. 평생을 교육 분야의 학문에 정진하고 각급 학교 교육에 몸담았을 뿐 아니라 지방교육행정과 중앙교육행정을 실질적으로 관장했기 때문에 교육의 이론과 실제 그리고 교육현장과 교육행정에 대한 이해가 남달리 깊다고 볼 수 있다.

나는 내 식구 챙기기 하듯이 교육부나 교육계를 대변하고 옹호하기 위해서 목소리를 높이지 않았다. 적어도 대한민국 교육의 미래와 교육수요자들의 신뢰와 만족을 위해 좀 더 크게 보고 학자적 양심에 서서 공정하고 앞서가는 중앙정부 교육행정을 수행하고 싶었다.

내가 부임해서 느낀 우리 교육부는 청와대와 교육청·대학·일선학교·교육수요자 사이에 낀 샌드위치 같았다. 언론이나 국민들은 교육부가 대학과 교육청을 과도하게 옥죄고 간섭이나 하지 전혀 도움이 안 된다고 비판한다. 차라리 교육부를 폐지하라고 불평도 한

박근혜 정부 교육부 차관 163일

379

다. 그러나 교육부 스스로는 한국교육의 미래와 교육수요자의 요구에 부응하고자 노력하고 싶지 정도에서 벗어나는 일을 하고 싶지 않다. 또 교육 주체들인 일선 교육기관과 교육수요자들을 위해 존재하고 그들을 지원하고 안내하는 것이 자신들이 할 일이라는 것을 너무나도 잘 알고 있다. 모든 문제는 교육부에 대한 청와대의 과도한 지시와 간섭에서 비롯된다. 교육부로서는 통치권자를 모시고 있는 청와대의 지시를 거부하기 쉽지 않다. 그래서 중요한 정책결정이나 사업추진 또는 사고 수습 시 비합리적 지시가 있거나, 승진·전보 인사 시 부적절한 간섭이 있을 때는 정말 곤혹스러워한다.

나는 교육부에 길지 않게 있었지만 책임의식을 갖고 열심히 일하고자 했다. 내가 고위공직자로서의 신조로 삼고 있는 몇 가지 사자성어가 있다. 枕戈待旦(창을 베고 누워 아침을 맞는다), 去華就實(화려함을 버리고 내실을 기한다), 懸梁刺股(고통을 감수하며 학문에 정진한다), 光而不耀(학덕과 공적을 조용히 쌓을 뿐 스스로 자신의 우월을 드러내지 않는다) 등이다. 교육감 직을 수행하면서 마음에 심은 격언이다. 그리고 공직자로 살면서 꼭 지키고 싶은 세 가지 다짐이 있다. 국가와 국민에 대한 충성, 선비로서의 학자적 양심, 윗분들에 대한 신의다.

허나 국민의 공복인 공직자가 국가 또는 국민과 국가지도자 중 택일하라면 당연히 국가와 국민을 택해야 한다. 국가와 국민에게 충성하는 것이 먼저고 국가지도자에 대한 충성은 그 다음이다. 나는 언제나 그렇게 살아왔고 또 그렇게 살기 위해 어떤 대가도 치를 각오가 돼 있다. 또 어떤 것이 학문적으로 검증된 최선의 답인지, 어떤 길이 학자적 양심에서 올바른 길인지, 어떤 대안이 국가의 미래와 국민을 위한 최적의 선택인지 그것이 언제나 나의 의사결정기준이었다.

나는 고위 공직자가 되려고 하는 사람들에게 묻고 싶다. '당신은 왜 그 자리에 앉고 싶냐'고. 지도자가 되려고 하는 사람들은 이 물음에 양심으로 답해야 한다. 지위를 통해 대중의 스포트라이트를 받으며 권력을 향유하고 재물을 축적하거나 가문의 영광을 꿈꾸는 사람이라면 아예 지도자를 꿈꾸지 마라. 그런 사람들은 결국 지도자로서 존경받지도 못하고 국가와 사회에 해독만 끼칠 뿐 불행한 종말을 맞기 십상이다.

고위공직자의 모든 권력은 국민으로부터 나온다. 국민의 공복인 공직자는 그의 임기 동안 국민이 부여한 권위와 권력을 오로지 국가발전과 그의 주인인 국민의 행복을 위하여 사용해야 한다. 공직자는 국가와 국민을 헌신과 희생으로 섬겨야 하며 기대할 것이 있다면 국민이 보내는 신뢰와 국가발전에 기여한 보람뿐이다. 지도자가 국가와 국민을 위해 일하다가 죽을 수 있다면 행복한 일이다. 자신의 건강부터 챙기고 일한다는 지도자는 진정한 국민의 공복이 아니다. 전쟁터에 나가는 장수가 자신의 목숨부터 생각한다면 그는 진정한 장수가 아닌 것과 다름없다. 고위공직자는 자신이 맡고 있는 모든 업무와 그 결과에 대해 무한 책임을 져야 하며 그 책임을 누구에게도 전가할 수 없다. 지도자가 보통 사람과 다른 것은 사명감과 책임감 때문이다. 지도자는 항상 내가 누구와 무엇을 위해 존재하는지 끝없이 자문하고 그 존재의 이유에 충실해야 한다. 국민이 자신을 위해 있는지, 자신이 국민을 위해 있는지 착각하고 일해서는 안 된다. 어떤 고위공직자라도 국민이 고용한 기간제 계약직이라는 사실을 잊어서는 안 된다.

지도자는 철저히 인재경영을 해야 한다. 이 세상의 그 어떤 결과도 결국 사람이 만들어내기 때문이다. 그래서 '인사가 만사'라고 한다. 소기의 기대하는 결과를 얻기 위해서는 사람을 바꾸든지 변화시키든지 해야 한다. 인재를 등용할 때는 그의 능력과 적성 그리고 가능성과 성품을 봐야 한다. 그중에서도 정직성과 책임감이 가장 중요한 인재의 품성이다. 지도자가 가장 조심해야 할 것은 네포티즘(nepotism, 족벌등용)과 포퓰리즘(populism, 인기영합주의)이다. 정치검찰, 정치군인, 정경유착이 왜 생기겠나. 검찰, 군인, 재벌기업의 정치화를 탓하지 말고 권력의 정점에 있는 통치자 자신을 나무라라. 그들이 그렇게 하고 싶겠나. 그들도 살기 위해 어쩔 수 없이 그렇게 하는 것이다. 모든 것이 통치자가 어떻게 하느냐에 달려 있다.

지도자의 리더십 발휘는 오케스트라의 지휘자처럼 해야 한다. 각기 다른 소리를 내는 악기들이 모여 하모니를 이루고 아름다운 선율을 창조해내는 것처럼, 각기 다른 적성과 전문성을 가진 인재들을 적재적소에 배치하고 그들의 능력을 최대한 발휘할 수 있도록 지원하여 조직의 총체적 경쟁력을 극대화시켜야 한다. 초한지에 보면, 한고조 유방이 "나의 책략은 장량보다 못하고, 군수 동원 능력은 소화보다 못하며, 전투는 한신보다 못하지만 나는 이 세 영웅들의 능력을 빌어 항우를 이길 수 있었다"고 고백한다. 지도자들은 나보다 똑똑한 사람이 세상에 널려 있음을 명심해야 한다.

중요한 사업을 계획하고 추진하기 위해 목표설정과 정책결정이 필요할 때는 관련 참모들을 모두 참여시켜 자유롭게 토론하고 합의점을 찾도록 해야 한다. 그래야 지도자 자신과 참모들이 그 사업에 대해 깊이 이해하고, 책임의식을 가지며, 공동운명체적 헌신성을 가질 수 있다. 참모들에게 일을 맡길 때는 지도자의 목표와 방향을 분명히 제시하고, 그들의 직무수행에 자율과 재량을 최대한 허용한

다음, 그 결과에 대해서 확실하게 책임을 물어야 한다. 물론 성공적 결과에 대해서는 보상을 확실히 해야 한다. 그래야 창의성을 발휘하고 책임의식을 가지며 좋은 결과 도출을 위해 최선을 다 한다. 지도자가 참모들과 대화와 소통을 소홀히 한다면 그 자체로 지도자 자격이 없다.

지도자가 조직을 이끄는 데 머리나 권위로 다스리면 안 된다. 가슴으로 설득하고 이해시키기 위해 소통과 공감 그리고 솔선수범의 리더십을 보여야 한다. 물리적 권위보다 도덕적 권위가 사람의 마음을 감동시키고 자발적 참여와 노력을 이끌어낸다. 감동에는 웅변이 필요치 않다. 그저 솔직하고 순수한 말 한 마디와 진실한 솔선수범으로 족하다. 리더십의 발휘는 말로 하는 것이 아니라 행동으로 하는 것이다. 국정운영도 마찬가지다. 잔머리나 꼼수로 나라를 다스리고 국민을 대하면 결국 국민으로부터 외면당하고 나라도 불행해진다. 대범하고 품격 있게 나라를 다스리고 국민을 대해야 한다. 리콴유(李光耀) 전 싱가포르 수상은 '성공하는 정부의 세 가지 조건을 실용적 정부, 효율적 정부, 정직한 정부'라 했다. 나는 지도자로서 리콴유 전 싱가포르 수상을 존경한다.

현대 행정은 합법적이고, 민주적이며, 투명·공정해야 할 뿐만 아니라 소통과 공감을 바탕으로 이루어져야 한다. 그래야 갈등 없이 세련된 결과를 도출해낼 수 있다. 행정행위에 있어 강압적으로 밀어붙이거나, 예산 또는 감사를 무기로 길들이기를 시도하거나, 과잉입법으로 쐐기를 박거나, 편법을 사용하는 것은 필연적으로 심각한 부작용을 낳는다. 미국 법무부 청사 외벽에는 다음과 같은 글이 새겨져 있다. 'Justice Alone Sustains Society(오직 정의만이 그 사회를 지탱할 수 있다).'

이 땅의
학부모들에게

이 시대 학부모
들은 우리 아이
들이 어떤 존재인지, 그들 눈앞에 다가온 제4차
산업혁명시대는 어떤 세상인지, 그러므로 자녀들
이 그들의 미래를 어떻게 준비해야 하며 그들의
교육과 진로를 어떻게 안내하고 도와야 할지 확신
이 없다. 자기 자녀의 타고난 소질과 적성은 무엇
이며, 이를 계발하고 발달시키기 위해 어떻게 도
와줘야 하는지, 장차 어떤 직업을 선택하도록 안
내하고 지도해야 하는지 걱정이 많다. 또 진로 선
택과 관련한 자녀와의 갈등은 어떻게 해결하며,
진로의 선택과 결정을 위한 상담과 자문을 어디서
구할지 답답하다. 신규 대학 졸업자들의 취업 전
망과 취업률이 어두운 현실을 보면 학부모들의 가

슴은 더욱 좁아든다.

우리 아이들은 과연 어떤 존재인가. 한마디로 우리 아이들은 무한한 가능성과 잠재력을 가지고 태어난 보석 같은 존재다. 그들 각자는 하늘로부터 부여받은 존재의 이유와 가치, 그리고 소질과 적성이 다 따로 있다. 하늘은 누구에게나 공평하게 서로 다른 천부적 재능을 내리셨다. 역사를 통틀어 수많은 심리학자들이 인간의 능력을 특정의 한정된 요인으로 집약 설명하려 노력했지만, 인간능력을 전공한 한 사람으로서 나의 결론은 인간의 능력은 그렇게 단순화시켜 설명할 수 없는 것이며, 이 세상에 존재하는 사람들의 얼굴이 다 다르듯 개개인이 타고난 능력도 다 다르다는 것이다. 모든 아이들이 각기 다른 잠재력과 재능을 부여받고 태어났다는 것은 창조의 원리이자 자연생태계의 법칙이며 상생의 원리이자 공존의 법칙이다. 어떻게 보면 그것은 모든 아이들에게 보너스로 주어진 축복이다.

이에 반해 어른들과 사회는 우리 아이들의 능력을 그들이 임의로 설정한 하나의 기준과 잣대를 들어 멋대로 평가하여 줄을 세우고 낙인을 찍는다. 그리고 어른들이 원하는 바를 아이들에게 일방적으로 강요만 한다. 사람마다 가지고 태어난 것이 다르고 경험한 것이 다 다른데 어떻게 똑같은 능력을 요구할 수 있나. 아주 잘못된 일이며 창조의 원리와 자연생태계의 원리에 반하는 것이다. 심하게 얘기하면 아이들에게 죄를 짓는 것이다.

20세기 최고의 천재 아인슈타인은 고등학교 때까지 열등생이었다. 학교에서 아인슈타인의 부모에게 보낸 가정통신문에 "이 아이는 무엇을 하든지 잘할 가능성이 없다"고 적혀 있었다. 한국의 어머니들 같았으면 화가 치밀어 자기 아이를 가만 놔두지 않았을 것이다. 그러나 아인슈타인의 어머니는 달랐다. 선생님에게는 "우리 아이는 열등한 것이 아니라 다른 아이들과 다를 뿐입니다"하고 말씀드렸고, 아인슈타인에게는 "얘야, 네가 다른 아이들과 같아지려고 하면 잘해봐야 2등이고, 다른 아이들과 달라지려고 노력하면 최고가 될 수 있다" 하고 용기를 줬다.

세기의 천재들, 에디슨, 뉴턴, 아인슈타인, 링컨, 처칠, 나폴레옹 등은 어릴 적 바보소리를 듣고 살았다. 발명왕 에디슨이 1933년 세운 발명 건수가 1,084건이었는데, 82년간 깨지지 않은 이 기록을 미국 인텔렉추얼 벤처스의 수석발명가 로웰 우드(75세)가 2015년 7월 1,085건째 발명특허를 내면서 깼다. 아직도 특허청 심사를 기다리는 그의 발명 건수가 3,000건이라니 앞으로 그의 기록을 깨기는 아마 어려울 것 같다. 그런데 그 로웰 우드도 어릴 적에 걸핏하면 F학점을 받는 열등생이었다. F학점의 천재들, 이들을 우리는 'Late Bloomers'(늦게 피는 꽃)라고 부른다. 학부모들은 내 아이가 좀 늦는다고 너무 조바심하지 말고, 큰 그릇이 늦게 채워지는 것처럼 더 크게 성공할 것이니 제발 인내하며 기다릴 줄 알아야 한다.

우리 아이들은 각기 다른 성공인자(success gene)를 가지고 태어났다. Children are miracle creature of God(아이들이란 하나님이 창조한 기적 같은 존재)다. TV 예능프로 '스타킹'이나 오디션 프로그램 '슈퍼스타 K' 'K팝스타' '팬텀싱어'에 출연하는 청소년들을 보면서 이 사실을 다시 확인하며 미래 세대들의 무한한 가능성과 잠재력에 경탄하지 않을 수 없다.

앤서니 라빈스가 쓴 『네 안에 잠든 거인을 깨워라』라는 책을 읽었다. 모든 아이들의 마음 속에는 '잠자는 거인'이 들어 있단다. 그리고 그 안에 잠자는 거인을 깨워주기만 하면 벌떡 일어나 그 몸집에 걸맞는 큰일을 해낸다고 말한다. 아이들의 마음속에서 잠자는 거인을 깨운다는 것은 아이들에게 동기를 부여하고, 자신감을 갖도록 용기를 북돋우며, 인내심을 가지고 노력하도록 도와주는 것이 아니겠느냐고 했다. 영국의 서퍼크주 레스턴에 자유대안학교인 섬머힐 학교(Summer Hill School)를 설립한 교육개혁가 A. S. 니일(Neil)은 "이 세상에 문제아란 없다. 문제가 있다면 문제부모, 문제교사, 문제사회가 있을 뿐이다"라고 일갈했다. 순수한 영혼을 가진 우리 아이들에게는 애초부터 아무런 잘못이 없다.

이 세상에 자신은 단점이 없다고 생각하는 사람은 하나도 없다. 우리 아이들은 자신이 가진 단점까지도 자신만이 갖는 독특한 개성이라 생각하고, 오히려 자신의 강점과 매력으로 승화시키도록 이끌어 줘야 한다. 당신이 아름답고 매력 있는 이유는 세상에 당신 같은 존재가 단 한 사람밖에 없기 때문이다. 이것이 곧 스토리가 있고 반전이 있는 삶을 사는 길이 아니겠는가.

우리 아이들이 맞이할 제4차 산업혁명시대는 어떤 세상인가. 제4차 산업혁명시대는 첫째, 인공지능, 빅데이터, 로봇공학, 사물인터넷, 나노기술, 퀀텀 컴퓨팅 등 첨단 과학기술 분야의 획기적 발전과 과학기술의 융합을 통해 사회 각 분야에 다가올 상상을 초월하는 문명사적 대변혁이 예고된 세상이다. 사람들은 이러한 획기적 변화가 가져다 줄 첨단과학 발전의 이기에도 불구하고, 지능형 로봇의 일자리 점령이나 인간 지배 가능성에 대해서도 우려하고 있는 것이 사실이다. 버락 오바마 대통령의 싱크탱크였던 알렉 로스는 이런 Big Bang에서 살아남을 방법은 교육밖에 없다고 단언하면서, 이 변화에서 살아남을 수 있는 국가로 미국, 일본, 한국, 독일, 중국 등 5개국을 꼽아 우리에게 희망적 메시지를 던져주고 있다.

둘째, 모든 영역과 분야에서 국경이 더 이상 존재하지 않는 세상이다. 국경이 존재한다면 정치적·외교적 국경밖에 없다. 세상의 어디서도 살 수 있고, 어디든 여행할 수 있고, 어디서도 직업을 가질 수 있고, 누구와도 사업을 같이 할 수 있고, 누구와 결혼할 수도 있다. 그러므로 온 세상이 아이들 눈앞에 펼쳐진 홈 그라운드(home ground)요 그들의 자유로운 활동 무대다.

셋째, 지식과 창의성이 고부가가치 창출의 원천이 되는 사회다. 어떤 천연자원이나 물적 자원보다도 고급의 인적 자원이 더 중요시되는 사회가 되었고, 작은 창의적 아이디어 하나가 천문학적 부가가치를 창출해내는 시대가 되었다. 그래서 미래학자들은 영재 한 명이 100만 명을 먹여 살리고, 0.1%의 천재가 100년 역사를 앞당기는 시대라고 말한다. 부존자원이 전무하고 환경여건이 열악한 우리 한국에게는 하늘이 내린 절호의 기회다.

셋째, 인간의 어떤 능력이든 다 수용할 수 있는 다양화·다변화된 시대가 되었다. 자신이 선택한 어느 한 가지만 잘 해도 부와 명예와 행복을 누릴 수 있는 시대다. 이제 '열 가지 재주 가진 사람이 한 가지 재주 가진 사람 종노릇 한다'는 옛말이 새삼스럽지 않다.

욘사마 배용준이 출연한 드라마 '겨울연가' 한 편의 부가가치가 3조 원이고, 스티븐 스필버그의 '쥬라기 공원' 영화 한 편이 우리나라 자동차 150만 대 값과 맞먹으며, 영국작가 조앤 롤링의 '해리포터시리즈' 매출 총액이 308조 원으로 당시 한국의 반도체 매출 총액 231조 원을 상회했다. 영화 '타짜'의 주인공 조승우가 군 복무를 마친 후, 뮤지컬 '지킬 앤 하이드'에 출연했는데, 1회 출연료가 1,800만 원으로 총 80회 출연료가 14억 4천만 원이었다. 우리 사회의 각 분야에서 자기성취를 이룬 사람들, 싸이, 소녀시대, 박범신, 김연아,

최경주, 박세리, 박인비, 추신수, 류현진, 손흥민, 박지성, 손연재, 이세돌, 박찬욱, 이상화, 에드워드 권, 박진영, 에일리, 차유람, 최성원, 최민식, 황정민, 송중기, 전지현, 김수현, 김주희 등 헤아리기 어려운 많은 사람들이 자기 분야에서 두각을 나타내며 상상 이상의 보상을 받고 있다.

그야말로 참 좋은 세상이다. 지금 젊은이들 앞에 펼쳐진 세상은 기회의 천국이며 잠재력과 가능성이 무한한 블루오션(blue ocean)이다.

그러면 우리 아이들의 미래를 위해 어떻게 안내하고 도와줘야 할까. 첫째, 자녀를 블랙 스완(black swan: 아주 드문 존재)으로 길러라. 언제나 세상을 흔들고 지배하는 것은 어디서 보지도 듣지도 못했던 블랙 스완들이다. 아이들이 남이 하지 않는 생각을 하고, 남이 하지 않는 짓을 하며, 남이 가지 않는 길을 가도록 하라. 그래야 자기만의 독특함으로 세상의 중심에 서서 세상을 흔들고 지배할 수 있다. 남이 하는 것이 좋다고 그것을 따라 하면 잘해봐야 2등이다. 누구든지 특정 분야에서 최고가 되고자 한다면 남과 달라지려고 노력하라. 벤치마킹이란 결국 죽는 길이다. 학문도, 예술도, 문학도, 기업도 다 마찬가지다. 창의성이 답이란 얘기다. 우리 아이들을 세상의 변화에 적응하고 따라가도록 가르치지 말고, 스스로 세상의 변화를 창조하고 주도하는 트렌드 메이커(trend maker)가 되도록 가르쳐라. 이 세상에 그 어떤 기발한 트렌드도 누군가 창조한 사람이 있을진대 그 사람은 별다른 사람이겠는가.

지금도 혜성같이 떠오르는 수없는 블랙 스완들, 한류스타들이 각 분야에서 온 세상을 점령해 가고 있다. 우리나라의 물리적 영토는 콩알만 하다 할지라도 고품격의 교육을 통해 걸출한 글로벌 인재를 많이 길러내 우리의 경제적 영토, 문화적 영토, 예술적 영토, 교육적 영토는 온 세상을 뒤덮어야 할 것 아닌가.

둘째, 자녀에게 세계적 비전과 꿈을 키워주어라. 웅진그룹 윤석금 회장은 그의 저서 『긍정이 걸작을 만든다』에서 "꿈은 내가 살아가는 이유이며, 꿈의 크기가 인생의 크기를 결정한다"고 말한다. '새우잠을 잘지라도 고래꿈을 꾸어야' 할 것 아닌가(김선재의 책 제목 인용). 꿈과 비전은 성취를 위한 욕구와 동기로 작용하므로 인생 항해에 있어 나침반 또는 등대와 같은 중요한 역할을 한다. 꿈을 크게 갖고 내가 추구하는 분야에서 세계 최고를 달리는 인물을 나의 라이벌로 설정해야 한다. 꿈을 향해 달리는 것 자체가 행복이다.

아아비리그(Ivy League) 대학 중 하나인 다트머스대 총장을 지내신 김용 세계은행(IBRD) 총재는 한국의 부모들에게 "자녀들이 좋은 대학 나와 좋은 직업을 얻고 편하게 살도록 가르치지 말고, 넓게 보고 크게 생각하며 세상을 바꿀 수 있는 큰 지도자의 꿈을 꾸도록 가르쳐라" 하고 충고했다. 또 한국의 학생들에게는 "세계적 비전을 키우고 세계로 뻗어나가라"고 격려했다. 세계적 호텔 체인인 힐튼호텔의 상속녀 패리스 힐튼은 "평범하게 살기에는 너무 짧은 인생 아닌가요?" 하고 말하며, 젊은이들에게 용기를 가지고 자신이 원하는 삶을 살도록 권한다.

지금은 움직이기만 하면 먹고 살 수 있는 세상이다. 자녀들이 커서 무엇을 먹고 살까 걱정할 세상이 아니다. 자녀가 좋아하는 공부를 하고 원하는 직업을 갖게 하라. 그래야 그의 삶이 행복하고 자신의 분야에서 성공도 할 수 있다. 만일 자녀가 아직 꿈이 없다고 말하면 독서, 여행, 견학, 체험을 많이 하도록 도와주어라.

셋째, 자녀가 모든 것을 스스로 하게 하여 독립심을 길러주어라.

언젠가 이명박 전 대통령은 "우리 한국의 부모님들은 자녀를 교육시키고, 용돈도 주고, 결혼시키고, 사업자금까지 대주고, 심지어 데리고 살기까지 한다. 동물의 왕국을 보라. 고등한 동물일수록 새끼들을 일찍 독립시킨다"고 말한 적이 있다. 인간을 포함한 모든 동물들의 궁극적 목표는 보호자로부터 빨리 독립하여 스스로 살아가는 것이다. 그런데 많은 부모들이 자녀를 과잉보호하여 독립성 발달의 발목을 잡고 있다. 아이들을 해달라는 대로 다 해주고 화초처럼 키우면 다 버린다. 오늘날 부모들은 자녀들에게 너무 잘 해줘서 탈이다. 부모는 사랑할수록 냉정할 줄 알아야 한다. 해달라는 대로 다 해준 자식일수록 나중에 커서 부모님이 해준 것이 뭐 있냐고 따진다.

원광석에서 순금을 얻는 과정이 있다. 금이 들어 있는 원광석을 불에 넣어 불순물을 제거해야 순금을 얻는데, 14번 불에 넣은 금을 14K라 하고, 18번 불에 넣은 금을 18K라 하며, 24번 불에 넣은 금을 24K 순금이라 한다. 이처럼 불속에 많이 들어갈수록 순도가 높아지고 그만큼 가치도 올라가는 법인데, 우리 아이들이 성장해 가는 과정도 이와 마찬가지다. 제발 우리 자녀들을 화초처럼 키우지 마라.

간섭, 지시, 명령, 통제는 교육에서 사용하는 방법이 아니다. 자녀교육에서 이런 방법을 사용하면 잘 돼봐야 부모만큼밖에 안 된다. 자녀를 구속하면 자녀의 창의성을 말살하고 독립성 발달을 저해한다. 복종을 강요해서도 안 된다. 어른이 하라는 대로 말 잘 듣는 아이 좋아하지 마라. 그 아이는 커서 자의식도 없고 존재의식도 없는 아이가 될 수 있다. 아이가 하는 모든 것을 믿고 스스로 하게 하라. 『보통 사람의 글로벌 정복기』라는 책을 보면 "아이가 시키는 일만 하면 절대로 못 큰다"고 충고한다. 아이들에게 정보는 많이 주되 선택과 판단 그리고 결정은 본인에게 맡겨보라. 그리고 어른들과 대화하며 상의해 보도록 유도하라.

넷째, 자녀를 독립된 가치로운 존재로 존중하라. 자녀는 부모가 낳았을지라도 부모의 소유물이 아니며 부모의 한풀이 대상도 아니다. 자녀가 그의 인생의 주체이고 주인이다. 그러므로 그의 인생을 스스로 살게 해야 한다. 진학과 직업진로도 스스로 선택하게 하고 스스로 결정하게 하라. 하고 싶은 공부를 하고, 하고 싶은 일을 하며, 갖고 싶은 직업을 갖게 하라. 그래야 성공도 하고 삶도 행복하다. 부모가 강요하면 자녀에게 한만 남길 뿐 성공도 못하고 행복하지도 않다. 아이 삶의 주연은 단연코 아이 자신이지, 부모는 아이 삶 속에 빛나는 조연으로 족하다. 때로 자녀의 선택에 실수가 있을 수 있다. 그러나 그 작은 실수는 큰 성공을 위한 값진 교육과정이 될 수 있다. 지금 세상은 무슨 일을 하든 열심히 살기만 하면 절대 굶지 않는다. 제발 걱정하지 말고 그들의 인생을 살게 하라.

힐러리 클린턴이 쓴 『여자라면 힐러리처럼』이란 책에 소개된 스토리가 있다. 빌 클린턴이 대통령이 된 후 어느 주말에 부인 힐러리와 둘이서만 드라이브 데이트를 나갔다. 차의 가스가 떨어져 주유소에 들렀는데, 마침 그 주유소의 주인을 보니까 힐러리의 전 남자친구였다. 힐러리가 인사를 나누고 남편 빌에게 인사소개를 했다. 주유소를 나와 얼마를 지났을까, 빌이 언짢은 말투로 힐러리에게 말하기를 "힐러리, 당신이 저 남자와 결혼했다면 주유소 사장 부인이 되었을 거야" 하고 말을 던졌다. 그 말에 힐러리가 펄쩍 뛰며 "무슨 소리예요, 저 남자가 나와 결혼했다면 저 남자가 오늘날 미국의 대통령이 되었을 겁니다" 하고 되받아쳤다. 여성으로서 이 얼마나 당당하고 자신 있는 말인가.

우리 아이들을 스스로가 역사의 주인공이요, 역사의 창조자이고, 역사의 페이지를 스스로 장식해 가는 삶의 주체라고 생각하도록 키워라. 그리고 하나님이 주신 있는 그대로의 자신을 사랑하도록 키워라.

다섯째, 나의 자녀가 타인과 다름을 이해하고 절대 비교하지 마라. 숲이 아름다운 것은 서로 다른 나무들이 어우러져 있기 때문인 것처럼, 하늘은 우리 모두를 다 다르게 지었다. 아이들은 모두 무한한 가능성과 잠재력을 가지고 태어난 보석 같은 존재이며, 각기 다른 재능과 존재의 이유가 따로 있다. 그러므로 아이들 서로를 절대로 비교해서는 안 된다. 타고난 것이 다르고 경험한 것이 다른데, 어떻게 어른들이 임의로 설정한 잣대를 가지고 함부로 재단하여 비교하고 서열을 매길 수 있나. 그것은 아주 위험하고 잘못된 교육방법이다.

여섯째, 자녀의 소질과 적성을 일찍 파악해서 계발해 줘라. 이 세상에 재능이 없는 사람은 없다. 아이들의 소질과 적성을 잘 파악하여 노력과 시간과 열정을 분산시키지 말고 선택과 집중을 하도록 지도하라. 아이들의 타고난 소질과 적성을 파악하는 것은 (1) 아이의 흥미와 관심이 어디에 있는지, (2) 특히 무엇을 빠르게 이해하는지, (3) 어떤 분야에서 발달 속도가 빠른지, (4) 무엇을 할 때 특히 집중력과 지구력을 보이는지, (5) 그리고 부모의 특별한 능력이 무엇인지 조사해 보면 알 수 있다.

일곱째, 자녀에게 다양한 경험의 장을 열어줘라. 인간은 경험을 통해 지식과 정보를 얻는다. 아이들은 그들이 경험한 만큼 이해하고 생각할 수 있다. 아쉽게도 아이들에게 주어진 경험의 장은 시간과 공간적으로 제한되어 있다. 그러므로 여행이나 견학 그리고 독서를 통해 경험의 장을 무한대로 넓혀 주어야 한다. 창의성도 다양한 정보의 조합에서 나오기 때문에 결국 풍부한 경험에서 비롯된다고 볼 수 있다.

여덟째, 자녀를 끝까지 믿어주고 인정하며 칭찬과 격려에 인색하지 마라. 바람직한 자녀교육 방법의 핵심은 칭찬과 격려 그리고 인정이다. 부모가 이것을 지킬 때 자녀가 긍정적 태도, 자아존중감, 자신감을 가지고 절대로 포기하거나 열등의식에 사로잡히지 않는다. 성공하는 데 능력은 중간 이상이면 된다. 가장 중요한 성공의 열쇠는 삶의 태도다.

아이 주변의 중요한 사람 누구 하나만 인정해 줘도 아이는 절대로 잘못되지 않는다. 자녀의 실패와 실수를 기꺼이 용인해야 한다. 실패를 두려워하게 해서는 안 된다. 진정한 학습은 실패에서 출발하며 실패는 더 큰 성공을 위한 교육과정일 뿐이다. 실패를 경험하지 않은 자는 절대로 큰 성공을 하지 못한다. 실패를 두려워할 것이 아니라 실패 없이 성공하는 것을 두려워해야 한다. 웅진그룹의 윤석금 회장은 "실패를 두려워하면 도전할 수 없고, 도전이 없으면 성공도 없다"고 말한다.

나는 수년 전 93.3 극동방송 1분 칼럼에서 이런 말을 했다. "보통 사람들은 이미 누군가의 발자국이 남겨진 길을 따라가기 원한다. 쉽고 편하기 때문이다. 하지만 창의적이고 도전적인 사람은 괴롭고 힘들더라도 아무도 가지 않은 길을 가고 싶어 한다. 그런 길일수록 자신의 발자국을 더욱 선명하게 새겨둘 수 있기 때문이다. 이것이 바로 창의적이고 도전적인 사람과 그렇지 않은 사람의 차이점이다. 인류의 문명은 이런 창의적이고 도전적인 사람들에 의해 창조되고 발전돼 왔다. 남과 다른 길을 가게 하라. 성공은 고정관념을 부수고 새로운 아이디어를 창출하는 데서 시작된다. 무작정 대세를 따르거나 유행을 따르면 성공하지 못한다. 용감하게 다른 사람이 가지 않은 길을 택하는 것이 성공에 이르는 길이고, 자신의 발자국을 역사의 페이지에 뚜렷이 새겨두는 길이다.

ENDNOTE

1 > 1770년 영국의 제임스 쿡 선장이 신대륙 호주를 발견하였다. 그리고 그곳에서 색깔이 검은 고니를 처음 보았다. 그때까지만 해도 세상엔 하얀 고니(백조)만 있는 것으로 알았다. 그 후 '아주 보기 드문 존재'를 블랙 스완(black swan)이라고 부른다.

저자 소개

김신호(Kim, Shin Ho)

강경상업고등학교, 공주교육대학교, 숭전대학교(현 한남대학교) 사범대학 졸업
미국 웨스턴일리노이대학교 교육학 석사
미국 아이오와대학교 교육심리학 박사(Ph.D.)

〈경력〉
제57대 교육부 차관(2014. 8. 27. ~ 2015. 2. 9.)
제6, 7, 8대 대전광역시교육감(2006. 8. 3. ~ 2014. 6. 30.)
건양대학교 석좌교수(2014. 7. 1. ~ 2017. 2. 28.)
공주교육대학교 교수(1994. 10. 1. ~ 2006. 8. 2.)
초 · 중등학교 교사(1974. 4. 1. ~ 1985. 2. 28.)
제4대 대전광역시 교육위원(2002. 9. 1. ~ 2006. 8. 31.)
전국 시 · 도교육감협의회 부회장(2012. 7. 1. ~ 2014. 6. 30.)
제3대 한국 초등상담교육학회장(2004. 1. 1. ~ 2004. 12. 31.)
한국 카운슬러협회 부회장(2012. 1. 1. ~ 2014. 6. 30.)
한국대학교육협의회 교육협력위원회 위원 겸 대학입학전형위원회 위원(2012. 8. 1.
    ~ 2014. 6. 30.)
전문대학전형위원회 위원(2010. 8. 4. ~ 2014. 6. 30.)
한국교육학회, 한국교육심리학회, 한국초등교육학회, 한국교원교육학회 회원(1994.
    10. 1. ~ 2006. 12. 31.)
미국심리학회(APA), 미국교육연구학회(AERA) 회원(1994. 10. 1. ~ 2006. 12. 31.)

〈상훈〉
1999년 세계 인명사전에 학문적 성취와 연구업적을 평가받아 등재
1999년 미국 Barons Who's Who에 의해 '21세기 아시아 500인 지도자'에 선정
몽골 정부 최고교육자훈장 수훈(2007. 10. 8.)
몽골 대통령 최고친선훈장 수훈(2013. 2. 19.)
세계자유민주연맹 '자유장' 수상(2011. 6. 9.)

<주요 저서>
초등학교 인성교육(대전광역시교육청, 1997)
열 가지 교육쟁점의 조명(원미사, 1998)
아동발달과 학습(교육출판사, 1999)
한국 교육 이대로 쓰러질 수 없다(대교출판사, 2001)
21세기 한국교육의 방향(대교출판사, 2003)
우리교육 희망을 찾는다(대교출판사, 2008)
아름다운 마침표(도서출판 이화, 2017)
고마워요, 보스(도서출판 이화, 2017) 등 다수

<주요 논문>
The treatment of test anxiety: Its approaches, effectiveness, and problems(교육학연구, 31, 5, 247-260, 1993)
The temporal patterns of worry and emotionality and their differential effects on test performance(Anxiety, Stress, and coping: An International Journal, 7, 2, 1-14, 1994)
Arousal, performance, and curvilinearity: Theoretical review and consideration(공주교대 논총, 33, 2, 117-131, 1994)
교사교육대학 지망생에 대한 교직 적성검사 실시의 문제점과 그 대책(한국교사교육, 15, 1, 208-219, 1998)
수행평가의 도입과 교육심리학의 역할(교육심리 연구, 13, 2, 111-124, 1999)
인간지능으로서의 정서지능: 그 논점과 쟁점(초등교육연구, 14, 1, 23-46, 2000)
초등교원 양성 및 임용제도 개선 방안(초등교육연구, 14, 3, 89-116, 2001)
재량활동 교육과정 운영을 위한 초등학교 진로교육 프로그램의 개발(진로교육연구, 15, 2, 123-154, 2002)

한국교육을 논하다
A Critique of Korean Education: Issues and Solutions

2018년 2월 5일 1판 1쇄 인쇄
2018년 2월 10일 1판 1쇄 발행

지은이 • 김신호
펴낸이 • 김진환
펴낸곳 • (주) **학지사**

04031 서울특별시 마포구 양화로 15길 20 마인드월드빌딩
대표전화 • 02)330-5114   팩스 • 02)324-2345
등록번호 • 제313-2006-000265호

홈페이지 • http://www.hakjisa.co.kr
페이스북 • https://www.facebook.com/hakjisabook

ISBN 978-89-997-1480-1 03370

정가 16,000원

이 도서의 국립중앙도서관 출판시도서목록(CIP)은 서지정보유통지
원시스템 홈페이지(http://seoji.nl.go.kr)와 국가자료공동목록시스템
(http://www.nl.go.kr/kolisnet)에서 이용하실 수 있습니다.
(CIP제어번호: 2018001467)

교육문화출판미디어그룹 학지사

심리검사연구소 **인싸이트** www.inpsyt.co.kr
원격교육연수원 **카운피아** www.counpia.com
학술논문서비스 **뉴논문** www.newnonmun.com
간호보건의학출판사 **정담미디어** www.jdmpub.com